Kunst kann keine Politik machen.
Kunst kann keine Chemie machen.
Kunst kann keine Medizin machen.
Kunst kann keinen Krieg machen.
Aber der Betrachter von Kunst macht Politik.
Macht Chemie.
Macht Medizin.
Macht Krieg.
Kunst hat die Aufgabe, mit all ihren Mitteln dem Betrachter vor Augen zu führen, was es da macht.
Gute Kunst macht das.

HP 1972

RHEINLAND–VERLAG

Herausgeber

Eugen Thiemann
Christel Denecke
Dieter Treeck
Hans Rudolf Hartung

Redaktion: Elke Koska
Layout: HA Schult
Herstellungsleitung: Gregor Kierblewsky
Verlegerische Leitung: Antonius J. Dommers

Lithos: Peukert und Co., Köln
Druck: Druckhaus B. Kühlen KG
Mönchengladbach
Printed in Germany

ISBN 3-7927-0422-6

© 1978 by Rheinland-Verlag GmbH Köln
in Kommission bei Rudolf Habelt Verlag GmbH Bonn

Prolog

Im August/September 1978 wird die Idee einer Ausstellungs- und Aktionsfolge realisiert, in deren Verlauf in Dortmund, Mülheim und Bergkamen, in Bochum, Duisburg, Essen und Gelsenkirchen bildnerische Ereignisse inszeniert werden.

Diese Ereignisse setzen sich jeweils mit einer spezifisch regionalen Situation auseinander um dann gemeinsam betrachtet einander ergänzend, eine umfassende Interpretation des Ruhrgebiets zu ergeben.

Ein zeitgenössisches Porträt des Reviers unter Benutzung verschiedener künstlerischer Medien der Gegenwart soll entstehen.

Die entwickelte Idee besteht darin, das Museum als Startbasis zu betrachten zu einer archäologischen Reise in die Umwelt-Gegenwart des Ruhrgebiets.

Das Ruhrgebiet als totales Environment mit Einblicken in sein soziales Umfeld als "umweltbezogenen Ereignis-Garten" gilt es darzustellen.

FOTOGRAFEN

Peter und Evi Adler (1) S. 298
Wilfried Bauer (1) S. 168
Achim Bednarz (6) S. 70, 75, 76, 77, 157
Sabine Costa-Pinheiro (3) S. 22, 133, 134
Wolfgang M. Ebert (4) S. 86/87, 105, 300, 301
Walter Faltz (1) S. 40
Peter Freese (1) S. 84
Klaus Füssel (4) S. 70
Andics Hassmann (2) S. 26
Wolf Huber (12) S. 24, 25, 73, 74, 78/79, 131, 139, 140, 141, 142, 143, 144
Peter Hubschmid (3) S. 30, 33
Walt Key (2) S. 20
Peter Kleim (1) S. 128
Karlheinz Koller (2) S. 27
Elke Koska (31) 9, 10, 11, 111, 124, 158, 159, 166, 167, 175, 187, 201, 203, 205, 207, 209, 211, 212/213, 215, 217, 219, 221, 223, 225, 227
Thomas Lüttge (32) S. 29, 30, 32, 80, 146, 147, 148, 152, 154, 155, 160, 162/163, 164, 165, 172, 173, 174, 177, 179, 180, 183, 185, 188/189, 190/191, 192/193, 195, 197, 198/199, 390
Stefan Moses (2) S. 296, 391
H. J. Multhaup S. 150
Peter Nemetschek (2) S. 42
Wolf Prange (2) S. 135, 278
Harry Shunk (1) S. 304
Dietrich Spranger (3) S. 20, 21
David Taylor (1) S. 298

FOTODOKUMENTATIONEN

AKTION 20.000 KILOMETER Thomas Lüttge	47
VENEZIA VIVE Stefan Moses	83
CRASH! Harry Shunk	111
FABRIKEN UND GÄRTEN Elke Koska	255

Quellenangaben: **S. 65** Wolfgang Längsfeld „Die Schult-Frage", Süddeutsche Zeitung, München, 7. 11. 1970. **S. 243** Dietrich Springorum „Laßt uns den Kohlenpott umfunktionieren", Informationsdienst Ruhr, Essen, Juli 1969. **S. 338** Drei Konzepte für Eberhard Roters „Der Bildungsbetrieb der Stoffe", Kunsthalle Nürnberg, 1969. **S. 342–344** Zwei Konzepte für Harald Szeemann, documenta 5, 1970/72. **S. 348–350** Für Karin Thomas „Kunst-Praxis Heute", Köln, 1972. **S. 351** Konzept für Bundesbaudirektion, Bonn, 1974, **S. 352** Konzept für Evelyn Weiss „Projekt '74", Kunsthalle Köln, 1974. **S. 358** Für Walter Aue „science & fiction", Frankfurt, 1971. **S. 360** Erstabdruck: Magazin Planet, München, Nr. 7, 1970. **S. 362–365** Erstabdruck: „Die Schultfrage", Köln, 1971. **S. 368** Erstabdruck: „Umwelt", Kat. Junior Galerie, Constructa '74, Hannover, 1974. **S. 370** Magazin Playboy, München, Nr. 2, 1975. Magazin Playboy, München Nr. 10, 1976. **S. 371** Erstabdruck: Curt Heigl „Schuh-Werke", Kat. Kunsthalle Nürnberg, 1976. **S. 372** Erstabdruck: Magazin du, Zürich, Juni 1977. Thomas Grochowiak „Fliegen – ein Traum", Kat. Kunsthalle Recklinghausen, 1977. **S. 373** Für Heinz Althöfer und Stephan von Wiese „Das Düsseldorfer Symposion", Restaurierungszentrum Düsseldorf, 1977. **S. 374** Erstabdruck: Thomas Grochowiak „Partei ergreifen", Kat. Kunsthalle Recklinghausen, 1978. **S. 376** Wolfgang Längsfeld „Biologische Kunstführung", Süddeutsche Zeitung, München, 8. 9. 1969. **S. 377** Wolfgang Christlieb „Hurra – ich bin ein Kunstwerk", Abendzeitung, München, 24./25. 10. 1970. **S. 378** Erstabdruck: Kunstforum international, Mainz, Nr. 4/5, 1973. **S. 378–385** Erstabdruck: Jens Christian Jensen, Karlheinz Nowald „Die Welt in der wir atmen", Kat. Kunsthalle Kiel, 1974.

INHALT

THEMA: RUHR-WELT	6
KONZEPT	8
DIE AKTION UND IHRE BILDER	13
VORWORT Eugen Thiemann	15
AKTION	17
RAUM	129
BILD	169
OEUVREVERZEICHNIS DER OBJEKTBILDER	228
DIE BLUMEN DER ZIVILISATION	233
VORWORT Christel Denecke	235
OEUVREVERZEICHNIS DER GRAFIK	250
FABRIKEN UND GÄRTEN	253
REAKTION AUF AKTION	273
VORWORT Dieter Treeck	275
DER GEZIELTE HINWEIS Georg F. Schwarzbauer	307
PROJEKTE	335
TEXTE VON HA S.	357
TEXTE ZU HA S.	375
BIOLOGISCHE KUNSTFÜHRUNG Wolfgang Längsfeld	376
HURRA – ICH BIN EIN KUNSTWERK Wolfgang Christlieb	377
KAPUTTE IDYLLE Eberhard Roters	378
KUNST UND LEBEN Jens Christian Jensen	380
DIE WELT IN DER WIR ATMEN Karlheinz Nowald	382
GUTEN ABEND MEINE DAMEN UND HERREN Gerd Winkler	386
BIO-BIBLIO-GRAPHIE	389

THEMA

RUHR WELT

Der Ausstellungs- und Aktions-Zyklus von HA Schult, dem Macher.
Eine Gemeinschaftsproduktion
der Städte   Bergkamen   Bochum   Dortmund   Duisburg
Essen   Mülheim   Gelsenkirchen
dem Sekretariat für gemeinsame Kulturarbeit in NRW
und
dem Siedlungsverband Ruhrkohlenbezirk

DAS REVIER

"Der Zug des Wort ins Revier"

"Das Stück heißt die Arbeit..." "Reaktion auf Aktion"

"Ruhr-Tour" "Das Medienhaus"

"Die Fabrik" "Die Aktion und ihr Bilder"

"Der Garten"

"Die Blumen der Zivilisation"

DAS REVIER

„Der Feind ist Herr im Revier."
„Das Spiel ist hart."
„Die Arbeit ... die Schicht – Tag"
„Cathrinen wird Direx."
„Der Meistersohn"
„Die Männer einer, ihre Pariteit"
„Os fahren"
„Die Bewohner des Freibrechens"

Konzept

Geplant ist ein Ereignis-Festival, welches sich die Aufgabe gestellt hat, das Thema eines Lebens-Raumes mit all jenen Methoden zu interpretieren, deren ich mich seit mehr als einem Jahrzehnt bediene:
 Aktion und Raum
 Objektbild und Grafik
 Foto und Film-Dokumentation
 Hörfunk-Collage und Dia-Vortrag
 Buch und Zeitung
 im Museum und auf der Straße.
Zentrales Thema ist das Revier. Die Landschaft und seine Bevölkerung. Das Realitätsbewußtsein der Menschen vor dem Hintergrund einer unvergleichlichen Lebens-Landschaft soll interpretiert werden.
Drei Themen werden dargestellt:
 Arbeits-Welt
 Familien-Welt
 Freizeit-Welt
Durch das Sich-Bewegen zwischen den Ereignisorten wird das Publikum zum inspirierten Bestandteil des Ganzen. Jedes Beteiligte ist ein Kunstwerk. Jedermann ist Trabant zwischen den Aktions-Fixpunkten im Total-Raum Ruhrgebiet.
 Das Ruhrgebiet ist die Kunst.

Ausstellungen

26. August bis 15. Oktober 1978

„Die Aktion und ihre Bilder"
Es gilt dem Besucher klarzumachen, daß jene in den Bildobjekten dargestellten m o d e l l h a f t e n Situationen r e a l gar nicht so weit von seiner existenziellen Situation entfernt sind. Und: daß die geplanten Aktions-Ereignisse ihre Basis haben in jenem Bild- und Ereignismaterial, welches im Museum am Ostwall zu sehen ist.
„Das Museum als Startbasis zu phantastischen Reisen in die Realität."

„Die Blumen der Zivilisation"
Das Grafische Oeuvre, als Ausdruck phantastischer Träume im Frei-Raum der Kunst, wird konfrontiert mit dem Ergebnis einer Fotoreise durch die Realität des Reviers.
Die Fotodokumentation gleitet hinüber in die Grafischen Bildformeln des Zyklus „Fabriken und Gärten", welcher erstmals im Städt. Museum Mülheim gezeigt wird.
„Es gilt die Dinge n e b e n den Dingen aufzuspüren und in Fotos einzufrieren."

„Reaktion auf Aktion"
Die Reaktion professioneller Kultur-Interpreten wird konfrontiert mit den „Kreativen Antworten", welche 2000 ZDF-Zuschauer innerhalb von 3 Tagen an den „Konsumbaum" schickten.
Die Inszenierung eines Medien-Gartens, „das Medien-Environment", soll den Besucher der Sohle 1 zu s e i n e r Reaktion veranlassen. Gemeinsam mit ihm gilt es, sich an die Grenzen des künstlerischen Frei-Raums heranzuarbeiten.

Environments
16. bis 24. September 1978

„Die Fabrik"
Eine, für die industrielle Aufbruchstimmung des Ruhrgebiets charakteristische, heute stillgelegte Fabrik wird akustisch wieder zum Leben erweckt.
Die Eigenfaszination, welche die riesigen, von Staub-Zeit-Schichten überlagerten Raumzonen auf das Publikum ausüben, wird durch die Rekonstruktion jener Geräusche akzentuiert, welche einmal die Arbeitswelt ausgemacht haben.
Die Geräusche einer i m a g i n ä r e n Z e i t sollen in eine r e a l e Z e i t transportiert werden.

„Der Garten"
Ein rekonstruiertes Schrebergarten-Environment wird in die steinerne „Konsumistische Landschaft" der Essener Innenstadt transplantiert.
Das Tableau wird durch das reale Leben eines Bewohners mit seinen Haustieren zur 1:1 Situation.
Die Schrebergärten des Ruhrgebiets sind kollektive Kunstwerke einer Millionenbevölkerung. Sie sind „Kreative Antworten" auf „Reale Fragen". Diesen Träumen wird mit der Inszenierung des Stückes „Der Garten" ein „ D e n k m a l a u f Z e i t " gesetzt.

„Das Medien-Haus"
In einer für das Ruhrgebiet typischen Bergkamener Bergarbeitersiedlung wird eines der Häuser aus seiner Anonymität heraustreten.
Es wird sein Inneres preisgeben. Aus jedem seiner Zimmer übertragen Kameras das Leben im Haus auf Monitore im Vorgarten.
Die Monitore hängen im Baum als „mutierte Früchte unseres Medien-Zeitalters".
Die im Haus lebende Familie steht beispielhaft für den Menschen im Revier.

Aktionen

„Ruhr-Tour"
Eine archäologische Reise ins Jetzt des Reviers
mit HA Schult
Veranstaltet vom Siedlungsverband Ruhrkohlenbezirk
Termine:
Samstag, den 16. September
Sonntag, den 17. September
Mittwoch, den 20. September
Donnerstag, den 21. September
Samstag, den 23. September
Sonntag, den 24. September
Start jeweils 12 Uhr vor dem Museum am Ostwall Dortmund

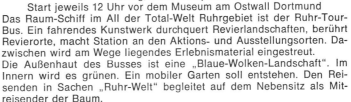

Das Raum-Schiff im All der Total-Welt Ruhrgebiet ist der Ruhr-Tour-Bus. Ein fahrendes Kunstwerk durchquert Revierlandschaften, berührt Revierorte, macht Station an den Aktions- und Ausstellungsorten. Dazwischen wird am Wege liegendes Erlebnismaterial eingestreut.
Die Außenhaut des Busses ist eine „Blaue-Wolken-Landschaft". Im Innern wird es grünen. Ein mobiler Garten soll entstehen. Den Reisenden in Sachen „Ruhr-Welt" begleitet auf dem Nebensitz als Mitreisender der Baum.

„Das Stück heißt die Arbeit..."
Samstag, den 16. September 1978, 18 Uhr:
Ein Fabrikationsbetrieb wird aus seinem „normalen Rahmen" herausgebrochen und in der neuen Erwartungs-Realität des MUSIK-THEATERS im Revier installiert.
Der Herstellungsprozeß hat eine eigenständige optische und akustische Präsenz. Die Ware, welche bearbeitet wird, steht beispielhaft für das Jetzt. Die Ware erfährt ihr Gegengewicht in der „Ware Mensch".
Die Zielvorstellung besteht darin, während des Abends, über die Mobilität der Gedanken hinaus, t a t s ä c h l i c h den Raum zu erfassen. Der Zuschauer darf nicht entkommen. Irgendwo geht ein Flugblattregen nieder mit dem Text: „Das Stück heißt die Arbeit. Sein Autor ist die Zeit."

„Der Flug der Worte ins Revier"
Samstag, den 23. September 1978, 17 Uhr,
werden sich auf der Leuchttafel des Schalke-Stadions jene Worte wiederfinden, welche Stunden zuvor über das Land ausgeschüttet worden sind.
Brieftauben sind in der Ferne gestartet, um, jede mit einem Wort versehen, ihre Botschaft heimzutragen ins Revier.
Der Traum des Revier-Bewohners von der Mobilität, welcher durch seine Taubenzucht zum Ausdruck kommt, wird in Dialog zu „dem Spiel" gesetzt, in welchem er zweimal 45 Minuten lang über sich selbst hinauswachsen möchte.
Tauben und Spiel und Garten: Drei reale Traumszenerien sind kreative Äußerungen des Menschen in der unglaublichen Revier-Landschaft.

Wir danken allen,
die den Ausstellungs- und Aktions-Zyklus durch ihre Unterstützung ermöglichten.

Ganz besonders
den Leihgebern, welche sich für Monate von ihren Objektbildern getrennt haben.
Den Kulturdezernenten der Städte
Dortmund, Mülheim und Bergkamen. Bochum, Duisburg, Essen und Gelsenkirchen.
Dem Sekretariat für gemeinsame Kulturarbeit in NRW.
Dem Landschaftsverband Rheinland.
Dem Landschaftsverband Westfalen-Lippe.
Und
dem Siedlungsverband Ruhrkohlenbezirk.

Die Aktion und ihre Bilder

1

Museum am Ostwall Dortmund

Museum am Ostwall
Ostwall 7
4600 Dortmund
Leitung:
Direktor Dr. Eugen Thiemann
Wiss. Mitarbeiterin:
Dr. Annemarie Göers

VORWORT

Paßt auf, Menschen! Euer bester Freund kann ein Künstler sein. Unter diesem Motto steht der Ausstellungs- und Aktions-Zyklus „Ruhr-Welt", und HA Schult und Elke Koska haben es mit Bedacht gewählt.

Ist es nun in der Tat so: Kann der beste Freund des Menschen ein Künstler sein? Das Motto ist ja keineswegs unvorsichtig formuliert. Es heißt: Kann e i n Künstler sein. Es heißt nicht: Kann d e r Künstler sein.

Diese Differenzierung zeichnet Schult vor so manchen seiner Kollegen und vor den vielen Propagandisten ästhetischer Schlagworte aus, die immer von d e m Künstler ausgehen und dann auch gleich bei d e m Menschen ankommen. Nicht „Ihr Menschen!" rufen diese Leute uns zu, sie rufen lieber d e n Menschen aus; man findet ihn dann nur nirgends.

Vielleicht wird eines Tages auf dieser Erde nur noch der Künstler das Wort haben. Nicht nur, daß es Bestrebungen gibt, die allen Ernstes dahin zielen, und Künstler, die sich ebenso ernsthaft zu Präzeptoren der ganzen Welt proklamieren. Nein, andere, die das Heft zur Zeit noch in der Hand haben, verhalten sich so, daß wir demnächst vielleicht gar nichts mehr in der Hand haben, uns selbst am wenigsten.

Wenn dann in der Tat womöglich nur noch der Künstler das Wort hat und seine heutige, in jeder Verfassung vorgesehene Narrenfreiheit umsetzen kann in echte Freiheit, möge uns dann der Lauf der Dinge eben nicht d e n Künstler schenken und noch weniger d e n Menschen bescheren — den gibt es ohnehin nur in der Zoologie —, sondern hin und wieder e i n e n Künstler und e i n e n Menschen, der unser bester Freund dann auch i s t.

Als HA Schult das erste Mal zu mir kam, wollte er dem Ostwall-Museum eine Kassette verkaufen, „Venezia vive", mit dem er ja nun wohl ein für allemal identifiziert werden wird. Den Erlös wollte er nutzen für „CRASH!" auf der letzten documenta. Das Ostwall-Museum hatte gerade kein Geld; obwohl der Preis, der für die Kassette verlangt wurde, sie quasi verschenkte, war ein Ankauf nicht möglich. Statt dessen kam es zu einem Kontakt, der mich schließlich an die Berechtigung HA Schults glauben ließ, mit dem Motto „Paßt auf Menschen! Euer bester Freund kann ein Künstler sein" aufzutreten.

Und dann haben HA Schult und Elke Koska ein Riesenunternehmen von Ausstellung und von Aktionen zustande gebracht, und sie rücken uns das Motto deutlich vor die Augen. Der Aktions-Zyklus „Ruhr-Welt" ist HA Schults Abschied von Germany. Eine Brieftaubenaktion wird ihn verkünden: „Der Flug der Worte ins Revier". Die Brieftauben sollen in einem Stadion landen, das zur Zeit ihrer Landung leer ist, sollen landen in einer dieser Halden zur Ablenkung des Volkes von seinen wahren Interessen. Die Worte kommen über Deutschland daher, um sich zu verabschieden. Ein Gleichnis wie die Gleichnisse der Müllhalden, die Schult mit poetischen Einfällen attackiert, in denen Werbung und ihr Gegenteil, eben die Kunst, ein interessantes Bündnis eingehen.

HA Schult und Elke Koska haben mit der Selbstverleugnung der Bettelmönche vergangener Zeiten, der Rasanz heutiger Werbung und dem Überredungs-Charme dessen, der seiner Sache sicher ist und seiner Sache sicher sein d a r f, Geld lockergemacht. Um es ausgeben zu können. Um einiger Menschen bester Freund sein zu können. Diese Menschen wohnen im Ruhrgebiet. Sie sollten ein wenig auf HA Schult hören, resp. auf seine Aktionen und Ausstellungen achten. Und sie bedenken. Letzteres vor allem.

Eugen Thiemann

AKTION

MAN SOLLTE mit

```
 termaß
  eer
 h
 om
 lebepresse
 ositivfilm
 egativfilm
 tativ
 chneidetisch
 filmkitt
 SF
 trickblende
  mayerfilm
   fernsehschirmmaske
  NASCHE KINO
   fronten
   folie
    silberfolien
    plastikfolien
    film
    8mm
    16mm
    17mm
    18mm
    19mm
    20mm
    21mm
     farben
     blau
     farben
     gelb
      farben
       schwarz
       information
       architektur
       progress
       veränderung
        abbau
        architektur
        farbe
         raum
          raumkapsel
          architektur
          UND ZEIT
          architektur
           ALS ZEIT
           fließbandproduktion
           handproduktion
           hand
            farbe
             farbarchitektur
             verspannungen
             stäben
             elektronen
             insekten
              papier
              asche
              schimmel
              blech
              chrom
              schlamm
              schult
              seife
              papier
              stoff
              stoff
              stoff
              stoff
              stoff
              schult
               stoff
               material
               pilzen
               kulturen
               kulturen
               stoff
               stoff
               stoffen
                STOFFEN
          MACHEN
     MACHEN
     SIE MIT....
```

WIR MACHEN MIT

insekten	farben	metermaß
papier	blau	wasser
asche	farben	cash
schimmel	gelb	zoom
blech	farben	klebepresse
chrom	schwarz	positivfilm
schlamm	information	negativfilm
schult	architektur	stativ
seife	progress	schneidetisch
papier	veränderung	filmkitt
stoff	abbau	SF
stoff	architektur	trickblende
stoff	farbe	mayerfilm
stoff	raum	fernsehschirm
stoff	raumkapsel	NASCHE KINO
stoff	architektur	fronten
schult	UND ZEIT	folie
stoff	architektur	silberfolien
material	ALS ZEIT	plastikfolien
pilzen	fließbandproduktionfilm	
kulturen	handproduktion	8mm
kulturen	hand	16mm
stoff	farbe	17mm
stoff	farbarchitektur	18mm
stoffen	verspannungen	19mm
STOFFEN	stäben	20mm
	elektronen	21mm

STOFFEN

'68 in köln

AB 15.10.
schult's
materialshow

1 PFUND 5,00 DM

1 KILO 7,50 DM

HANS J. SCHULT

AB 16.10.
A C T I O N
ARCHITEKTUR
A C T I O N
vorschläge
für eine
öffentliche
kunst JUERGEN
CLAUS
bewegungsstäbe
BILD GRUPPEN B
ILD GRUPPEN BI
LD GRUPPEN BIL
D GRUPPEN BILD
dia
ton (david
johnsen)

AB 15.10.
FILM ZWEI
TEIL EINS
TEIL ZWEI

& SUB
film ART!

ULRICH
HERZOG

kölner
LADENSTADT
tiefkeller
telefon 31 90 93

galerie
KÜMMEL & BEILHARTZ
brüsselerstrasse 37
telefon 23 08 22

kölner
LADENSTADT
tiefkeller
telefon 31 90 93

HA Schult's Materialshow

Am 14.10.1968 richtete HA Schult in einer Tiefgarage
in Köln seine Materialshow ein.Eine Nebelzone.Eine
Papierzone.Eine Wasserzone.200 Plastikeimer,gefüllt mit
farbigem,duftendem Wasser.Ein Steinteppich.Der Aggressionsplatz: das fahrbereite Auto auf den Kopf gestellt,
mit Schutt gefüllt.Der Verkaufsplatz: 1 Tisch,eine Waage,
1 Pfund Schutt 5,00 DM,1 Kilo Schult 7,50 DM.
Durch den Nebel geschleust.Durch das Papier gestoßen.
Durch das Wasser gewatet.Sich am Steinteppich stoßend,
erreichten die Menschen den Aggressionsplatz,das Auto.
Sie nahmen die Steine und schlugen zu.

1968

1969 KÖNIG DES

10 km auf den Straßen Münchens
Residenzstraße, Höhe Feldherrnhalle

KONSUMS

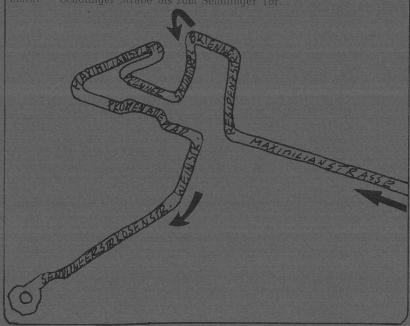

Maximilianstraße — Max-Joseph-Platz — Residenzstraße — Odeonsplatz — Brienner Straße — Amiraplatz — Kardinal-Faulhaber-Straße — Prannerstraße — Platz der Opfer des Nationalsozialismus — Maximiliansplatz — Lenbachplatz — Pacellistraße — Promenadeplatz — Maffeistraße — Weinstraße — Marienplatz — Rindermarkt — Sendlinger Straße bis zum Sendlinger Tor.

Zum Faschingszug

Ein Berg Schrott füllt die Ladefläche des Wagens. Er besteht aus Karosserieteilen, alten TV-Apparaten, Kühlschränken etc. Auf diesem verschlissenen Konsumberg thront der Konsument. Der „König des Konsums". Er sitzt normal, bürgerlich angezogen, auf einem einfachen Holzstuhl. Über ihn ist ein durchsichtiger Plastiksack gestülpt, der paralysierte Konsum. Die Kehrseite des Konsums wird hier sowohl aufgezeigt als auch ironisch behandelt. Wie im traditionellen Zug katholischer Länder der Tod als Kehrseite des vitalen Lebens mitgeführt wurde, wird hier die Kehrseite der Industriezivilisation aufgewiesen. Konsumpropaganda und Konsumverschleiß stehen unabdingbar zueinander in Beziehung.

1969
KONSUM LITERATUR

Flughafen Schleißheim

1969
TERRA

Galerie Nächst St. Stephan

EXTRA

Wien Grünangergasse

gesucht
werden

HERZOG, Ulrich
geboren:
31.5.1941
Deutschland
Beruf:
Produzent
Besondere Kennzeichen:
K E I N E
zuletzt wohnhaft:
München 23
Römerstraße 17/I
Vorstrafen:
K E I N E   ★

SAREE Günter
geboren:
16.1.1940
CSSR
Beruf:
M & M Forscher
Besondere Kennzeichen:
K E I N E
zuletzt wohnhaft:
München 45
Riemerschmidstraße 63/VI
Vorstrafen:
K E I N E   ♣

SCHULT HA
geboren:
24.6.1939
Deutschland
Beruf:
Macher
Besondere Kennzeichen:
K E I N E
zuletzt gesehen:
München 23
Klopstockstraße 1/II
Vorstrafen:
K E I N E   ★★

weil

Patentest HA Schult

BAUABSCHNITT 2

sie
mit
& Teer   Fußmatten
witterungsbeständiger Lattexfarbe
einer Straßendruckmaschine
einem Wort & Papier
eine Straße der Stadt München veränderten

NUNG UND BAUAUFSICHT
'U-BAHN-AMT
HRUNG DER ROHBAUARBEITEN
RBEITSGEMEINSCHAFT

1969

Ort: Schackstraße
Zeit: 5.30h.

" Der heutige Künstler hat die Aufgabe in alle
 Prozesse einzugreifen. Er soll sich dagegen
 wehren in einen 'Künstlerspielgarten'
 abgeschoben zu werden".
Die Schackstraße wird in drei Zonen unterteilt.
 Die erste Zone wird viele hundert Mal mit
 dem Wort 'Jetzt' bedruckt. Das Wort
 verselbständigt sich und sucht seinen Weg
 weiter in die breite Parallelstraße hinein.
 Die zweite Zone wirkt geräuschisolierend.
 Teer wird aufgetragen und mit vielen
 Fußmatten bedeckt. Die dritte Zone ist die
 Papierzone. Berge von Papier, die Autos
 ertrinken darin.
DIE SITUATION SCHACKSTRASSE ist ein Auslöser.
 Sie wird ihre Fortsetzung finden im Verhalten
 eines jeden einzelnen Passanten, im Verhalten
 der Behörden.

" Wir gehen zum Kunstverbraucher,
 wir warten nicht auf ihn ".

1970
EIN PROZESS
als Performance

tz **München**

Mit einem großen Polizeiaufgebot, Kindergeplärr, Protestgeschrei und erbitterten Kämpfen von Hippies und Apos um die Sitzplätze begann gestern das Verfahren gegen die drei Schöpfer des Fünf-Tonnen-Altpapier-Happenings in der Schackstraße am 15. Juni 1969. Ein echtes Spektakel, bis ein Wachtmeister die auf dem Boden kauernden Kunstfreunde und zwei Kleinkinder aus dem Saal gedrängt hatte.

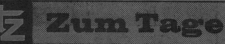

München – Weltstadt mit Herz

Freitag, 27. Juni 1969

Kunst auf der Straße

Als kürzlich die Münchner Künstler HA Schult, Ulrich Herzog und Günter Saree die Schackstraße „veränderten", sie mit fünf Tonnen Altpapier anfüllten, mit Teer und Fußmatten pflasterten, und in unendlichen Bändern bis in Leopold- und Ludwigstraße hinein mit dem Wort „jetzt" bedruckten — die AZ berichtete darüber —, konnte man nicht viel mehr feststellen, als daß die Aktion Erfolg hatte.

Erfolg, weil sie nach Intention und Plan der Künstler ablief: „Die SITUATION SCHACKSTRASSE ist ein Auslöser. Sie wird ihre Fortsetzung finden im Verhalten eines jeden einzelnen Passanten, im Verhalten der Behörden." Die Polizei hatte die Schackstraße durch die Feuerwehr wieder frei machen lassen, die Räumungsarbeiten wurden zum Bestandteil der happening-artigen Situation, die Reaktionen der Passanten waren vielfältig: Sie reichten von heftiger Ablehnung und Beschimpfung über Hilflosigkeit bis zu Sympathie und Mitspielen.

Man kann heute etwas mehr sagen, Relationen lassen sich herstellen. In der deutschen Presse hat die „Situation Schackstraße" breite Resonanz gefunden. Auch von seiten der Kunstinstitutionen wird Anteilnahme bekundet. Sie drückt sich hoffentlich in Hilfe aus, wenn den Künstlern die Rechnung — 1378 Mark — für die Räumungsarbeiten präsentiert wird. Gegen zwei andere Ereignisse läßt sich die „Situation Schackstraße" deutlich abgrenzen. In der Maximilianstraße haben Unbekannte eine Fußgängerunterführung mit Farbe beschmiert. Schult, Herzog und Saree dagegen sind weder unbekannt noch anonym vorgegangen. Sie können ihre Aktion erläutern und zu ihr stehen.

Zweitens ist die sensAction, eine Hauptveranstaltung der Schwabinger Woche, kläglich gescheitert. Sie sollte eine Fortsetzung der außerordentlich erfolgreichen Sub-Art vom vergangenen Jahr sein (Schult war damals einer der Hauptinitiatoren). Das Publikum hat die sensAction im Parkhaus-Rohbau an der Kaulbachstraße zerstört, die Arbeiten demoliert.

Die „Situation Schackstraße" war weder auf bloße Destruktion angelegt noch hat sie Zerstörung erzeugt. Ob Kunst oder nicht: Die Wahl des Ortes und der Zeit, die Einplanung der Reaktionen und das differenzierte Verhalten der Passanten zeigen, daß die Aktion vernünftig überlegt war.

Die Sub-Art konsequent fortsetzend, hat die „Situation Schackstraße" viel radikaler als die sensAction die Frage nach der Kunst heute aufgeworfen, und sie hat das in verantwortungsvoller Weise getan. Man muß ihre Antwort nicht unbedingt akzeptieren, aber man kann ihr eine vernünftige Diskussion nicht verweigern. Die „Situation Schackstraße" ist das eigentliche Ereignis der Schwabinger Woche, wird außerhalb Münchens so verstanden und verdient Förderung.

Knut Nievers

---

tz Zum Tage

14./15. März 1970

Heute schreibt Karl Wanninger

„Müllabfuhr ist so wichtig wie Kunst." Diese Umkehrung eines Zitats von Happening-Spezialist Ha Schult erlaubt es dem Lokalredakteur, zu einem ihm sonst fremden Metier Stellung zu nehmen. Es geht um die sogenannte Situation Schackstraße, die gestern das Amtsgericht beschäftigte. Zur Erinnerung: Mehrere freischaffende Artisten luden eines schönen Tages im Sommer 1969, unweit der einstmals der Ausbildung von Künstlern dienenden Akademie, 160 Fußmatten, fünf Tonnen Altpapier und mehrere Kübel Teer ab. Nicht nur so, sondern als provozierendes Kunstwerk.

Das Erstaunliche an der Leistung: Drei Mann vollbrachten, was hundert Tonnenmänner kaum in

Kunstmüll

einem Tagwerk geschafft hätten. Die wahren Künstler bei diesem Vorgang waren dann sowieso Feuerwehr und Müllabfuhr: Es gelang ihnen, wenn auch mit Mühe, Fahrbahn und Gehweg zu säubern.

Sie waren der Meinung, daß eine Straße vorwiegend dem Auto- und Fußgängerverkehr dient und so sauber wie möglich gehalten werden sollte. Wer noch dieser Meinung ist, zum Beispiel der Schreiber dieser Zeilen und unzählige befragte Münchner, ist ein reaktionärer Kunstbanause und überhaupt ein faschistoider Mensch. Wahrscheinlich ist er für den Massenmord in Vietnam, für den Polizeistaat und gegen die Neger. So leicht machen es sich diese Clowns des Establishments.

Und da wird's problematisch. Solange die Happening-Fans ihre Aktionen im Saale abhalten, ist es die Sache der Säue, die geschlachtet werden und derjenigen, denen man die Gedärme auf den Bauch legt. Aber wenn's auf der Straße passiert, sind wir alle herausgefordert.

Was die Künstler allerdings beabsichtigen. Weshalb am Ende dieser Kunstbetrachtung stehen muß: Wenn ein kleiner Hund einen großen Haufen macht, ist er noch lange kein Cäsar.

KA III 2260/69
Jourdienst

München, den 15.6.1969

V o r m e r k u n g

Betreff:
'Happening' in der Schackstraße am 15.6.69

Als Jourbeamter der KA III wurde ich am 15.6.1969 gegen 05.50 Uhr vom Schichtleiter der Kriminalbereitschaft fernmündlich verständigt, daß einer eingegangenen Meldung zufolge in der Schackstraße von Studenten Barrikaden errichtet werden. Kräfte von der Schutzpolizei seien schon unterwegs. Näheres könne aber noch nicht mitgeteilt werden. Eine Weitervermittlung zum AvD-S- bestätigte diese Meldung. Zudem war dort bereits der Einsatz von Überfallkommandos angefordert worden.

Gegen 06.40 Uhr traf ich in der Schackstraße ein. Von der Schutzpolizei waren anwesend der BvD, POA Boelke, PI Kuhn mit mehreren Funkstreifenbeamten und 2 Beamte des Sachgebiets Katastrophenschutz. Die letztgenannten Beamten hatten die fotografische Sicherung des Geschehens durchgeführt. Die Täter hatten ihr Treiben bereits eingestellt. Personalien der drei Hauptakteure waren festgestellt worden.

Folgendes war geschehen:

1. Die Schackstraße war im vorderen Teil beim Siegestor in langen fortlaufenden Linien und auch kreuz und quer mit einem weißen ca. 8 cm breiten Farbstrich bedeckt. Dieser Farbstrich setzte sich aus dem endlos wiederholten Wort 'jetzt' zusammen. Erzeugt hatten die Täter diese Linie, die auch um das Siegestor herum und im näheren Bereich der Schackstraße in der Ludwig- und Leopoldstraße entlang führte, mit einem Gerät, das eine Ähnlichkeit mit einem Schubkarren hatte. Auf einem Autorad waren die aus Filz gefertigten Buchstaben für das Wort 'jetzt' fortfolgend aufgeklebt. Über eine Maler-Lammfellrolle wurde bei der Fortbewegung des Schubkarrens ständig aus einem Behälter nachfließende weiße Farbe aufgetragen.

2. In einem weiteren Teilstück der Schackstraße vor dem Anwesen Nr. 2 waren in ca. 20 Reihen etwa 150 Fußmatten (Fußabstreifer) mit Teer auf der Straße bzw. auf der Gehbahn festgeklebt. Diese Reihen reichten von der Hausfront über die Gehbahn bis über die Straßenmitte. Da auf der gegenüberliegenden Straßenseite (Einbahnstraße) durchgehend Pkw's geparkt waren, hatten die Täter dort keine Fußmatten festgeklebt. Den zum Ankleben verwendeten Teer hatten sie an Ort und Stelle mit einem mitgebrachten Teerkocher erhitzt und flüssig gemacht.

3. Im rückwärtigen Teil der Schackstraße (vom Siegestor gesehen) vor Nr. 4 war auf der Geh- und Fahrbahn eine große Menge Altpapier und Stoffreste abgeladen worden. Teilweise hingen die ursprünglich zu Ballen gepreßten Altmaterialien noch etwas zusammen, teilweise war der ganze Unrat aber auch über die ganze Straßen- und Gehbahnbreite verstreut bzw. aufgetürmt. Das Gewicht dieser Altmaterialien dürfte ca. 5 Tonnen betragen haben.

Im ganzen Bereich lag ferner eine größere Menge Flugblätter herum, zweiseitig bedruckt mit den Überschriften: 'Gesucht werden' - 'weil'. Im Text dieser Flugblätter benennen sich

    1. H e r z o g Ulrich,
       geb.31.5.41 in Kaiserslautern,
       wohnt München 23,Römerstraße 17/I,
       Tel. 397962

    2. S a r e e Günter,
       geb.16.1.40 in Eger,
       wohnt München 45,Riemerschmidtstr.63/VII,
       Tel. 3136881

    3. S c h u l t Hans-Jürgen,
       geb.24.6.39 in Parchim,
       wohnt München 23,Klopstockstr.1/II,
       Tel. 390233

selbst als Verantwortliche für das Geschehen in der Schackstraße. Bei den schon vor meinem Eintreffen erfolgten Gesprächen mit den Beamten von S hatten sie angegeben, daß sie Künstler seien und mit ihrer Kunst auf die Straße zum Volk bzw. Verbraucher gegangen seien, nachdem diese nicht zu ihnen kommen.

Um dieses Durcheinander herum standen ca. 20 Schwabinger Typen,die die ganze Sache augenscheinlich sehr lustig fanden. Offenbar von Gleichgesinnten wurden fortlaufend Foto-und Filmaufnahmen gemacht, insbesondere vom Einsatz der Feuerwehr, die nun ebenfalls eintraf und mit den Aufräumungsarbeiten begann. Die eingesetzte Feuerwehr von der Feuerwache 4 unter Leitung von OBM Strupp hatte stundenlang zu tun, um die Straße wenigstens durch Wegreißen der aufgeklebten Fußmatten und Abfuhr des Altmaterials nach Großlappen wieder passierbar zu machen. Es bestand-jedenfalls zunächst-keine Möglichkeit,die von den Tätern auf die Straße aufgebrachte ölhaltige weiße Farbe und den Teer zu entfernen.

Die Täter hatten sich von mir unbemerkt etwa um 08.15 Uhr entfernt,während ich gerade einen Zeugen anhörte. Bei diesem Zeugen handelt es sich um

       Fritz GRAUVOGEL,
       verh.Heizungsmonteur,
       wohnt München 22,Schackstraße 2/0.

Der Zeuge erklärte, daß er um 05.15 Uhr durch einen Lärm wach wurde. Nach Feststellung der Ursache habe er die Funkstreife angerufen. Er habe auch das Kennzeichen des Lkw's festgestellt und notiert, mit dem das Altmaterial angefahren worden sei. Seine Notiz habe er einem Beamten der uniformierten Polizei übergeben.

Danach verließ ich den Tatort und fuhr zum PP.

Die in der anliegenden Aushändigungsbescheinigung aufgeführten Gegenstände waren auf einem Wagen der Feuerwehr verladen im Gewahrsam der Polizei, als sich gegen 10.00 Uhr der beschuldigte H e r z o g fernmündlich bei der KA III meldete, um diese Utensilien wieder in Empfang zu nehmen. Da zu diesem Zeitpunkt an einer Sicherstellung kein Interesse bestand, wurden die Gegenstände ausgehändigt. Wie zwischenzeitlich durch die Täter selbst bekannt geworden war, hatten sie die Fußmatten aus den Hochhäusern an der Rümannstraße weggenommen. Ein namentlich noch nicht bekanntgewordener Anrufer hatte dies auch bei der Kriminalbereitschaft gemeldet.

Die Wachen der örtlich beteiligten Reviere 3,5 und 6 wurden fernmündlich über den Vorfall unterrichtet und gebeten, evtl. Anzeigen gesammelt abzugeben. Nach Sachlage dürfte den Tätern eine Anzeige wegen:

I. SAREE
a) Vergehen gem. § 304 StGB
b) Vergehen gem. §§ 47, 240 StGB
c) Ordnungswidrigkeit gem. §§ 1, 41 StVO, 24 StVG
d) Ordnungswidrigkeit gem. Art. 14, 16, 66 BayStrWG

II. HERZOG
a) Vergehen gem. § 303 StGB
b) Vergehen gem. §§ 47, 240 StGB
c) Ordnungswidrigkeit gem. §§ 1, 41 StVO, 24 StVG
d) Ordnungswidrigkeit gem. Art. 14, 16, 66 BayStrWG

III. SCHULT
a) Vergehen gem. §§ 47, 240 StGB
b) Ordnungswidrigkeit gem. §§ 1, 41 StVO, 24 StVG
c) Ordnungswidrigkeit gem. Art. 14, 16, 66 BayStrWG
d) Ordnungswidrigkeit gem. §§ 4/II StVZO, 24 StVG

Sachverhalt:

Am Sonntag, dem 15.6.1969, veranstalteten die umseitig aufgeführten Beschuldigten in den frühen Morgenstunden in der Schackstraße ein sogenanntes "Happening", um auf die Mißstände auf kunstpolitischem Gebiet aufmerksam zu machen. Zur Durchführung dieser Aktion verwendeten sie mehrere Tonnen Altpapier, ca. 160 Fußmatten, Teer und Teerkocher, eine selbstkonstruierte Straßendruckmaschine und Ölfarbe.

Der nähere Sachverhalt ist aus beiliegendem Ermittlungsvorgang sowie dem Schlußvermerk ersichtlich.

Hoffmann/KM/7236

1970

KONSUMBRUNNEN

„Jetzt. Künste in Deutschland heute" Kunsthalle Köln

Der Verkaufsstand ist
mit den Gegenständen der
täglichen Konsumwelt
gefüllt.Alle Gegenstände
sind zu erwerben.
Ihr Preis:
0,20 DM bis 20,00 DM.
Die gleichzeitig auf den
Konsumenten eindringende
Information bezieht sich
auf den optischen Gehalt
der angebotenen
Konsumartikel.

Der Brunnen ist
mit einer lavaartigen Masse
gefüllt.Ein Schutzgitter
umgibt ihn.
Die aus zeitgemäßen
Materialien hergestellten
Konsumgüter,in den
Brunnen geworfen,
verfärben und verformen
sich.Zerplatzen.
Der Zersetzungsprozeß
beginnt.Prozesse
werden sichtbar.

Dazwischen:
die Entscheidung für den Konsumenten.
Soll er einen Gegenstand erwerben?Soll er ihn mit
nachhause nehmen?Ihn auf einen Sockel stellen
und damit eine Plastik erworben haben?Soll er ihn
mit nachhause nehmen?Ihn in einen Rahmen fassen
und damit ein Bild erworben haben?Oder:Soll er sich
überwinden.Den Gegenstand opfern.Den eigenhändig
ausgelösten Zersetzungsprozeß beobachten.HA Schult.
Patented

1970
MON

„Der Münchner Biokinetiker HA Schult, der ein paar Nachmittagsstunden mit einem Lautsprecherwagen durch die Straßen gefahren war und Einwohner wie Gäste auf den Tourismuscharakter der Stadt aufmerksam gemacht hatte, wurde durch massive Drohungen daran gehindert, seine Rundfahrt auch am Abend fortzusetzen. Die Hinweise auf offensichtlich zutreffende Sachverhalte wurden als offener Angriff auf Selbstverständnis und Existenzgrundlage der Monschauer aufgefaßt und entsprechend vehement beantwortet."
Wolfgang Längsfeld

Die gestellte Aufgabe bestand darin, das Touristenziel Monschau für die Dauer eines Tages akustisch zu interpretieren.
Der mobilen Geräuschquelle, einem Lautsprecherwagen, aus welchem heraus das, was zu sehen war, gesagt wurde, entkam keiner der in Monschau an diesem Tag befindlichen Personen.

SCHAU

ihr seid Touristen. Ihr seid Touristen. Ihr lebt von Touristen. Seht aus
ie Touristen. Lebt wie Touristen. Lebt durch Touristen. Geht wie Tourist
eht wie Touristen. Ihr seid Touristen. Ihr liebt Touristen. Umarmt Euch
ouristen. Schleckt Eis wie Touristen. Trinkt Bier wie Touristen. Du da.
ist ein Tourist. Künstler machen schöne Häuser. Schmücken Häuser für Tou
ouristenkünstler. Kunsttouristen. Schön. Schön. Schön. Schönmacher. Vers
ür Touristen. Touristen. Ihr lieben Touristen. Alte Männer. Glückliche M
lte Frauen. Glückliche Frauen. Glücklich wie Touristen. Ihr lieben alten
rauen. Kinder. Kinder. Kinder. Kinder. Touristenkinder. Alte Kinder. Seh
ie Kunst. Schöne Kunst. Schöne alte Kunst. Schön für Touristen. Kunsttou
onschau. Kellner. Mann mit Sonnenbrille. Polizei. Lieb Liebe Polizei. Tou
ouristenpolizei. Künstler schmücken Häuser. Künstler schmücken Häuser fü
ouristen. Für Touristen. Touristen. Touristenkünstler. Künstler. Schöne
unst schmückt. Schöne Kunst schmückt schöne Häuser. Schöne Häuser. Poliz
ouristen. Heile Welt. Monschau. Touristen. Touristen. Touristen. Tourist
ouristen. Touristen. Touristen. Touristen. Touristen. Touristen. Tourist
ouristen. Touristen. Touristen. Touristen. Alte Touristen. Junge Tourist
hr seid Touristen. Ihr Seid Touristen. Ihr seid Touristen. Ihr seid Tour
ouristen. Ihr lebt von Touristen. Seht aus wie Touristen. Lebt wie Touri
ebt durch Touristen. Geht wie Touristen. Geht wie Touristen. Ihr seid To
hr liebt Touristen. Umarmt Euch wie Touristen. Schleckt Eis wie Touriste
rinkt Bier wie Touristen. Du da. Du bist ein Tourist. Künstler machen sc
äuser. Schmücken Häuser für Touristen. Touristenkünstler. Touristen. Tou
nsttouristen. Touristen. Touristen. Touristen. Touristen. Touristen. To

AKTION 20.000 KM.

EINE AKTION VON HA SCHULT.
KOORDINIERT VON REINER KALLHARDT
& DEM AKTIONSRAUM 1 MÜNCHEN.
EIN FILM VON
EBERHARD HAUFF
& WOLF FISCHER.IM STUDIENPROGRAMM DES BR

```
16.10.'70. FREITAG.      20 UHR.FELDHERRNHALLE MÜNCHEN.START.
17.10.'70. SAMSTAG.      10 UHR.KUNSTHAUS HAMBURG.
18.10.'70. SONNTAG.      15 UHR.KUNSTMARKT KÖLN.GALERIE ZWIRNER.
20.10.'70. DIENSTAG.     18 UHR.KUNSTVEREIN HANNOVER.
23.10.'70. FREITAG.      20 UHR.NEUE GALERIE DER STADT AACHEN.
24.10.'70. SAMSTAG.      20 UHR.KUNSTVEREIN MANNHEIM.
25.10.'70. SONNTAG.      14 UHR.KUNSTVEREIN INGOLSTADT.
28.10.'70. MITTWOCH.     20 UHR.AKTIONSRAUM 1 MÜNCHEN.
30.10.'70. FREITAG.      20 UHR.KUNSTHALLE NÜRNBERG.
 2.11.'70. MONTAG.       20 UHR.HAUS AM WALDSEE BERLIN.
 3.11.'70. DIENSTAG.     20 UHR.KUNSTVEREIN HEIDELBERG.
 5.11.'70. DONNERSTAG.   20 UHR.FERNSEHSTUDIO FREIMANN.ZIEL.
```

SCHLAFEN WIRD HA SCHULT
IM AKTIONSRAUM 1 MÜNCHEN & IM KUNSTHAUS HAMBURG

1970

An einem Freitag, dem 16. 10. 1970, startet um 20.25 Uhr ein blutorangefarbenes Auto von einer Rampe vor der Feldherrnhalle in München. Der Fahrer des Autos trägt einen blutorangefarbenen Overall und einen blutorangefarbenen Sturzhelm. An einem Samstag, dem 17. 10. 1970, um 10.00 Uhr erreicht er das Kunsthaus Hamburg und hat 824,3 km zurückgelegt. Dort tauschen zwei Mechaniker die Windschutzscheibe des Autos gegen eine neue Windschutzscheibe aus. Der Fahrer legt sich schlafen. In einem Bett, welches in einem durchsichtigen Gang des Hamburger Kunsthauses steht. In einem blutorangefarbenen Pyjama.

An einem Sonntag, dem 18. 10. 1970, startet der blutorangefarbene Fahrer in dem blutorangefarbenen Auto vor dem Kunsthaus Hamburg. Um 15.10 Uhr erreicht er die Kunsthalle Köln und spricht mit dem Publikum des Kölner Kunstmarktes über die Fahrt. Um 15.30 Uhr startet der blutorangefarbene Fahrer nach München. Um 1.55 Uhr erreicht er den Münchner Kunstverein und hat mehr als 1.000 km zurückgelegt. Der Fahrer legt sich schlafen. In einem Bett, welches unter den schönen Bildern und inmitten der schönen Objekte dreier Münchner Künstler steht. In einem blutorangefarbenen Pyjama.

An einem Montag, dem 19. 10. 1970, tauschen frühmorgens zwei Mechaniker die Windschutzscheibe des Autos gegen eine neue Windschutzscheibe aus. Um 12.30 Uhr startet der blutorangefarbene Fahrer. Um 23.20 Uhr erreicht er das Kunsthaus Hamburg und hat 1.029 km zurückgelegt. Er schläft in dem durchsichtigen Gang. Blutorange.

An einem Dienstag, dem 20. 10. 1970, tauschen frühmorgens zwei Mechaniker die Windschutzscheibe des Autos gegen eine neue Windschutzscheibe aus. Der blutorangefarbene Fahrer fährt nach München. Eine geplante Zwischenstation im Kunstverein Hannover fällt aus. Der Hannoveraner Kunstinstitutionsleiter will nicht, daß der Fahrer in den Räumen des Hannoveranischen Kunstvereins mit dem Hannoveraner Publikum über die Fahrt spricht. Um 1.45 Uhr erreicht der blutorangefarbene Fahrer den Münchner Kunstverein und stellt fest, daß er irrtümlich die Scheibe des Fahrtenschreibers verkehrt herum eingelegt hat. Er hat 1.025 km zurückgelegt und schläft unter den schönen Bildern und inmitten der schönen Objekte dreier Münchner Künstler. Blutorange.

An einem Mittwoch, dem 21. 10. 1970, tauschen frühmorgens zwei Mechaniker die Windschutzscheibe des Autos gegen eine neue Windschutzscheibe aus. Um 12.00 Uhr startet der blutorangefarbene Fahrer. Um 0.25 Uhr erreicht er das Kunsthaus Hamburg und hat genau 1.000 km zurückgelegt. Er schläft in dem durchsichtigen Gang. Blutorange.

An einem Donnerstag, dem 22. 10. 1970, tauschen frühmorgens zwei Mechaniker die Windschutzscheibe des Autos gegen eine neue Windschutzscheibe aus. Um 9.50 Uhr startet der blutorangefarbene Fahrer. Um 2.30 Uhr erreicht er den Münchner Kunstverein und hat 1.030 km zurückgelegt. Er schläft unter den schönen Bildern und inmitten der schönen Objekte dreier Münchner Künstler. Blutorange.

An einem Freitag, dem 23. 10. 1970, tauschen frühmorgens zwei Mechaniker die Windschutzscheibe des Autos gegen eine neue Windschutzscheibe aus. Um 12.30 Uhr startet der blutorangefarbene Fahrer. Um 20.35 Uhr erreicht er die Neue Galerie der Stadt Aachen und spricht mit dem Aachener Publikum über die Fahrt. Um 23.15 Uhr startet der blutorangefarbene Fahrer nach Hamburg. Um 5.00 Uhr erreicht er das Kunsthaus Hamburg und hat 1.162 km zurückgelegt. Er schläft in dem durchsichtigen Gang. Blutorange.

An einem Samstag, dem 24. 10. 1970, tauschen frühmorgens zwei Mechaniker die Windschutzscheibe des Autos gegen eine neue Windschutzscheibe aus. Um 9.10 Uhr startet der blutorangefarbene Fahrer. Um 20.00 Uhr erreicht er den Mannheimer Kunstverein und spricht mit dem Mannheimer Publikum über die Fahrt. Um 21.00 Uhr startet der blutorangefarbene Fahrer. Um 1.10 Uhr erreicht er den Münchner Kunstverein und hat 950 km zurückgelegt. Er schläft unter den schönen Bildern und inmitten der schönen Objekte dreier Münchner Künstler. Blutorange.

An einem Sonntag, dem 25. 10. 1970, tauschen frühmorgens zwei Mechaniker die Windschutzscheibe des Autos gegen eine neue Windschutzscheibe aus. Um 13.55 Uhr startet der blutorangefarbene Fahrer. Um 14.35 Uhr erreicht er den Ingolstädter Kunstverein und spricht auf dem Ingolstädter Marktplatz mit dem Ingolstädter Publikum über die Fahrt. Um 15.35 Uhr startet der blutorangefarbene Fahrer. Um 1.50 Uhr erreicht er das Kunsthaus Hamburg und hat 912 km zurückgelegt. Er schläft in dem durchsichtigen Gang. Blutorange.

An einem Montag, dem 26. 10. 1970, tauschen frühmorgens zwei Mechaniker die Windschutzscheibe des Autos gegen eine neue Windschutzscheibe aus. Der Arzt hat dem blutorangefarbenen Fahrer Sprechverbot erteilt. Sonst besteht die Gefahr eines längeren Stimmverlustes. Um 10.30 Uhr startet der blutorangefarbene Fahrer. Um 23.10 Uhr erreicht er den Münchner Kunstverein und hat 1.009 km zurückgelegt. Er schläft unter den schönen Bildern und inmitten der schönen Objekte dreier Münchner Künstler. Blutorange.

An einem Dienstag, dem 27. 10. 1970, tauschen frühmorgens zwei Mechaniker die Windschutzscheibe des Autos gegen eine neue Windschutzscheibe aus. Um 9.30 Uhr startet der blutorangefarbene Fahrer. Um 23.20 Uhr erreicht er das Kunsthaus Hamburg und hat 1.004 km zurückgelegt. Er schläft in dem durchsichtigen Gang. Blutorange.

An einem Mittwoch, dem 28. 10. 1970, tauschen frühmorgens zwei Mechaniker die Windschutzscheibe des Autos gegen eine neue Windschutzscheibe aus. Um 10.35 Uhr startet der blutorangefarbene Fahrer. Um 21.55 Uhr erreicht er den Münchner Kunstverein und hat 884 km zurückgelegt. Er schläft unter den schönen Bildern und inmitten der schönen Objekte dreier Münchner Künstler. Blutorange.

An einem Donnerstag, dem 29. 10. 1970, tauschen frühmorgens zwei Mechaniker die Windschutzscheibe des Autos gegen eine neue Windschutzscheibe aus. Um 10.50 Uhr startet der blutorangefarbene Fahrer. Um 23.10 Uhr erreicht er das Kunsthaus Hamburg und hat 1.027 km zurückgelegt. Er schläft in dem durchsichtigen Gang. Blutorange.

An einem Freitag, dem 30. 10. 1970, um 4.10 Uhr startet der blutorangefarbene Fahrer zu einer Hamburger Tankstelle. Dort wechselt er mit einem Volksidol mehrere Worte. Um 5.30 Uhr fährt er zurück zum Kunsthaus Hamburg und schläft in dem durchsichtigen Gang. Blutorange. Frühmorgens tauschen zwei Mechaniker die Windschutzscheibe des Autos gegen eine neue Windschutzscheibe aus. Um 10.55 Uhr startet der blutorangefarbene Fahrer. Um 20.00 Uhr erreicht er die Kunsthalle Nürnberg und spricht mit dem Nürnberger Publikum über die Fahrt. Um 21.00 Uhr startet der blutorangefarbene Fahrer. Um 0.30 Uhr erreicht er den Münchner Kunstverein und hat 1.008 km zurückgelegt. Er schläft unter den schönen Bildern und inmitten der schönen Objekte dreier Münchner Künstler. Blutorange.

An einem Samstag, dem 31. 10. 1970, tauschen frühmorgens zwei Mechaniker die Windschutzscheibe des Autos gegen eine neue Windschutzscheibe aus. Dann fahren sie das Auto in eine Reparaturwerkstatt und bauen den Motor des Autos aus und ein. Um 18.00 Uhr startet der blutorangefarbene Fahrer. Um 5.45 Uhr erreicht er das Kunsthaus Hamburg und hat 1.008 km zurückgelegt. Er schläft in dem durchsichtigen Gang. Blutorange.

An einem Sonntag, dem 1. 11. 1970, tauschen frühmorgens zwei Mechaniker die Windschutzscheibe des Autos gegen eine neue Windschutzscheibe aus. Um 11.30 Uhr startet der blutorangefarbene Fahrer. Um 0.20 Uhr erreicht er den Münchner Kunstverein und hat 1.054 km zurückgelegt. Er schläft unter den schönen Bildern und inmitten der schönen Objekte dreier Münchner Künstler. Blutorange.

An einem Montag, dem 2. 11. 1970, tauschen frühmorgens zwei Mechaniker die Windschutzscheibe des Autos gegen eine neue Windschutzscheibe aus. Um 10.30 Uhr startet der blutorangefarbene Fahrer. Um 20.55 Uhr erreicht er das „Haus am Waldsee" in Westberlin und spricht mit dem Westberliner Publikum über die Fahrt. Um 0.05 Uhr startet der blutorangefarbene Fahrer. Um 8.40 Uhr erreicht er das Kunsthaus Hamburg und hat 1.007 km zurückgelegt. Er schläft in dem durchsichtigen Gang. Blutorange.

An einem Dienstag, dem 3. 11. 1970, tauschen frühmorgens zwei Mechaniker die Windschutzscheibe des Autos gegen eine neue Windschutzscheibe aus. Um 11.30 Uhr startet der blutorangefarbene Fahrer. Um 20.20 Uhr erreicht er den Heidelberger Kunstverein und spricht mit dem Heidelberger Publikum über die Fahrt. Um 21.35 Uhr startet der blutorangefarbene Fahrer. Um 2.10 Uhr erreicht er den Münchner Kunstverein und hat 1.036 km zurückgelegt. Er schläft unter den schönen Bildern und inmitten der schönen Objekte dreier Münchner Künstler. Blutorange.

An einem Mittwoch, dem 4. 11. 1970, tauschen frühmorgens zwei Mechaniker die Windschutzscheibe des Autos gegen eine neue Windschutzscheibe aus. Und die drei Münchner Künstler hängen frühmorgens ihre schönen Bilder ab und schaffen ihre schönen Objekte weg. Sie machen Platz für eine andere schöne Ausstellung. Um 13.00 Uhr startet der blutorangefarbene Fahrer. Um 1.00 Uhr erreicht er das Kunsthaus Hamburg und hat 1.009 km zurückgelegt. Er schläft in dem durchsichtigen Gang. Blutorange.

An einem Donnerstag, dem 5. 11. 1970, tauschen frühmorgens zwei Mechaniker die Windschutzscheibe des Autos gegen eine neue Windschutzscheibe aus. Um 6.30 Uhr startet der blutorangefarbene Fahrer. Um 20.20 Uhr erreicht er das Fernsehstudio München-Unterföhring und hat 1.028 km zurückgelegt. Um 21.00 Uhr tauschen zwei Mechaniker die Windschutzscheibe des Autos gegen eine neue Windschutzscheibe aus. Live im Fernsehstudio. Der blutorangefarbene Fahrer spricht mit dem Publikum im Fernsehstudio über die Fahrt. Live. Um 21.35 Uhr verläßt der blutorangefarbene Fahrer das Fernsehstudio.

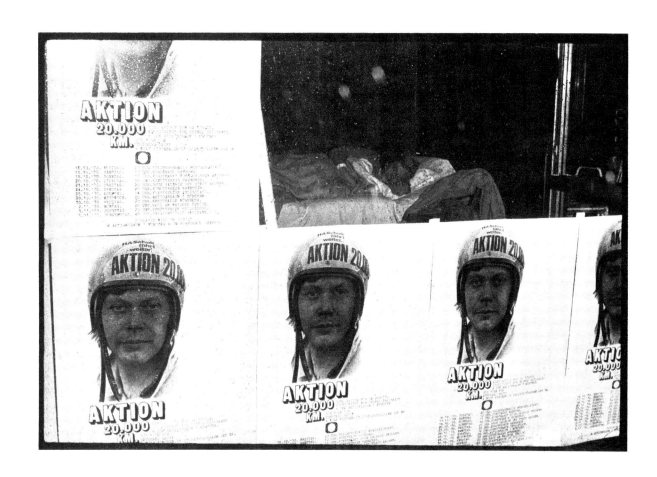

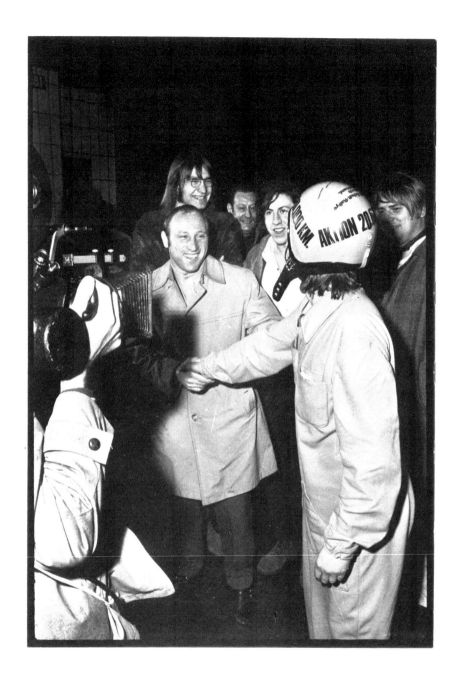

DIE SCHULT-FRAGE

Die 20000-km-Aktion endete live im Fernsehen

Mit einer Live-Übertragung aus dem Studio 2 des Bayerischen Fernsehens endete am Donnerstagabend der zweite Teil der „Aktion 20 000 km" des Münchner Aktionskünstlers HA Schult. Der erste Teil, lange vorher gestartet, hatte die Gegner dieser Aktion damals schon mobilisiert; denn da ging es um Geld, um die Organisation und die Finanzierung der 20 000 km, die Schult in 20 Tagen auf den Straßen zwischen Hamburg und München zurücklegen wollte. Das Bild, das die Öffentlichkeit vom Künstler zu haben scheint, ist offenbar immer noch von den Vorstellungen des 19. Jahrhunderts geprägt; denn kaum einer mochte begreifen, daß ein Künstler sich Geld von der Industrie holt für das, was er will, und daß er auch noch keinen Hehl daraus machen mag. Keiner hat es je einem Künstler verübelt, daß er seine Werke für viel Geld in die Foyers von Banken und Versicherungen verkaufte, daß er sich um Aufträge für Kunst am Bau devot in Vorzimmern herumdrückte, daß er von der Industrie gestiftete Preise in Empfang nahm, daß er, der liebenswerte Tropf, sein Bier in der Stammkneipe mit Skizzen bezahlte, die jetzt diese Kneipe zum Originalkünstlerlokal machen. Wer Schult sein Organisationstalent und seine Public-Relations-Fähigkeiten zum Vorwurf macht, ist entweder Romantiker oder zumindest ein klein wenig neidisch. Daß Schult diese seine Fähigkeiten gelegentlich über Gebühr strapaziert, ist eine andere Frage. Wenn einer die Mechanismen von Werbung, Eigenwerbung und deren Verwertbarkeit durchschaut und für sich und seine Arbeit nutzbar zu machen versteht, ist er clever, aber er prostituiert sich nicht.

Als Schult das Auto, die Reifen, die Tankchecks, die Finanzen, sein Publikum, einen Kunsthändler und die Verbreitungsorgane beisammen und alles schön orange verpackt hatte, als alles so perfekt organisiert war, daß sich die Leute mit dem romantisch-kritischen Kunstbild wiederum nur noch ans Hirn langen konnten, fuhr Schult wie angekündigt 20 Tage lang je 1000 km durch Deutschland, begleitet von einem Filmteam, von einer weiterhin perfekten Organisation und natürlich weiterhin auch begleitet vom Haß und der Verachtung seiner Gegner. Was er bei dieser strapaziösen Fahrt erlebte und was er sich dabei dachte, ist nicht so wichtig, ebensowenig wie die Frage, ob das alles noch oder überhaupt etwas mit Kunst zu tun hat. Wichtig kann nur sein, was man davon erfuhr, wo einen diese Aktion tangierte. Wichtig war zu begreifen, daß hier eine künstliche Situation nicht faßbar existent wurde, sondern daß sie durch ständige Bewegung und Fluktuation tangentiale Berührungspunkte mit vielen und vielem schuf und durch die kalkulierte Aufmerksamkeit, die sie erregte, erst in den Kommunikationsmedien wirklich existent wurde, und zwar nicht als bloße Nachricht, sondern als ein diese Medien selbst beeinflussender Gegenstand.

Der Fernsehfilm, der die Aktion in schicken Bildern rekapitulierte und der nach der Reportagedramaturgie der ganz großen Ereignisse aus der Schult-Aktion so etwas wie die Bergung einer Raumkapsel machte, mündete ein in die reale Zeit, endete als Live-Sendung aus dem Studio, in dem auch dieser Hauptteil der Schult-Aktion endete. Für das Studioprogramm war es ein gelungenes Experiment, das Möglichkeiten der Interaktion zwischen Anlaß, Medium und Publikum nur dadurch verscherzte, daß es die Zeit zur Diskussion mit einem auch noch säuberlich ausgewählten Publikum auf ein winziges Mindestmaß beschränkte. Nicht ein schicker Film hätte da hingehört, sondern ein informativer, der einem gemischten Publikum die zu diskutierende Situation hätte klarmachen können. Der Film und damit die Sendung hatten den Fehler, selbst mehr Kunstambitionen zu haben als ihr Gegenstand. Um ein Modewort zu gebrauchen, sie waren eher dazu geeignet, ihren Gegenstand zu verschleiern als zu erhellen.

Der dritte Teil der Schult-Aktion wird ihre vielfache Auswertung sein. Die 20 000-km-Rallye ist durch den Film, durch alles registrierende Tonbänder, durch die täglich ausgewechselten Windschutzscheiben, durch ein Fahrtenbuch etc. ausführlich dokumentiert. Diese Dokumentation, Teil der Aktion und nicht Sammlung von Kunstobjekten, wird als zwanzigtägige Ausstellung nacheinander in all den Kunstinstitutionen, die Schult im Verlaufe seiner Fahrt angesteuert hat, zu sehen sein. Auch das macht viele ganz krank; denn ein gutes Dutzend Ausstellungen nacheinander in durchweg renommierten Häusern, das darf nach Meinung der Kunstpuristen ebensowenig wahr sein wie die Tatsache, daß ein ebenfalls renommierter Kölner Galerist die Relikte jedes dieser zwanzig Tage für je 3000 Mark zum Verkauf anbietet, und daß sich tatsächlich schon Käufer gefunden haben.

Die Schult-Rallye ist ein Erfolg, weil sie die Diskussion über die Kunst und die Diskussion über das Leben und die über das Verhältnis beider zueinander kräftig belebt hat. Dazu gehört auch, daß uns vieles daran nicht paßt. Daß Uwe Seeler für eine Gastrolle und ein Autogramm auf dem Schult-Auto 1800 Mark kassiert hat. Zum Beispiel.

WOLFGANG LÄNGSFELD

Phänomen Zeit

*Die Aktions—Zeit
von Freitag, 16. Oktober 1970,
20.25 Uhr
bis Donnerstag, 5. November 1970,
21.35 Uhr
wurde 1:1 auf Tonband gesprochen.
Die Aktions—Distanz
von 20.073 Kilometer wurde
während des Fahrens
verbal transplantiert.*

RAUM WURDE IN ZEIT UMGESETZT.

DER 20. TAG

1971 SPOT_KIEL GAST

Aktionsablauf:

Zwei Gastarbeiter absolvieren einen Sieben-Stunden-Arbeitstag.

In einem der Ausstellungsräume wird der Besucher mit einer Lastwagenladung gestapelter, in Kartons verpackter Konsumgüter konfrontiert. Ein Berg gestapelter Konsumgüter mitten in einem Raum, in welchem Geräusche aus der Arbeitswelt den Besucher monotonisieren.

Ein Gastarbeiter hat vor diesem Konsumgüterberg seinen Arbeitsplatz aufgeschlagen. Er öffnet einen Karton nach dem anderen und packt die darin enthaltenen Konsumgüter aus.

In einem zwei-Räume-entfernten Ausstellungsraum hat ein zweiter Gastarbeiter seinen Arbeitsplatz aufgeschlagen. Dieser Raum ist ebenfalls akustisch mit Geräuschen aus der Arbeitswelt angefüllt.

Zwischen beiden Räumen pendelt als dritte Person eine Gastarbeiterin, welche in einem handlichen Transportwagen von dem Gastarbeiter im ersten Raum die ausgepackten Konsumgüter zu dem anderen Gastarbeiter im zweiten Raum transportiert. Der Gastarbeiter im zweiten Raum verpackt die angelieferten Konsumgüter in Kartons und schafft einen neuen Konsumgüterberg.

ARBEITER

Zielvorstellung:

Die Aktion 'Gastarbeitersituation' erzeugt in der gewohnten Ausstellungsatmosphäre von einem Raum zum anderen Raum überspringende Bewegung. Visuelle Korrespondenz zwischen zwei Räumen. Das Publikum, der Begeher, wird durch die akustische Interpretation der alltäglichen Arbeitswelt in den Arbeitsvorgang mit einbezogen. Das Publikum kreuzt die Route der Transportarbeiterin, gerät ihr in den Weg, nimmt kurzfristig Einfluß auf den Ablauf des Geschehens. Korrespondenz zwischen den Akteuren und dem Publikum entsteht.

Überzogene Alltagsassoziationen stellen sich ein.

Der ganze einwöchige Vorgang zeigt eine normale Lebenssituation, welche aus ihrem gewohnten Zusammenhang herausgebrochen in einer Ausstellungssituation auftaucht, welche über Generationen häufig als Fluchtpunkt vor der Realität mißverstanden wurde.

Das Publikumsverhalten auf diese Konfrontation ist wichtiger Bestandteil der Aktion und wird auszuwerten sein, durch eine Video-Aufzeichnung, durch eine Befragung.

1971

Das geht Sie an.
Machen Sie mit.
Sie machen die Aktion.

DAS AUTO.
Zwei Autos.
Drei Autos.
Drei Autos stehen bereit.

Irgendwo in Köln. Für Sie in Köln. Weithin erkennbar. Blutorange.
Signalfarben. Blutorangefarbene Signale in städtischer
Landschaft. Der Schlüssel steckt. Steigen Sie ein.
Benutzen Sie eines der blutorangefarbenen Signale zum
Durchqueren der städtischen Landschaft. Zum Arbeitsplatz.
Zum Wohnplatz. Zum Vergnügungsplatz.
Lassen Sie es stehen, wo immer Sie wollen. Auf dem Rücksitz Ihres
blutorangefarbenen Signals sitzt ein Neutrum. Eine neutrale
Person, die Sie und Ihre Fahrgäste begleiten wird. Mehr nicht.
Fahren Sie, wohin Sie wollen. Unternehmen Sie, was Sie wollen.
Benutzen Sie dazu eines der drei blutorangefarbenen Signale in
der städtischen Landschaft Kölns. Sie machen die Aktion. Live.

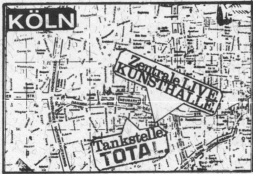

Der Schlüssel steckt.
Bei der Aktion
- Die Stadtstraße -
Einer HA SchultAktion.
HA Schult '71.
Live 1971.
Samstag. Sonntag. Montag.
16. 17. 18. Oktober.
Tag & Nacht in Köln.

-Die Stadtstraße- ist eine HA SchultAktion
für die von Klaus Honnef konzipierte -Verkehrskultur- des Westfälischen Kunstvereins der Stadt Münster.
-Die Stadtstraße- ist eine HA SchultAktion
in Zusammenarbeit mit Dr. Helmut Leppien für die Kunsthalle der Stadt Köln.
-Die Stadtstraße- ist eine HA SchultAktion
unter der Schirmherrschaft des Bundesministers für das Post- und Fernmeldewesen und Verkehr Georg Leber.

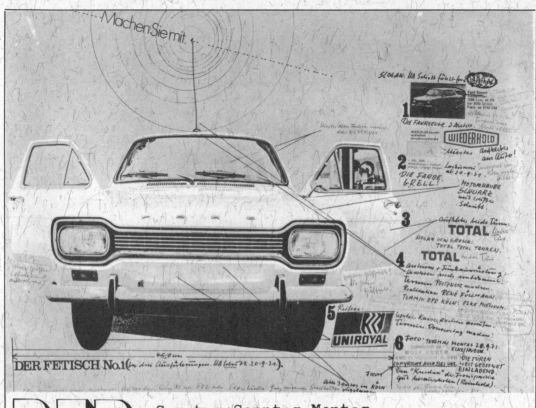

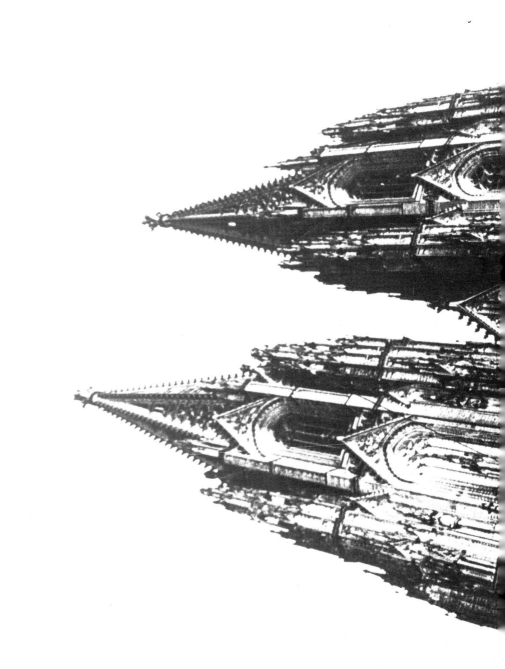

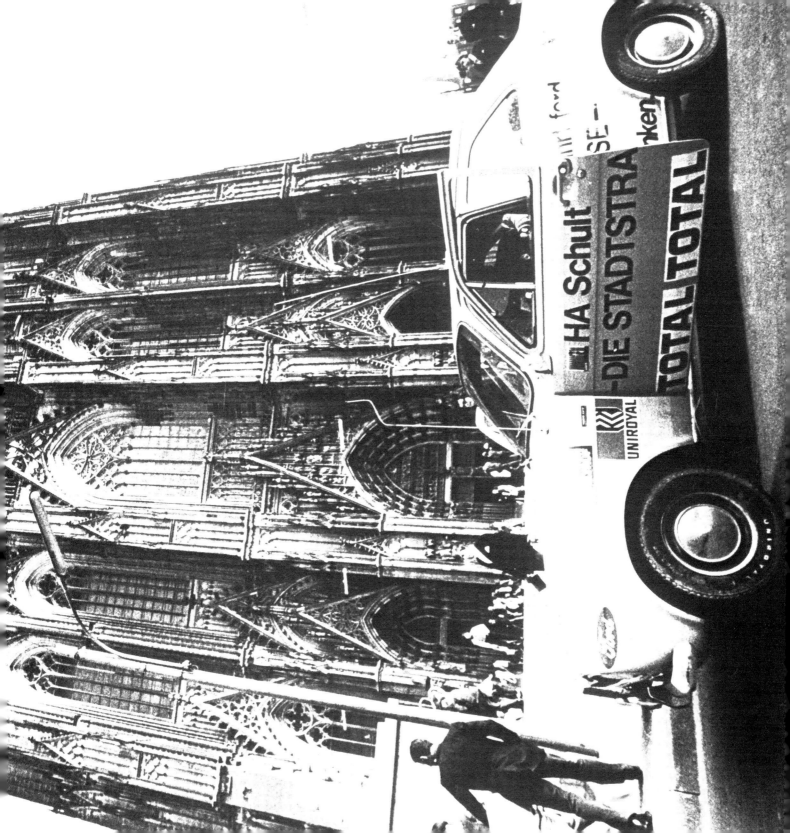

1974

DER MÜLL
des Franz Beckenbauer

Frühmorgens, am 13.November 1974, entwendete HA S. den Inhalt der Mülltonne des Liberos der Deutschen Fußballelf Franz Beckenbauer, um Teile davon in einer Vitrine im Münchner Lenbachhaus auszustellen.

Am 16.November, 22 Uhr, verkündet das ZDF-Sportstudio seinem Publikum die Forderung von 15.000 DM für die Vitrine und HA S. stellt die Behauptung auf, die Vitrine mit dem Müll des Fußballkaisers werde den Glanz seiner schönsten Spiele im Bewußtsein der Menschen überleben. Und: Der Müll sage mehr über den Menschen aus, als dieser bereit sei zuzugeben.

Der sich zweieinhalb Jahre später vollziehende " Kampf der Medien der Macht " um den " Markenartikel Franz Beckenbauer ", bei dessen Wechsel zu Cosmos N.Y., wird als Parabel vorweggenommen. Der Konsumverschleiß, dem der Mensch sich selbst unterwirft, seine Rolle als Einwegmensch, Wegwerfmensch, Spekulationsmensch, wird überhöht dargestellt.

1976

VENEZIA VIVE

Invito personale

per l'azione "Venezia vive" di HA Schult sulla Piazza S. Marco. Dal mercoledì 10 marzo, ore 22.00 al giovedì 11 marzo, ore 8.00, 1976.

Invitation personelle

pour l'action "Venezia vive" de HA Schult sur la Piazza S. Marco. Du mercredi le 10 mars, 22 heures au jeudi le 11 mars, 8 heures, 1976.

Persönliche Einladung

zu der Aktion "Venezia vive" von HA Schult auf dem Markusplatz. Mittwoch, den 10. März, 22 Uhr bis Donnerstag, den 11. März, 8 Uhr, 1976.

Personal invitation

to the action "Venezia vive" of HA Schult in Piazza S. Marco. Wednesday, March 10, 10:00 p.m. till Thursday, March 11, 8:00 a.m., 1976.

L'evento è la partecipazione non ufficiale di HA Schult alla Biennale di Venezia 1976.

DENKMAL

Die Aktion „Venezia vive" wurde als inoffizieller Beitrag zur Biennale von Venedig 1976 ausgerufen, um zu demonstrieren, daß der Künstler sich über Umzäunungen der Kunst-Funktionärs-Gärten hinwegsetzen soll.
In der Nacht vom 10. zum 11. März 1976 wurde der Markusplatz kniehoch mit verbrauchtem Zeitungspapier aufgefüllt. Mehr als 60 Helfer haben die ganze Nacht gearbeitet, um die mit Schiffen herantransportierten 15 000 kg Papier auf die gesamten Ausmaße des Platzes zu verteilen.
Die auf das Papier gedruckten „Botschaften unserer Zeit", welche, sich vieltausendfach wiederholend, den Platz als „Konsumliteratur" bedeckten, haben eine mögliche End-Zeit-Situation signalisiert. Ein visueller Startplatz wurde geschaffen, um jetzt die Vorstellung von Zeit neu zu überdenken.
Im Zusammenhang der Aktion ist das totale Environment des Markusplatzes als erstarrte, zum Stillstand gebrachte Zeit zu verstehen. Dem gegenüber steht die „Botschaft unserer Zeit", das Bedruckte, sich millionenfach Wiederholende, sich Einholende, der Auswurf unserer Zeit.
Während des Aktionsgeschehens konnten sich die Komponenten des Akustischen und Visuellen durch den Eingriff der Tat, den „Zugriff der Kunst" beweisen: Der Platz hatte durch die Häufung des Papiers eine akustische Veränderung erfahren, so daß die Zeugen der Nacht in akustischer Isolation schwebten.
Mit der Dämmerung des Morgens empfing der Platz ein neues Licht. Die Struktur des Papiers brach das weltweit bekannte Licht des Markusplatzes auf eine neue, niemals zuvor gesehene Weise.
Als in dieses Licht hinein die Venezianer den Markusplatz überschritten, wurden sie Zeuge eines neuen Seherlebnisses, um es hineinzutragen in ihre Alltagswelt, in die Büros, in die Schalterhallen, in die Geschäfte, in die Restaurants, in die Hotelhallen. Das visuelle Erlebnis war Auslöser zu Diskussionen, die in den folgenden Tagen, Wochen und Monaten stattfanden, sich vervielfältigten und verselbständigten.
Der Traum, eine künstlerische Aktion zu schaffen, welche kollektive Erfüllung findet, war Realität geworden.
Das „Papierene Meer auf dem Markusplatz" ging in den folgenden Tagen als Foto um die Welt. In den Medien entstand eine visuelle Aussage, welche unabhängig von jeder verbalen Interpretation weiterbestand. Das Bild des von der „Botschaft unserer Zeit berührten Platzes" ist als Denk-Mal zu verstehen, welches die Städte und Stätten der Jetzt-Zeit betrifft. New York wird das nächste Venedig sein.

1976

Konsumbaum

Am frühen Morgen auf dem Markusplatz, während der Aktion " Venezia vive ", entsteht im Gespräch mit Wolfgang M. Ebert, dem Aspekte-Moderator, die Idee, seine Sendung zur Zuschauer-Aktion zu machen.

Es soll gemeinsam eine Aktion in Szene gesetzt werden, welche vom Medium Fernsehen getragen, ausschließlich in ihm existent ist.

Während der folgenden Realisation werden die Aspekte-Zuschauer wiederholt aufgefordert, Gegenstände, welche ihnen für das konsumistische Gebaren der Gegenwart beispielhaft erscheinen, einzuschicken. Damit solle dann der gewaltige Mammutbaum im Wolfsburger Stadtpark zum " Konsumbaum " geschmückt werden.

Innerhalb von drei Tagen gehen beim Adressaten, der Städtischen Galerie Wolfsburg, mit deren Leiter Klaus Hoffmann die Aspekte-Redaktion das Experiment gemeinsam durchführt, 2.000 Beiträge ein.

Die für Aktionen progressiver Kunst außergewöhnlich starke Beteiligung kündet von der wirksamen Multiplikation einer Idee.

1977
documenta 6

CRASH

KONZEPT

Ort: New York
Zeit: 4:00 pm

Ein schwarz grundiertes, mit den Konsum-Emblemen unserer Zeit tätowiertes Flugzeug kreist über einer amerikanischen Wegwerf-Landschaft. Eine weiße Linie hat ein quadratkilometergroßes Stück der Verwesungs-Landschaft eingefaßt. In der Draufsicht aus Flughöhe ist das Bild einer Erdwiese entstanden, auf welcher die Blumen der Zivilisation ihre ganze Pracht zeigen.

Der Pilot des Flugzeugs kreist über dem Bild, läßt das Benzin ab und setzt zum Sturzflug an. Er verläßt die Maschine und auf seinem sich öffnenden Fallschirm entfaltet sich das Bildsignal eines Medien-Idols der Jetzt-Zeit.

Der Flugapparat stürzt vorprogrammiert in das Bildquadrat und zerstört sich. Seine Reste werden direkt nach dem Aufschlag von vier Riesenprothesen, jenen Maschinenmutationen, welche die Menschheit allerortens bedrohend umklammern, begraben.

Ein Denk-Mal unserer Zeit wird für wenige Augen-Blicke miterlebbar.

Die Erinnerung an die komprimierte Aktion wird durch eine Texttafel am Ort des Geschehens dokumentiert. Diese Tafel soll als Assoziations-Startrampe dienen für zukünftige archäologische Reisen in das Innere heutiger Kosumlandschaften. In deren Verlauf wird auch jenes Flugzeug gefunden, welches im Sommer 1977 auf Absturzkurs gebracht wurde und seitdem im wachsenden Konsumberg gleichsam ein inneres Monument abgibt.

Ort: Kassel
Zeit: 22.00 Uhr

Gleichzeitig findet in einem Denkmal des 18. Jahrhunderts, im Sockelgeschoß des Herkules, dem Oktogon, eine "Nacht aus Amerika" statt. In deren Verlauf wird die "CRASH!" - Aktion aus USA über Satellit live übertragen.

Ein Denkmal des 20. Jahrhunderts, welches sich in den amerikanischen Kontinent bohrt, wird mit den Methoden seiner Zeit in ein Denkmal des 18. Jahrhunderts transportiert.

Die Zuschauer im Oktogon finden sich hier mit den Augen auf einem Platz wieder, den ihnen ausschließlich das Medium Fernsehen ermöglicht. Entscheidend für die geplante Erfahrung ist das Wissen um den tatsächlich 1:1 stattfindenden Absturz.

Die Auseinandersetzung mit dem Phänomen Zeit ist der Leitgedanke der Real-Zeit-Aktion "CRASH!". Das minutenkurze "CRASH!" - Ereignis, auf welches mehr als ein Jahr hingearbeitet wurde, ist Auslöser einer Assoziationskette. An ihr reihen sich Momentaufnahmen aus Comic-Elementen, Nachrichtensendungen, Kriegsberichterstattungen, Werbe-Features, Kampfsport-Ereignissen, PR-Veranstaltungen zu eingefrorener Zeit. Dieses Erlebnis-Zeit-Knäuel zu entwirren und in eine visuelle Form zu bringen, hat sich die Aktion "CRASH!" zur Aufgabe gemacht.

Herausgeber: Edition Elke Koska
D-8859 Walda/Obb. Schult-Haus

CONCEPTION

place: New York
time: 4:00 pm

An airplane painted black and tatooed with the loud consumer emblems of our times circles over an American throw-away landscape. A white line has encompassed a square kilometer of the putrifying landscape. From the air it forms the picture of an earth-meadow on which the flowers of civilisation show their full beauty.

The pilot of the airplane circles over this vision, eases up on the gasoline and starts the nose-dive. He jumps out of the airplane, and an exaggerated portrait of some current media personality reveals itself on the opening parachute.

The airplane crashes as planned into the pictorial square and is destroyed. The wreckage will be buried immediately by those machine-mutations which surround and threaten mankind everywhere.

A monument to our time will be experienced for a few moments.

The remembrance of this concentrated event will be documented by a plaque at the scene of its occurence. This plaque should serve as a starting point for future archaeological expeditions into our present consumer landscapes. During these expeditions the airplane which was brought on to a collision course in the summer of 1977, and which afterwards created an interior monument in the growing mountain of consumer articles, will be found.

place: Kassel
time: 10:00 pm

"Night from America" is simultaneously taking place in the Octogon of the Hercules, an 18th Century monument. During this program the "CRASH!" event will be transmitted live by satellite from America.

A 20th Century monument drilling itself into the American continent will be transposed with its own tecnology into an 18th Century monument.

The viewers in the Octogon visually dicover themselves at a point, which can only be reached by the medium of television. Knowledge of the actual 1:1 nature of the "CRASH!" event is of crucial importance to the planned experience.

Confrontation with the phenomenon time is the idea of the real-time-action "CRASH!". The minutelong "CRASH!" event, which has been worked on for more than a year releases a chain of associations: Cuts from comic-strips, news and war reports, ads, sporting events and PR programs are frozen in time. The "CRASH!" event is intended to unravel this experience-time-node and present it in a visual form.

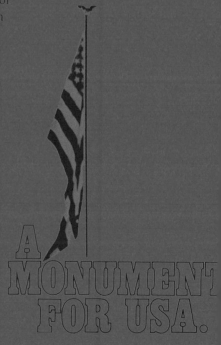

Published by: Edition Elke Koska
D-8859 Walda/Obb. Schult Haus

Die Realität einer Medien-Skulptur auf der documenta 6

23. Juni 1977,
mittags flog ein schwarzes Flugzeug über Manhattan. Auf seinen Tragflächen trug es die Ikonen der Jetztzeit: Elvis und Coca-Cola, Marilyn und GULF. Auf das Leitwerk am Heck waren die ‚Stars and Stripes' tätowiert und der Rumpf trug beidseitig den Schriftzug HA Schult. Ein geträumtes Bild wurde sekundenkurze Realität, als der Fetisch aus der Luft die Freiheitsstatue umkreise und sie optisch berührte.

1 : 10 pm
erreichte die Maschine die quadratkilometergroßen Müllfelder von Staten Island vor Manhattan. Das schwarze Flugzeug kreiste über das von der Stadt Verursachte, über dem warmen, immer noch aufnahmebereiten Leib der Konsumwelt, auf den die glühende Mittagssonne brannte und dessen Ausdünstung emporstieg.
Das größte Müllfeld der Welt: Landschaft bis zum Horizont mit dem von der Zivilisation Ausgeschiedenen aufgefüllt. Schicht über Schicht millionenfach ausgespiene Realitätsfetzen als die andere Wahrheit ewig rotierender Werbespots der Neuen Welt.

1 : 15 pm
stürzte sich der schwarze Fetisch auf den Konsumplaneten. Frank D'Angelone drückte die schwarze Nase mit dem „CRASH!"-Emblem steil nach unten. Das Flugzeug verfing sich im Konsumdickicht, wurde brutal aus hoher Fluggeschwindigkeit abgestoppt und bohrte sich in die vom Konsum geschwängerte Mutationswelt von Staten Island vor Manhattan, die ‚Stars and Stripes' am Heck riß es steil in die Höhe und dann — langsam, wie ein Ausatmen erfolgte der Überschlag.
Tödliche Stille, eisige Kälte füllte jene Öffnung aus, welche die Frage nach dem Leben des Piloten riß.
„Er lebt!"
Frank überlebte den „CRASH!", sein Mechaniker befreite ihn aus der sterbenden Flugmaschine.

1 : 17 pm
kamen sie: die CATS. Die Maschinenmutanten des Konsumzeitalters. Die Prothesen des Menschen, welche ihn überleben werden.
Sie brachen ihm das Kreuz. Dem Flugkörper, der Minuten vorher mit seinem Flug über das Monument Manhattan ein Statement zum ewigen Künstlertraum vom Fliegen abgab, der anmaßend die Signatur eines Künstlers der Jetztzeit trug. Der Fetisch bäumte sich auf zwischen den CATS, zeigte noch einmal seine Tätowierungen, explodierte, brannte, wurde zerrieben, pulverisiert.
Aus.
Was bleibt sind komprimierte 1,29 TV-Minuten mit einem Tagesschau-Statement vor dem zuckenden Flugkörper und dem Kamera-Zoom auf die schwarze Tafel davor:

„CRASH!"
A monument for USA
by HA Schult

Dieser Aktionsbeleg wurde am 24. Juni 1977, 8:00 am, über EBU-Satellit nach Europa gesendet und direkt live 13.00 MEZ in die Tagesschau des NDR eingespielt. Es war die erste Satelliten-Sendung einer Kunstaktion und damit ein eigenständiger Beitrag der ARD Tagesschau-Redaktion zur Medien-documenta 6, welcher in den Abendnachrichten wiederholt wurde.

7 : 00 pm
konfrontierte Walter Cronkite in seinen CBS-News 80 Millionen amerikanische Fernsehzuschauer mit „CRASH!". Die Satelliten-Übertragung vom 24. Juni wurde nach ihrer Live-Ausstrahlung eingefroren und, dem documenta 6-Eröffnungsfahrplan entsprechend, am 25. Juni 22.00 Uhr im Sockelgeschoß des Herkules hoch über Kassel auf 10 Monitore gespielt.
Mehr als 4000 documenta-Gäste waren Zeugen, als das Denkmal der Gegenwart „CRASH!" in ein Denkmal des 18. Jahrhunderts, dem Herkules, transportiert wurde.
Die Videoaufzeichnung des „CRASH!" und eine 25 Minuten-Interpretation des Geschehens ist jedem documenta 6-Besucher zugänglich.
Eine Medien-Skulptur ist Realität geworden.

REALIZATION

The reality of a media-sculpture at the documenta 6

June 23, 1977,
at noon, a black airplane flew over Manhattan. His wings showed the icons of the now-time: Elvis and Coca-Cola, Marilyn and GULF. The tail unit was tattooed with the 'Stars and Stripes' and the body showed the name HA Schult on both sides. A dreamed picture became a secondlong reality when the fetich turned up the 'Statue of Liberty' and touched her optically.

1:10 pm
the machine reached the square kilometer long rubbish-fields of Staten Island infront of Manhattan. The black airplane circled over the refuse of the town, over the warm body of the consumers world, always ready to take up. The fiery midday-sun burned and the evaporation rised.
The greatest rubbish-field of the world: landscape up to the horizon, filled up with the excretion of the civilisation. Layer over layer, shreds of reality, spat a million times, as the other truth of the perpetually rotating spots for advertising of the 'New World'.

1:15 pm
the black fetich started the nose-dive into the consumers planet. Frank D'Angelone pulled down steeply the black nose with the emblem of „CRASH!". The airplane became entangled in the consumers thicket, was brutally stopped from high flying-speed and drilled itself into the mutation-world of Staten Island in front of Manhattan. It dragged steeply upward the 'stars and stripes' on the tail unit and then .... slowly, like a breathing out, the loop followed.
Mortal silence, icy coldness
filled that hole which the question about the life of the pilot has teared.

„He lives!"
Frank survived the „CRASH!", his mechanician delivered him out of the dying machine.

1:17 pm
they were coming: the CATS. The machine-mutations of the consumers age. The protheses of the mankind which will survive.
They broke the back of the airplane which, some minutes before, has given a statement to the eternal artistic dream of flying by his flight over the monument Manhattan, and which was arrogantly lettered with the signature of an artist of the now-time. The fetich stalled between the CATS, showed once more his tattoos, exploded. burned, was pulverized.

Out.
What is left that are compressed 1,29 tv-minutes with a news-statement infront of the twitching airplane and the camera-zoom to the black plaque before it:

„CRASH!"
A monument for USA
by HA Schult

This proof of the event was transmitted by the EBU-Satellite to Europe, on June 24, 1977, 8:00 am, and was directly shown live at 1:00 M.E.Z. in the NDR-News. This was the first satellite-transmission of an art-event and with that an original contribution of the ARD-News to the media-documenta 6. The event was repeated in the evening-news.

7:00 pm
Walter Cronkite confronted 80 millions of viewers with „CRASH!" in his CBS-News.
The satellite-transmission of June 24, was frozen in after the live telecast and then, like planned of the documenta 6, shown on 10 televisors in the monument 'Hercules', high over Kassel, one June 25, 10:00 pm.
More then 4000 guests of the documenta were witness when the monument of the present time, the „CRASH!", was transposed into an 18th Century monument, the 'Hercules'.
The video-recording of „CRASH!" is accessible to the visitors of the documenta 6.

A media-sculpture became reality.

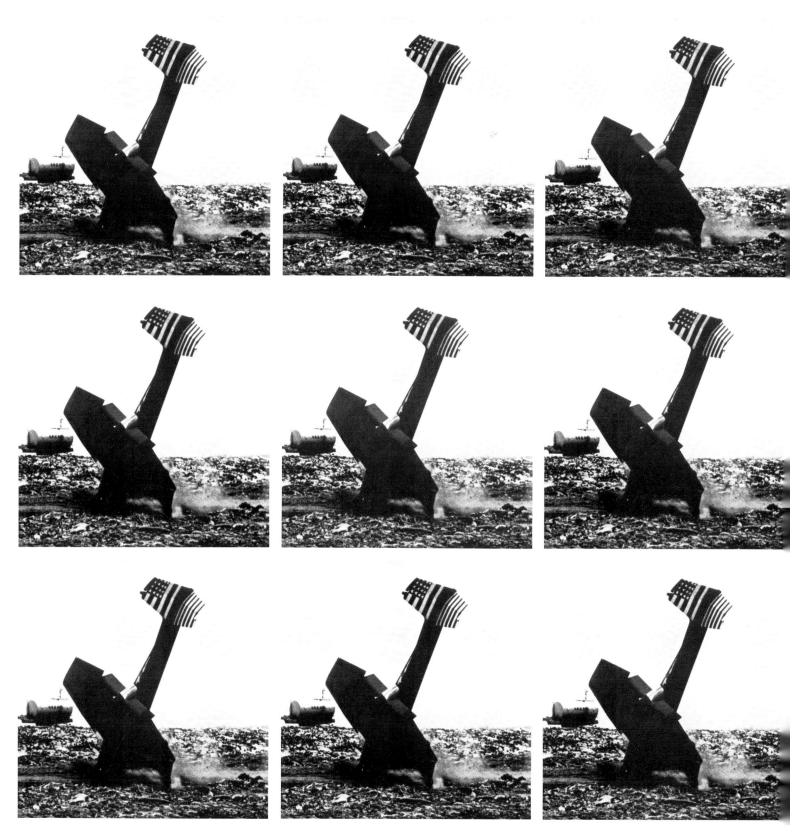

RAUM

1968

ekto

sub art

eine ausstellung? nimmt man als maß, was uns von etablierten kunstinstitutionen vorgesetzt wird, so ist es keine ausstellung. das heißt: eine gegenausstellung also? ja. das heißt: die beteiligten waren sich von beginn an klar darüber, daß es nicht ihre aufgabe sein konnte&sein sollte, die spezifische raumsituation dieser U bahnstation in eine bild-&plastikgalerie rückzuübersetzen. statt dessen wollten sie raumsituationen schaffen, die der vorgegebenen antworten. ihre chance war der absolute nullpunkt. ein neubeginn, oft gefordert, hier ließ er sich angehen. niemand von uns gibt vor, heute, zwei wochen vor eröffnung, die veranstaltung überblicken, sie bewerten zu können. wenn das wort experiment noch einen sinn hat: hier steht es zurecht. unserer oft vorgebrachten kritik am kunstmarkt, an den kunstinstitutionen, am kunstapparat: hier war ihr ein gegenpol gestellt, der NEUER ANFANG hieß. niemand verbürgte sich für uns, als unser eigener wille, es neu anzugehen. neuen kontakt mit einem publikum zu suchen, das nicht mehr in erwartung des „kunstgenusses" einen vorgegebenen „kunstraum" betrat. der raum in transit. es wird ihn so kurz ein raum in transit. es wird ihn so kurz geben. konzept und ausführung wurden in ständigen arbeitssitzungen überprüft, erweitert, verworfen. die veranstaltung steht&fällt mit uns allen. niemand außer uns allen zeichnet dafür verantwortlich. 7.6.'68

sub art 21.6.–1.7.'68

räumliche aspekte im U bahnhof leopold-franz-joseph-straße 16-22 uhr

NIKITAS PATELLIS&&
&&WAKI ZÖLLNER&&
&&ÄGIDIUS GEISSELMANN&&
&&WOLFGANG MAURER&&&
&&IOLI PATELLIS&&
&&OTFRIED NAREWSKI&&
&&&NICOLA BIANCO&&&&
&&&HANS J.SCHULT&&&
&&JAKOB KUFFNER&&
&&JÜRGEN REIPKA&&
&&&&&DIMEY&&&&&&&
&KNOOP&&&&&&&&&
&&&&&&STURM&&&&&
&&JOACHIM UFER&&&
&&WAKI ZÖLLNER&&
&&&&&JÜRGEN CLAUS&&&&&
&JOACHIM UFER&&&&&&&&&&
&&&&&&&&MAXIMILIAN SEITZ&
&&COSTA PINHEIRO&&&&&&&&
&MANFRED HOLLMANN&&
&LONA FÖRSTER&&
&MAX GROSS&&
&&&KARLHEINZ HEINRICH&
&&&&&&&GERHARD FRÖBEL&&
&&&JOHANNES LEISMÜLLER&
&&&KURT B.PETZUCH&&&&

1968
sub art

1969
k235

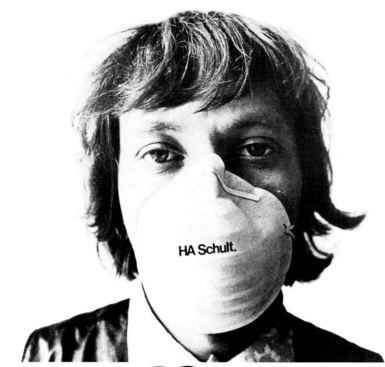

1969
BIOKINETISCHE RAUMFOLGE

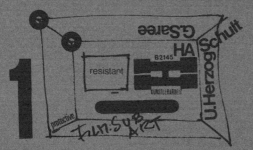

Raum 1
Informationsraum

Raum 2
Eingeschläferte Biokinetik
Pilzkolonien verschiedener Farben werden durch Unterkühlung eingeschläfert. Am 20. September 1969 werden die Kulturen wiedererweckt.

Raum 3
Biokinetische Sockelarmee
Bakterienpopulationen verändern Farbe, Wachstum und Ausbreitung der Pilzkulturen.

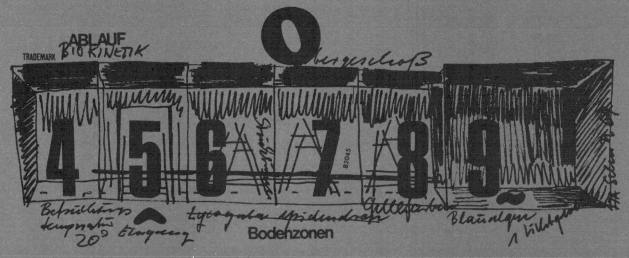

Raum 4
Cellulose abbauende Bakterien. Der Prozeß ergibt sich erweiternde, einsinkende Dunkelstellen.

Raum 5
Komplexer Nährboden. **Aerobe** Bakterien führen Farbveränderung von Weißgelb in Fahlgelb herbei. **Anaerobe** Bakterien übernehmen durch ihren Stoffwechselprozeß eine permanente Aufblähung.

Raum 6
Pilzkultur wird von Bakterien vernichtet. Langandauernde Permutation in tiefes Schwarz.

Raum 7
Farbloser Trägergelee auf pH 6 gehalten, verändert sich langsam auf pH 8.

Raum 8
Lichtempfindliche Pilzkulturen bilden tiefreichendes Mycel. Permanent wechselnde Ausfärbung der Bodensubstanz bewirkt Farbwechsel Rot bis Tiefschwarz und Violett.

Raum 9
Fototaktisch empfindliche Algen und Bakterien kriechen auf die Lichtquelle zu. Kolonien entstehen. Lebensnotwendig für diese Mikroorganismen ist der Gasaustausch im Wasser. Absterbende Kolonien werden in die dunklen Raumzonen abgedrängt.

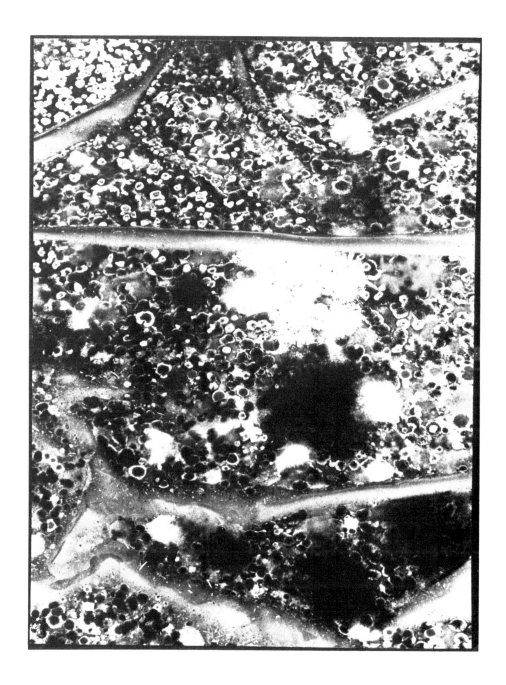

1972
documenta 5

Biokinetische Landschaft und Soldat.

HA Schult[TRADEMARK] hat mit seinem Team die Arbeit zur Errichtung einer Biokinetischen Landschaft im Innenhof des Fridericanums, dem Hauptgebäude der documenta 5, aufgenommen. Die Landschaft wird 1:1 errichtet, vom Publikum begehbar sein und am 28. Juni 1972 zur ersten Durchquerung freigegeben.

Ganz kurz, das Konzept: Links ein Berg, zerklüftet. Auf dem Berg ein Zelt, eingefärbt in grellen Tarnfarben, den Tarnfarben der nahen Zukunft. Rechts ein Berg, steil ansteigend, zeklüftet, bewachsen. Am Fuße des Berges hervorquellende Konsumreste, Literaturreste.

Zwischen den Bergen die Schlucht. Die enge, 7 Meter tiefe Schlucht, sich öffnend zum Biokinetischen Tal. Das Biokinetische Tal, angefüllt mit Nährsubstanz für wild wuchernde Bakteriensteppen. Blutorangefarben, korrespondierend mit blauvioletten Pilzkolonien. Blutorangefarbene Nährböden für die Luft der Stadt Kassel. Ein Wechselspiel der Farben, sich permanent verändernd, 100 Tage.

An der Stirnseite des Tableaus die Konsumwand. An der Konsumwand Schriftzüge jener Konsumgüter, welche das Leben des Betrachters entscheidend mitbestimmen. Schriftzüge, welche den Schlaf des Betrachters entscheidend beeinflussen, -Konsumliteratur-.

Und dann der Soldat. Ein Soldat im grellfarbenen Tarnanzug, welcher während des 100-Tage-Ereignisses in seinem Zelt, 7 Meter hoch über der Schlucht, leben wird. Der Soldat, mit seinem Helm in grellen Tarnfarben. Der Soldat, umgeben von den Konsumgütern unserer Zeit. Der Soldat, kämpfend für die Konsumgüter unserer Zeit. Der Soldat, ausgerüstet mit einem Maschinengewehr, erfolglos auf die Besucher der documenta 5 mit Platzpatronen schießend.

Biokinetische Landschaft und Soldat ist der Titel für eine HA Schult-Situation, welche nahe Zukunftsituationen visualisiert, 1:1, 100 Tage in Kassel.

1974

MUSEUM FOLKWANG

Vom 1. bis 31.März 1974 zeigt das Museum Folkwang eine Einraum-Demonstration von HA Schult. Der für die Demonstration vorgesehene Raum wird über seine gesamte Bodenfläche mit Erde gefüllt. Ein Laufsteg führt über die Erdzone hinweg. Die nun folgende, sich über einen Monat erstreckende Einraum-Demonstration wurde von HA Schult speziell für das Museum Folkwang und das Konzept seiner Einraum-Ausstellung entwickelt. HA Schult will spezifische regionale und soziale Situationen des das Museum Folkwang umgebenden Lebensbereiches visuell interpretieren.

Die Erde, welche den Museumsboden bedeckt, steht beispielhaft für die Erde, auf welcher die Menschen im näheren Informationsbereich des Hauses leben, es ist ein Stück derselben Erde.

HA Schult wird den das Museum umgebenden Lebensraum bereisen und Dinge des Alltags, welche beispielhaft sind für die Region des Ruhrgebietes, aus ihrem alltäglichen Bezugskreis herausnehmen, um sie auf der Erde des von ihm zu gestaltenden Raumes neu zu interpretieren. Die Gegenstände und ihre Dramaturgie sollen uns auf die Spur der Menschen führen, welche sie benutzt haben, sie verbraucht haben, mit ihnen gelebt haben.

Jedes der Objekte wird am Ort seiner Demontage fotografiert und im Museum mit einer Nummer versehen. Eine Übersichtstafel am Eingang wird dem Besucher Information über den Fundort geben.

Das Museum Folkwang und der Kunstmacher HA Schult wollen mit dieser Demonstration den Dialog mit dem Publikum vertiefen. HA Schult betont, daß er sich speziell an die Bewohner des Ruhrgebietes wendet, Bewohner eines Landstriches, wo umweltbedingte Mutationen deutlicher hervortreten als anderswo.

1974 SCHAUFENSTER

Stuttgart Königsstraße 6

1974

ZEITEN-KONFRONTATION

Die Konfrontation zweier Zeitebenen findet in einem Glashaus statt.

I. Für die reale Situationszeit stehen die Dinge. Die Dinge sind Gegenstände des Alltags, welche aus ihrem normalen Zusammenhang ausgeklammert werden. Der Fundort eines jeden Dinges ist protokolliert.

Die Präsentation der Gegenstände ergibt eine visuelle Gegenwartsinterpretation. Das wird unterstrichen durch die Ikonen der Konsumgegenwart, mit welchen die Dinge im Glashaus tätowiert sind. Die Zeit der Dinge bleibt auf die Frist der Präsentation gesehen relativ stabil.

II. Für die variable Zeit steht die Fauna im Glashaus. Organische Substanzen geben den Nährboden für angesetzte Pilzkulturen ab.

Die Farbe der Pilzkolonien und vor allem die farblichen Reaktionen der Nährböden geben das Protokoll der Entwicklungs-und Wachstumsphasen ab. Durch Temperaturregelung im Glashaus werden Prozesse gesteuert.

Die Reaktionen der Pilzkolonien überlagern innerhalb weniger Tage die optische Gegenwart der Dinge. Im Kontrast zu den Dingen erscheinen die Pilzmutationen als bewegte Zeit.

Ein Kühlaggregat ermöglicht in diesem Zusammenhang Zeit einzufrieren. Sichtbar gewordene erstarrte Zeit ist entstanden.

PROJEKT '74

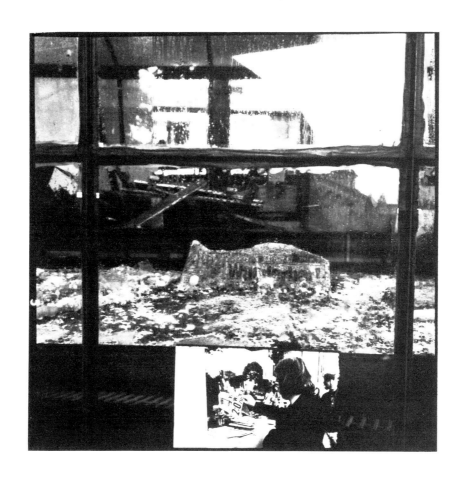

LENBACHHAUS

Raum-Installation „Aktion 20.000 km"

1974

MÜNCHEN RAUM

Am 7. und 8. November 1974 trug HA Schult die Gegenstände des München-Environments zusammen. Die Fahrt durch München, um die Fundstücke aufzuspüren, soll als eine archäologische Reise in die Gegenwart verstanden werden. Eine Reise, jenen kommender Generationen vergleichbar, welche Sammler heutiger Konsumfetische bereits erahnen lassen.

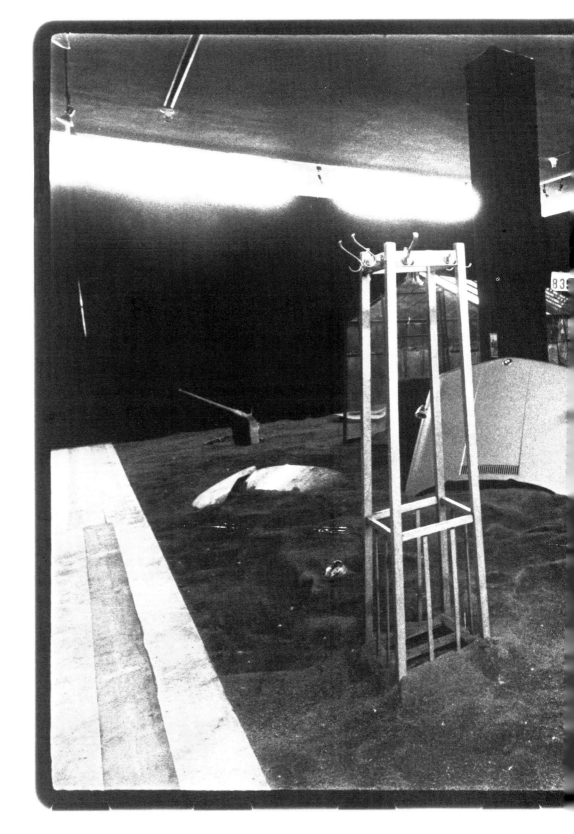

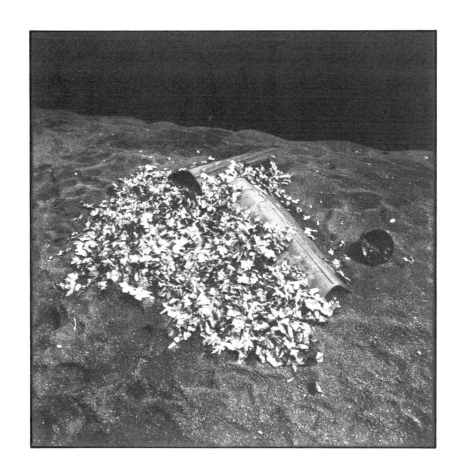

1977

NEAPEL

Palazzo Spalletti

1977
ROM

Palazzo Odescalchi

ARBEITS_RAUM

BILD

Die Objektbilder oder Bildobjekte sind Modellsituationen der Welt, in der wir atmen, leben und sterben. Sie werden in tiefe schwarze Holzkästen hineingearbeitet. Materialien wie Sand, Erde, Metall, Kunststoff, Farbkulturen und Mikroorganismen werden verwendet um "Eine Welt neben der Welt" zu schaffen.

1972
„Biokinetischer Trabant über der Schlucht"
Galerie van de Loo

1972
„Biokinetischer Abhang im Visier"
Sammlung: Gerd & Françoise Winkler

1972
„Biokinetik unter dem Kreuz"
Sammlung: Kunsthalle Kiel

1972
„Armyrakete im Biokinetischen Wald"
Sammlung: Dr. Egon Maus

1972
„Biokinetik über Großlappen"
Sammlung: Elke Koska

1972
„Biokinetik an der Wachstumszone"
Sammlung: Kunsthalle Mannheim

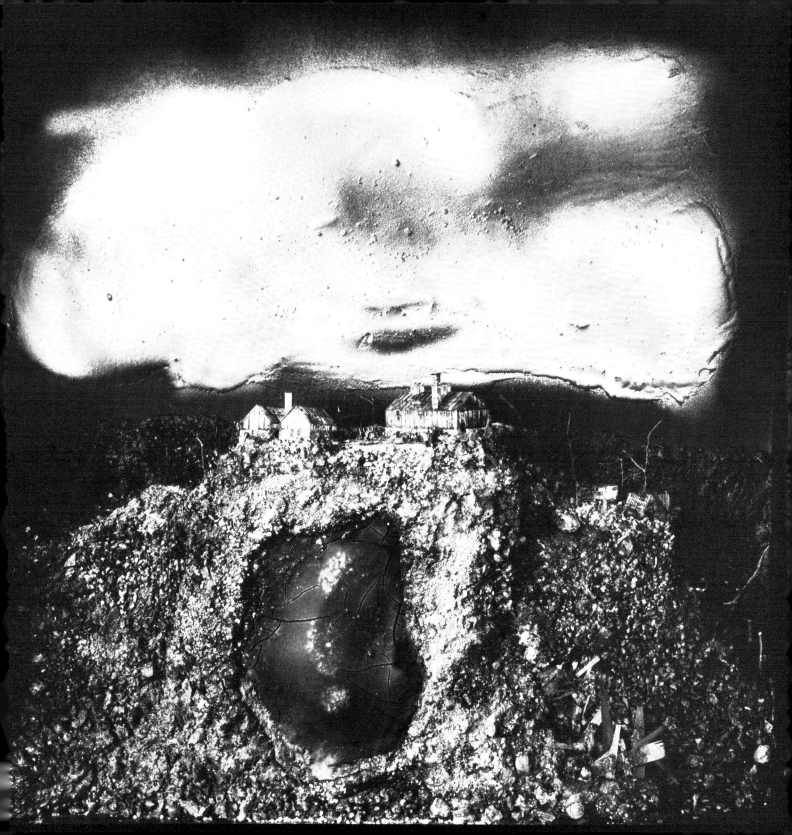

1972
„Biokinetische Olympiasituation"
Im Besitz des Künstlers

1972/73
„Biokinetische Scorpio-Rising-Situation"
Sammlung: A. Scheidt

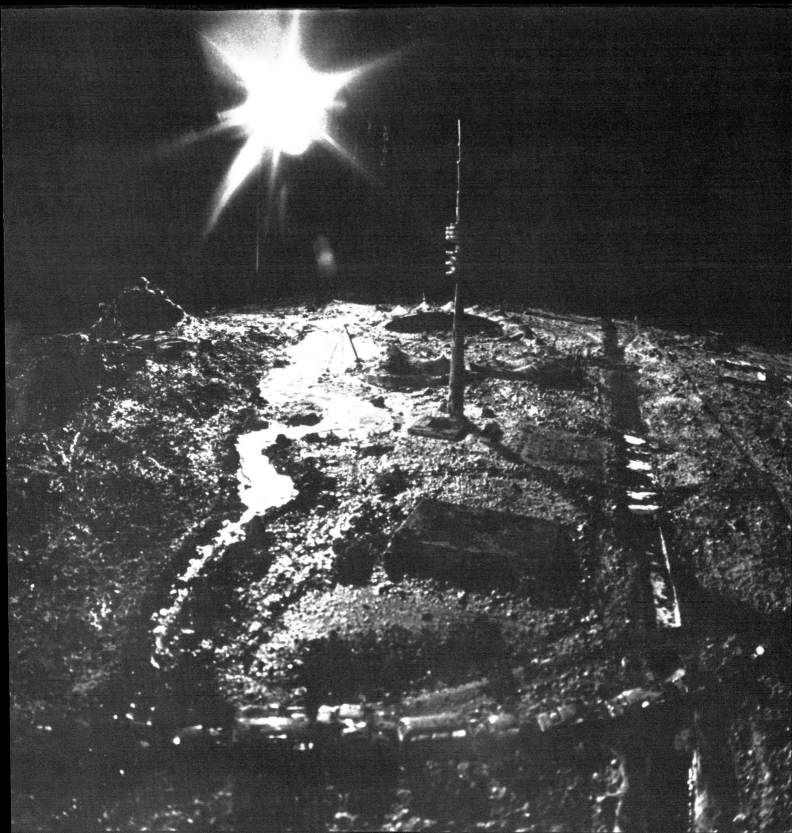

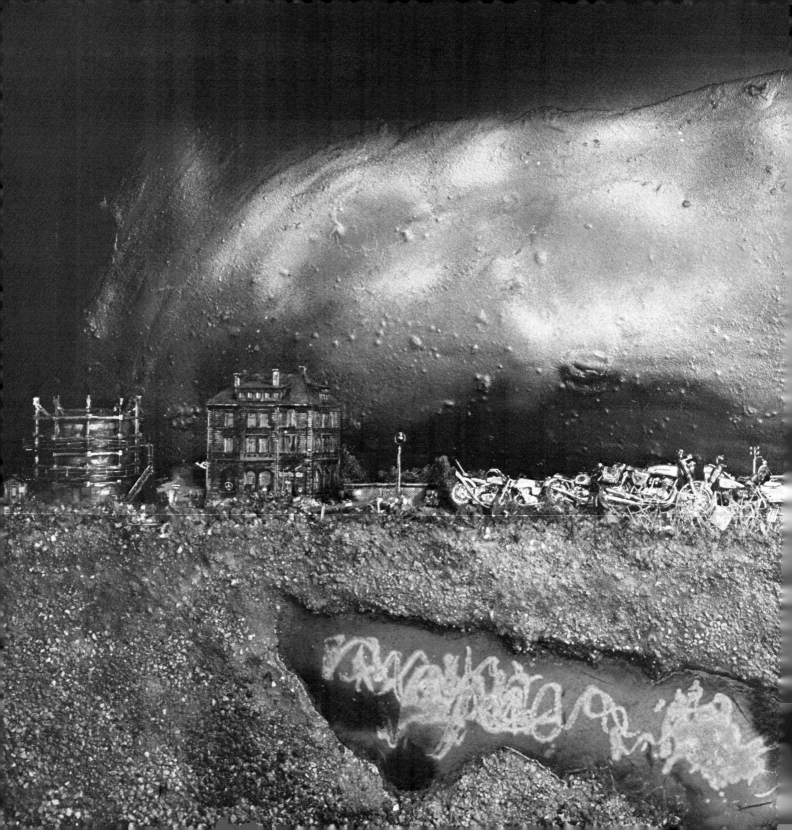

1972/73
„Biokinetische Beisetzungssituation"
Sammlung: WAZ, Westdeutsche Allgemeine Zeitung

1973
"The End of the World"
Sammlung: Dr. Dieter Lotz

1972/73	1973/74	1973/74	1974
„Biokinetisches Labor"	„Biokinetische Stadtrand-Idylle"	„Biokinetische Landschaft 1932–1972"	„Biokinetische Hafenzone"
Sammlung: Elke Koska	Sammlung: E. Soppe	Sammlung: Elke Koska	Sammlung: Kunsthalle Kiel

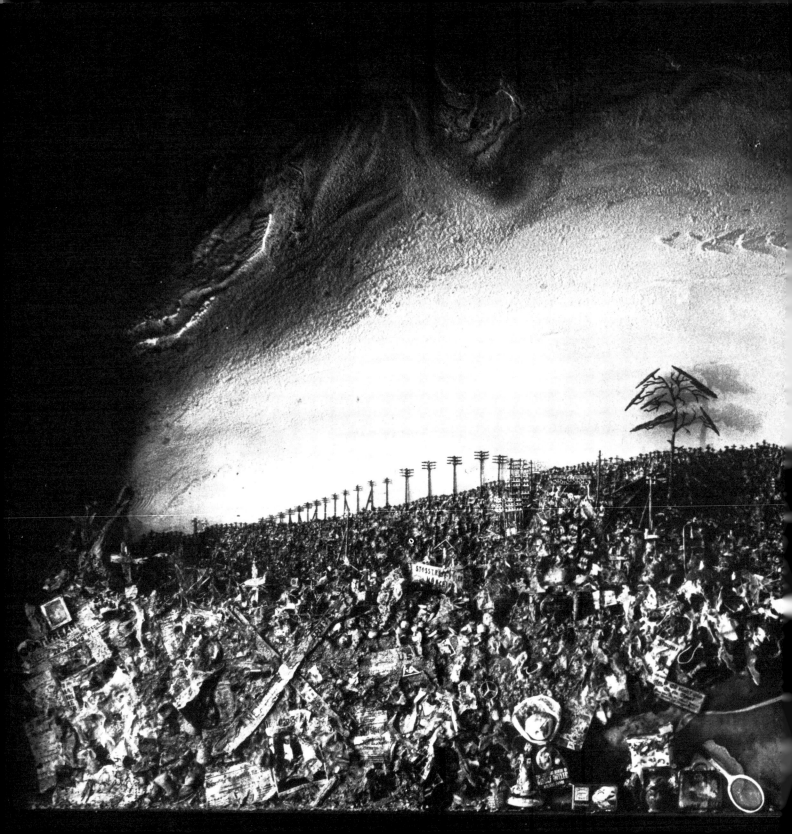

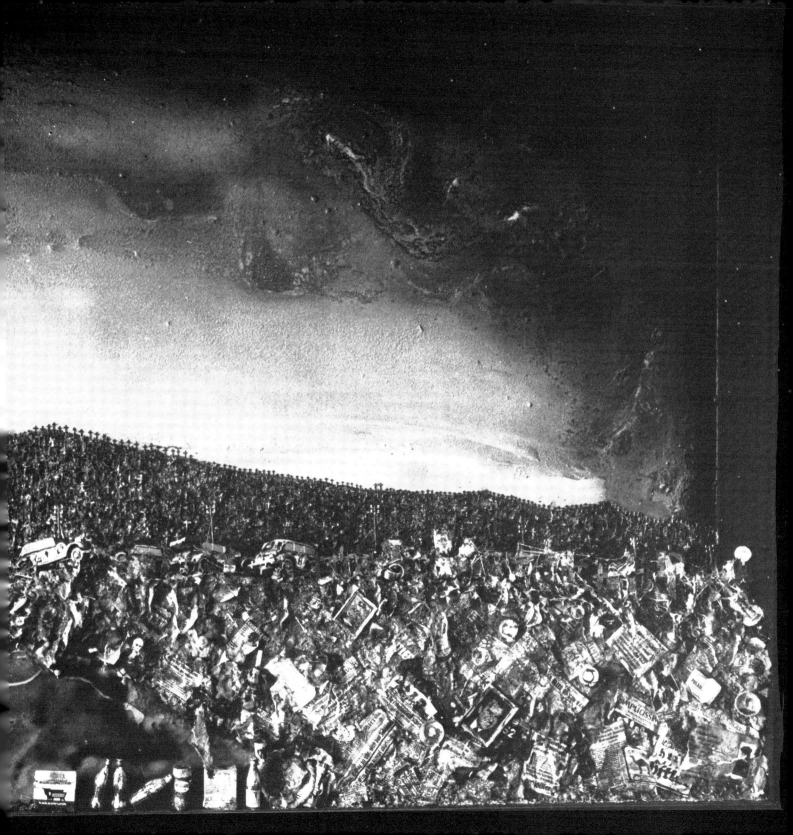

1974
„Eingekreistes Haus"
Galerie Edith Seuss

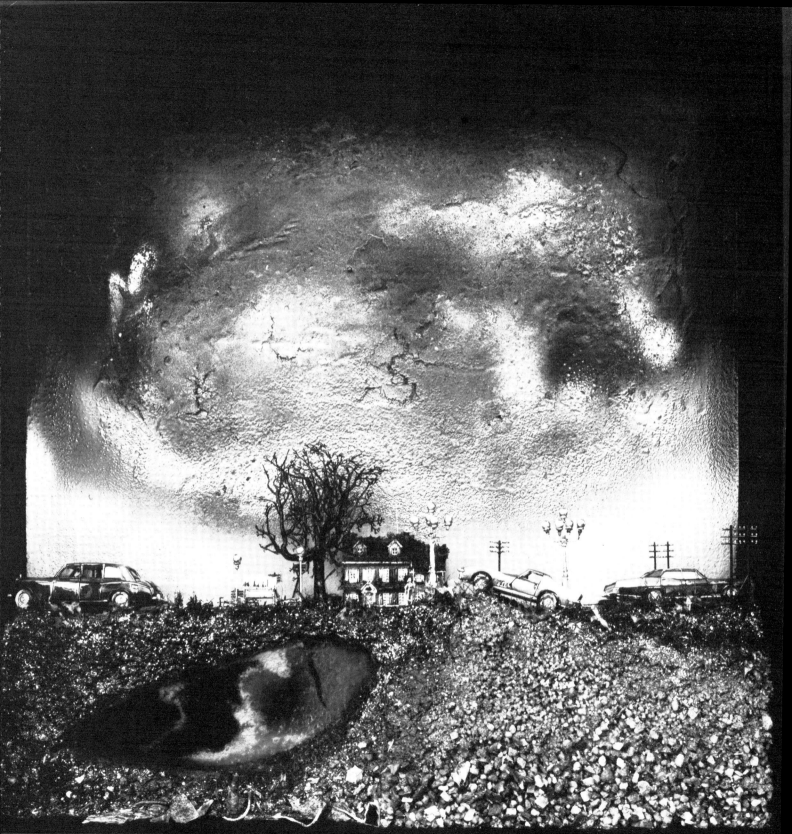

1975
„Der Endspielball"
Sammlung: Prof. Werner Düttmann

1975
„Alpenblick"
Im Besitz des Künstlers

1975
„Die Halde"
Sammlung: Dr. Bürger

1975
„Bild für Jean Pierre Melville"
Galerie Edith Seuss

1975
„N.Y.-N.Y. (Elvis, Ali and Andy)"
Sammlung: Selinka

1975
„UA"
Sammlung: Dr. Rolf Lindemann

1975/76
„Mao-Cola"
Sammlung: Selinka

1976
„For Sale"
Sammlung: Dr. Wolfgang M. Ebert

1976
„Das Geburtshaus"
Sammlung: Dr. Bürger

1976
„Deutsch-Stunde"
Sammlung: Wilfried W. Fomm

1976
„Neues Deutschland"
Sammlung: Selinka

1976
„Zuhause"
Sammlung: Dr. Bürger

1976
„Lion Noir"
Sammlung: Ludyga — Wohlgezogen

1976
„L'état c'est moi"
Sammlung: Hermann Waibel

1976
„Un monument pour LIP"
Sammlung: Städt. Kunsthalle Recklinghausen

1977
„Von Traum zu Traum"
Sammlung: Zaira Mis

Oeuvre-Verzeichnis

Oeuvre No: 0101
Titel: „Biokinetischer Stopper"
Jahr: 1972 (Januar)
Größe: 5,7 x 4,3 x 4,8 cm
Sammlung: The Museum of Drawers
Herbert Distel, Bern

Oeuvre No: 0102
Titel: „Biokinetische Plantage — ca. 10h"
Jahr: 1972 (Jan./Febr./März)
Größe: 50 x 70 x 20 cm
Sammlung: Galerie van de Loo, München

Oeuvre No: 0103
Titel: „Biokinetische Landung — 7.15h"
Jahr: 1972 (Jan./Febr./März)
Größe: 50 x 70 x 20 cm
Vom Künstler vernichtet

Oeuvre No: 0104
Titel: „Ortung der Biokinetik"
Jahr: 1972 (Jan./Febr./März)
Größe: 70 x 50 x 20 cm
Vom Künstler vernichtet

Oeuvre No: 0105
Titel: „Biokinetik um das Haus des Anwalts"
Jahr: 1972 (Jan./Febr./März)
Größe: 50 x 70 x 20 cm
Sammlung: Hans-Jürgen Müller, Stuttgart

Oeuvre No: 0106
Titel: „Biokinetische Essostation"
Jahr: 1972 (Jan./Febr./März)
Größe: 50 x 70 x 20 cm
Sammlung: Museum Wiesbaden

Oeuvre No: 0107
Titel: „Biokinetische Angriffsblume"
Jahr: 1972 (Jan./Febr./März)
Größe: 70 x 50 x 20 cm
überarbeitet unter Oeuvre No 0200

Oeuvre No: 0108
Titel: „Biokinetischer Abhang im Visier"
Jahr: 1972 (Jan./Febr./März)
Größe: 50 x 70 x 20 cm
Sammlung: Gerd Winkler, Frankfurt

Oeuvre No: 0109
Titel: „Biokinetische Plantage — 14 Uhr"
Jahr: 1972 (Jan./Febr./März)
Größe: 28 x 28 x 20 cm
Sammlung: Elke Koska, Köln

Oeuvre No: 0110
Titel: „Biokinetik am Unfallmercedes"
Jahr: 1972 (Jan./Febr./März)
Größe: 28 x 28 x 20 cm
Sammlung: Gerd Winkler, Frankfurt

Oeuvre No: 0111
Titel: „Biokinetik an der Absturzstelle"
Jahr: 1972 (Jan./Febr./März)
Größe: 28 x 28 x 20 cm
Sammlung: Galerie Ubu, Karlsruhe

Oeuvre No: 0112
Titel: „Biokinetik an der blutorangefarbenen Dyane 14h"
Jahr: 1972 (Jan./Febr./März)
Größe: 28 x 28 x 20 cm
Sammlung: A. Scheidt, Kettwig

Oeuvre No: 0113
Titel: „Biokinetik hinter dem blutorangefarbenen Panzer - 14h"
Jahr: 1972 (Jan./Febr./März)
Größe: 28 x 28 x 20 cm
Sammlung: Wolfgang Reiß, Kassel

Oeuvre No: 0114
Titel: „Biokinetik am Urlaubsausgangspunkt"
Jahr: 1972 (Jan./Febr./März)
Größe: 28 x 28 x 20 cm
Sammlung: Im Besitz des Künstlers

Oeuvre No: 0115
Titel: „Blutorangefarbenes Auto auf der Biokinetischen Halde"
Jahr: 1972 (Jan./Febr./März)
Größe: 28 x 28 x 20 cm
Sammlung: Im Besitz des Künstlers

Oeuvre No: 0116
Titel: „Biokinetik an der Mauer"
Jahr: 1972 (Jan./Febr./März)
Größe: 28 x 28 x 20 cm
Sammlung: Galerie van de Loo, München

Oeuvre No: 0117
Titel: „Gelber Landrover am Biokinetischen Abhang"
Jahr: 1972 (Jan./Febr./März)
Größe: 28 x 28 x 20 cm
Sammlung: Elke Koska, Köln

Oeuvre No: 0118
Titel: „Biokinetisches Ziel zwischen den schwarzen Steinen"
Jahr: 1972 (Jan./Febr./März)
Größe: 28 x 28 x 20 cm
Sammlung: Galerie Ubu, Karlsruhe

Oeuvre No: 0119
Titel: „Schwarzes Auto auf der Biokinetischen Halde - 12.45h"
Jahr: 1972 (Jan./Febr./März)
Größe: 28 x 28 x 20 cm
Sammlung: Karl Heinemann, Mönchengladbach

Oeuvre No: 0120
Titel: „Biokinetisches Ziel im Tal - 13.15h"
Jahr: 1972 (Jan./Febr./März)
Größe: 28 x 28 x 20 cm
Sammlung: Haus-Rucker-Co, Düsseldorf

Oeuvre No: 0121
Titel: „Biokinetik am Shellturm"
Jahr: 1972 (Jan./Febr./März)
Größe: 28 x 28 x 20 cm
Sammlung: Galerie Falazik, Neuenkirchen Springhornhof

Oeuvre No: 0122
Titel: „Der blutorangefarbene Jeep am Biokinetischen Abhang"
Jahr: 1972 (Jan./Febr./März)
Größe: 28 x 28 x 20 cm
Sammlung: Privatbesitz, Bochum

Oeuvre No: 0123
Titel: „Haus am Biokinetischen Abhang"
Jahr: 1972 (Jan./Febr./März)
Größe: 28 x 28 x 20 cm
Sammlung: Im Besitz des Künstlers

Oeuvre No: 0124
Titel: „Biokinetik am roten Haus auf den Steinen"
Jahr: 1972 (Jan./Febr./März)
Größe: 28 x 28 x 20 cm
Sammlung: Wolfgang Längsfeld, München

Oeuvre No: 0125
Titel: „Transport zur Biokinetischen Zone - 14h"
Jahr: 1972 (Jan./Febr./März)
Größe: 28 x 28 x 20 cm
Sammlung: Im Besitz des Künstlers

Oeuvre No: 0126
Titel: „Biokinetik hinter dem gelben Jeep"
Jahr: 1972 (Jan./Febr./März)
Größe: 28 x 28 x 20 cm
Sammlung: Heiner Stachelhaus, Essen

Oeuvre No: 0127
Titel: „Waffentransport entlang der Biokinetischen Zone"
Jahr: 1972 (Jan./Febr./März)
Größe: 28 x 28 x 20 cm
Sammlung: Thomas Lüttge, München

Oeuvre No: 0128
Titel: „Biokinetik vor der Abschußbasis - 14h"
Jahr: 1972 (Jan./Febr./März)
Größe: 28 x 28 x 20 cm
Sammlung: Privatbesitz, Wiesbaden

Oeuvre No: 0129
Titel: „Biokinetischer Wolkenpilz"
Jahr: 1972 (Jan./Febr./März)
Größe: 70 x 70 x 20 cm
Sammlung: Alexander Baier, Mainz

Oeuvre No: 0130
Titel: „Silbernes Biokinetisches Ziel"
Jahr: 1972 (Jan./Febr./März)
Größe: 70 x 70 x 20 cm

Oeuvre No: 0131
Titel: „Blutorangefarbener Transport am Biokinetischen Abhang"
Jahr: 1972 (Jan./Febr./März)
Größe: 70 x 70 x 20 cm
Sammlung: Alexander Baier, Mainz

Oeuvre No: 0132
Titel: „Der goldene Biokinetische Berg"
Jahr: 1972 (Jan./Febr./März)
Größe: 70 x 70 x 20 cm
Sammlung: Dr. Fritz Lempert, Bonn

Oeuvre No: 0133
Titel: „Biokinetik am blauen VW-Campingbus"
Jahr: 1972 (Jan./Febr./März)
Größe: 70 x 70 x 20 cm
Sammlung: Im Besitz des Künstlers

Oeuvre No: 0134
Titel: „Biokinetik am Silbernen Himmel"
Jahr: 1972 (Jan./Febr./März)
Größe: 70 x 70 x 20 cm
Sammlung: Jochen Neerpasch, München

Oeuvre No: 0135
Titel: „Rotes Biokinetisches Ziel"
Jahr: 1972 (Jan./Febr./März)
Größe: 70 x 70 x 20 cm
Vom Künstler vernichtet

Oeuvre No: 0136
Titel: „Biokinetischer Trabant über der Schlucht"
Jahr: 1972 (Jan./Febr./März)

der Objektbilder

Größe: 70 x 70 x 20 cm
Sammlung: Galerie van de Loo, München

Oeuvre No: 0137
Titel: „Das goldene Konsumgeschoß"
Jahr: 1972 (Jan./Febr./März)
Größe: 70 x 70 x 20 cm
Sammlung: Inge Baecker, Bochum

Oeuvre No: 0138
Titel: „Der blutorangefarbene Ford in der Biokinetischen Landschaft"
Jahr: 1972 (Jan./Febr./März)
Größe: 70 x 70 x 20 cm
Sammlung: Heiner Nachbarschulte, Gahlen

Oeuvre No: 0139
Titel: „Biokinetisches Haarefeld"
Jahr: 1972 (März)
Größe: 25 x 18 x 8 cm
Vom Künstler vernichtet

Oeuvre No: 0140
Titel: „Biokinetische Landschaft und Soldat"
Jahr: 1972 (März)
Größe: 50 x 70 x 15 cm
Vom Künstler vernichtet

Oeuvre No: 0141
Titel: „Biokinetik am Essoturm"
Jahr: 1972 (April/Mai)
Größe: 100 x 100 x 20 cm
überarbeitet unter Oeuvre No 204

Oeuvre No: 0142
Titel: „Biokinetischer Trabant über der Konsumschlucht"
Jahr: 1972 (April/Mai)
Größe: 70 x 70 x 20 cm
Sammlung: Thomas Lüttge, München

Oeuvre No: 0143
Titel: „Biokinetik über Großlappen"
Jahr: 1972 (April/Mai)
Größe: 70 x 100 x 20 cm
Sammlung: Elke Koska, Köln

Oeuvre No: 0144
Titel: „Biokinetik an der Strecke"
Jahr: 1972 (April/Mai)
Größe: 70 x 100 x 20 cm
Sammlung: Haug, Frankfurt

Oeuvre No: 0145
Titel: „Drei schwarze Panzer auf goldenem Biokinetischen Berg"
Jahr: 1972 (April/Mai)
Größe: 100 x 100 x 20 cm
überarbeitet unter Oeuvre No 0205

Oeuvre No: 0146
Titel: „Asche auf dem Biokinetischen Berg"
Jahr: 1972 (April/Mai)
Größe: 100 x 100 x 20 cm
vom Künstler vernichtet

Oeuvre No: 0147
Titel: „12h mittags: Biokinetik um die Tankstelle"
Jahr: 1972 (April/Mai)
Größe: 70 x 70 x 20 cm
Sammlung: Karl-Ernst-Osthaus-Museum, Hagen

Oeuvre No: 0148
Titel: „Biokinetik um das Haus des Staatsanwalts"
Jahr: 1972 (April/Mai)
Größe: 70 x 100 x 20 cm
Sammlung: Galerie van de Loo, München

Oeuvre No: 0149
Titel: „Armyrakete im Biokinetischen Wald"
Jahr: 1972 (April/Mai)
Größe: 70 x 70 x 20 cm
Sammlung: Dr. Egon Maus, Icking

Oeuvre No: 0150
Titel: „Lufthansalandung auf dem Silbernen Biokinetischen Planeten"
Jahr: 1972 (April/Mai)
Größe: 100 x 100 x 20 cm
überarbeitet unter Oeuvre No 0191

Oeuvre No: 0151
Titel: „Biokinetik am Wohnwagencamp"
Jahr: 1972 (April/Mai)
Größe: 100 x 100 x 20 cm
Sammlung: Heinz Rosenmüller, München

Oeuvre No: 0152
Titel: „Biokinetik um den maronenfarbenen Mercedes"
Jahr: 1972 (April/Mai)
Größe: 100 x 100 x 20 cm
Sammlung: Galerie Edith Seuss, Buchschlag

Oeuvre No: 0153
Titel: „Der silberne Mercedes am Biokinetischen Abhang"
Jahr: 1972 (April/Mai)
Größe: 100 x 100 x 20 cm
Sammlung: Im Besitz des Künstlers

Oeuvre No: 0154
Titel: „Biokinetisches Labor"
Jahr: 1972 (Juni) 1973 (Mai)
Größe: 330 x 300 x 20 cm
Sammlung: Elke Koska, Köln

Oeuvre No: 0155
Titel: „Biokinetische Konsumspitze"
Jahr: 1972 (April/Mai)
Größe: 70 x 70 x 20 cm
Sammlung: Knaupp, Frankfurt

Oeuvre No: 0156
Titel: „Biokinetik am Haus des Inspektors"
Jahr: 1972 (Juli)
Größe: 70 x 70 x 20 cm
Sammlung: Galerie Rothe, Wolfsburg

Oeuvre No: 0157
Titel: „Biokinetik unter dem Kreuz"
Jahr: 1972 (Juli)
Größe: 70 x 100 x 20 cm
Sammlung: Kunsthalle Kiel

Oeuvre No: 0158
Titel: „Biokinetik an der Wachstumszone"
Jahr: 1972 (Juli)
Größe: 100 x 100 x 20 cm
Sammlung: Kunsthalle Mannheim

Oeuvre No: 0159
Titel: „Biokinetische Partysituation — 17.45h"
Jahr: 1972 (Juli)
Größe: 100 x 100 x 20 cm
Sammlung: Schult, Unna

Oeuvre No: 0160
Titel: „Biokinetik an der Endstation"
Jahr: 1972 (Juli)
Größe: 70 x 100 x 20 cm
Sammlung: Lippmann, Buchschlag

Oeuvre No: 0161
Titel: „Biokinetik an der Shelltankstelle"
Jahr: 1972 (Juli)
Größe: 70 x 70 x 20 cm
Sammlung: Dr. Claßen, Kleve

Oeuvre No: 0162
Titel: „Biokinetische Unfallsituation"
Jahr: 1972 (Juli)
Größe: 70 x 70 x 20 cm
Sammlung: Dr. Margarethe Jochimsen, Bonn

Oeuvre No: 0163
Titel: „Biokinetisches Depot"
Jahr: 1972 (Juli)
Größe: 70 x 100 x 20 cm
überarbeitet unter Oeuvre No 0193

Oeuvre No: 0164
Titel: „Biokinetischer Fluß am Waldrand"
Jahr: 1972 (Juli)
Größe: 70 x 100 x 20 cm
Sammlung: Galerie Edith Seuss, Buchschlag

Oeuvre No: 0165
Titel: „Biokinetik am Haus des Facharztes"
Jahr: 1972 (Juli)
Größe: 70 x 70 x 20 cm
Sammlung: Ludyga — Wohlgezogen Walldorf

Oeuvre No: 0166
Titel: „Biokinetik an der Wohnraffinerie"
Jahr: 1972 (Juli)
Größe: 50 x 200 x 20 cm
Sammlung: Galerie van de Loo, München

Oeuvre No: 0167
Titel: „Moto-Guzzi am Biokinetischen Tal gegenüber von Shell"
Jahr: 1972 (Aug./Sept.)
Größe: 70 x 100 x 20 cm
Sammlung: Alexander Baier, Mainz

Oeuvre No: 0168
Titel: „Biokinetik am Haus des wissenschaftlichen Beraters"
Jahr: 1972 (Aug./Sept.)
Größe: 50 x 70 x 20 cm
Sammlung: Alexander Baier, Mainz

Oeuvre No: 0169
Titel: „Der Rallyekadett an der Mauer über der Biokinetik"
Jahr: 1972 (Aug./Sept.)
Größe: 50 x 70 x 20 cm
Sammlung: Hilse, Buchschlag

Oeuvre No: 0170
Titel: „Biokinetische Olympiasituation"
Jahr: 1972 (Sept.)
Größe: 200 x 200 x 85 cm
Sammlung: Im Besitz des Künstlers

Oeuvre No: 0171
Titel: „Biokinetik on Trans-America-Tour"
Jahr: 1972 (Sept.)
Größe: 70 x 100 x 20 cm
Sammlung: Städt. Galerie Wolfsburg

Oeuvre No: 0172
Titel: „Tatrekonstruktion in der Biokinetischen Konsumlandschaft"
Jahr: 1972 (Okt./Nov.)
Größe: 70 x 100 x 20 cm
Sammlung: Playboy, München

Oeuvre No: 0173
Titel: „Biokinetik am Haus des Kapitalverbrechers"
Jahr: 1972 (Okt./Nov.)
Größe: 70 x 100 x 20 cm
Sammlung: Franz Rath, Lochham

Oeuvre No: 0174
Titel: „Biokinetik am Tatort"
Jahr: 1972 (Okt./Nov.)
Größe: 70 x 100 x 20 cm
Sammlung: Georg F. Weisbrod, Ludwigshafen

Oeuvre No: 0175
Titel: „Biokinetik am Haus des Chefs nach der Tat"
Jahr: 1972 (Okt./Nov.)
Größe: 70 x 100 x 20 cm
Sammlung: Heinrich Kniffler, Saarbrücken

Oeuvre No: 0176
Titel: „Biokinetik am Haus des Hauptkassierers"
Jahr: 1972 (Nov./Dez.)
Größe: 70 x 70 x 20 cm
Sammlung: Königsbrauerei, Duisburg

Oeuvre No: 0177
Titel: „Biokinetik am Mittelmotorporsche des Aufsehers"
Jahr: 1972 (Nov./Dez.)
Größe: 70 x 70 x 20 cm
Sammlung: Heinrich Kniffler, Saarbrücken

Oeuvre No: 0178
Titel: „Biokinetik am Haus des jüngeren Unternehmers"
Jahr: 1972 (Nov./Dez.)
Größe: 70 x 70 x 20 cm
Sammlung: Hilse, Buchschlag

Oeuvre No: 0179
Titel: „Biokinetik an der 500 BMW auf dem Konsumhügel"
Jahr: 1972 (Nov./Dez.)
Größe: 70 x 70 x 20 cm
Sammlung: Dr. Wolfgang Becker, Aachen

Oeuvre No: 0180
Titel: „Biokinetik am Haus des Unternehmers - 1936"
Jahr: 1972 (Dez.) 1973 (Jan./Febr.)
Größe: 100 x 100 x 20 cm
Sammlung: Junior Galerie, Goslar

Oeuvre No: 0181
Titel: „Biokinetik am Haus des Unternehmers - 1946"
Jahr: 1972 (Dez.) 1973 (Jan./Febr.)
Größe: 100 x 100 x 20 cm
Sammlung: Dr. Dieter Lotz, Buchschlag

Oeuvre No: 0182
Titel: „Biokinetik am Haus des Unternehmers - 1970"
Jahr: 1972 (Dez.) 1973 (Jan./Febr.)
Größe: 100 x 100 x 20 cm
Sammlung: Dr. Dieter Lotz, Buchschlag

Oeuvre No: 0183
Titel: „Biokinetische Scorpio-Rising-Situation"
Jahr: 1972 (Dez.) 1973 (Jan./Febr.)
Größe: 100 x 200 x 20 cm
Sammlung: A. Scheidt, Kettwig

Oeuvre No: 0184
Titel: „Biokinetisches Industriecamp, Ruhrszene 1972"
Jahr: 1972 (Dez.) 1973 (Jan./Febr.)
Größe: 100 x 100 x 20 cm
Sammlung: Märkisches Museum, Witten

Oeuvre No: 0185
Titel: „Biokinetik am Gewächshaus — Witten 1974"
Jahr: 1972 (Dez.) 1973 (Jan./Febr.)
Größe: 100 x 100 x 20 cm
Sammlung: Im Besitz des Künstlers

Oeuvre No: 0186
Titel: „Biokinetische Beisetzungssituation"
Jahr: 1972 (Dez.) 1973 (Jan./Febr.)
Größe: 100 x 100 x 20 cm
Sammlung: Westdeutsche Allgemeine Zeitung, Essen

Oeuvre No: 0187
Titel: „Biokinetik am Grundstück des Landarztes"
Jahr: 1973 (Febr./März)
Größe: 50 x 70 x 20 cm
Sammlung: Dr. Arthur Schäfer, München

Oeuvre No: 0188
Titel: „Biokinetik am Ausflugsziel"
Jahr: 1973 (März/April)
Größe: 70 x 70 x 20 cm
Sammlung: Dr. Alexander Koch, Neu-Isenburg

Oeuvre No: 0189
Titel: „Biokinetik am Haus über dem Strand"
Jahr: 1973 (März/April)
Größe: 70 x 70 x 20 cm
Sammlung: Thomas Lüttge, München

Oeuvre No: 0190
Titel: „Biokinetische Humphrey Bogart Situation 1947"
Jahr: 1973 (März/April)
Größe: 70 x 70 x 20 cm
Sammlung: Harold Senn, Zürich

Oeuvre No: 0191
Titel: „Biokinetisches Industriecamp"
Jahr: 1973 (März/April)
Größe: 100 x 100 x 20 cm
Sammlung: Privatbesitz Düsseldorf

Oeuvre No: 0192
Titel: „Biokinetische England-Idylle"
Jahr: 1973 (März/April)
Größe: 100 x 200 x 20 cm
Sammlung: Junior Galerie, Goslar

Oeuvre No: 0193
Titel: „Biokinetische Alain Delon-Situation"
Jahr: 1973 (April)
Größe: 70 x 100 x 20 cm
Sammlung: Hoebel, Aiglsbach

Oeuvre No: 0194
Titel: „Biokinetische Konsumlandschaft - München 1973"
Jahr: 1973 (Mai)
Größe: 100 x 200 x 20 cm
Sammlung: Klaus Maack, Lüdenscheid

Oeuvre No: 0195
Titel: „Biokinetische Wiesbaden-Idylle 1928—1934"
Jahr: 1973 (Mai/Juni)
Größe: 100 x 200 x 20 cm
Sammlung: Hinnerk Rackow, Buchschlag

Oeuvre No: 0196
Titel: „Biokinetische Getaway-Situation-Deutschland"
Jahr: 1973 (Juli/Aug.)
Größe: 30 x 50 x 20 cm
Sammlung: Hinnerk Rackow, Buchschlag

Oeuvre No: 0197
Titel: „Biokinetik am Haus des Zagoto"
Jahr: 1973 (Juli/Aug.)
Größe: 30 x 50 x 20 cm
Sammlung: Privatbesitz, Paris

Oeuvre No: 0198
Titel: „Biokinetische Produktionssituation"
Jahr: 1973 (Juli/Aug.)
Größe: 30 x 50 x 20 cm
Sammlung: Dieter Bechtloff, Mainz

Oeuvre No: 0199
Titel: „Biokinetische Mercedes-1936-1958-1960-1968-Situation 1973"
Jahr: 1973 (Juli/Aug.)
Größe: 50 x 70 x 20 cm
Sammlung: Prof. Dr. Eberhard Roters, Berlin

Oeuvre No: 0200
Titel: „Biokinetische Stadtrand-Idylle Freimann"
Jahr: 1973 (Juli/Aug.)
Größe: 50 x 70 x 20 cm
Sammlung: Dr. Jens Christian Jensen

Oeuvre No: 0201
Titel: „Biokinetische Konsumlandschaft Essen 1973"
Jahr: 1973 (Aug./Sept.)
Größe: 100 x 200 x 20 cm
Sammlung: Museum Bochum

Oeuvre No: 0202
Titel: „Biokinetik am weißen Mustang"
Jahr: 1973 (Sept./Okt./Nov.)
Größe: 70 x 70 x 20 cm
Sammlung: Brugger, München

Oeuvre No: 0203
Titel: „The End of the World"
Jahr: 1973 (Sept./Okt./Nov.)
Größe: 70 x 70 x 20 cm
Sammlung: Dr. Dieter Lotz, Buchschlag

Oeuvre No: 0204
Titel: „Biokinetisches Grün im Schwarz"
Jahr: 1973 (Dez.) 1974 (Jan.)
Größe: 100 x 100 x 20 cm
Sammlung: Junior Galerie, Goslar

Oeuvre No: 0205
Titel: „Biokinetik am Bau-Denkmal"
Jahr: 1973 (Dez.) 1974 (Jan.)
Größe: 100 x 100 x 20 cm
Sammlung: Alex Poulsen, Aabyhoej

Oeuvre No: 0206
Titel: „Biokinetik an den Burgen"
Jahr: 1973 (Dez.) 1974 (Jan.)
Größe: 70 x 70 x 20 cm
Sammlung: Junior Galerie, Goslar

Oeuvre No: 0207
Titel: „Biokinetik am Lovely-Lady-Bus"
Jahr: 1973 (Dez.) 1974 (Jan.)
Größe: 70 x 100 x 20 cm
Sammlung: Junior Galerie, Goslar

Oeuvre No: 0208
Titel: „Biokinetische Stadtrand-Idylle"

Jahr: 1973 (Dez.) 1974 (Jan.)
Größe: 100 x 200 x 20 cm
Sammlung: E. Soppe, Kirchhellen
Oeuvre No: 0209
Titel: „Biokinetische Landschaft 1932—1972"
Jahr: 1973 (Okt./Nov.) 1974 (Febr.)
Größe: 100 x 200 x 20 cm
Sammlung: Elke Koska, Köln
Oeuvre No: 0236
Titel: „Biokinetische Hafenzone"
Jahr: 1974 (Mai/Juni)
Größe: 100 x 200 x 20 cm
Sammlung: Kunsthalle Kiel
Oeuvre No: 0237
Titel: „Biokinetik am Treffpunkt"
Jahr: 1974 (Mai/Juni)
Größe: 70 x 100 x 20 cm
Sammlung: Dr. Dieter Lotz, Buchschlag
Oeuvre No: 0238
Titel: „Biokinetisches Shell-Haus"
Jahr: 1974 (Mai/Juni)
Größe: 70 x 70 x 20 cm
Sammlung: Loder, München
Oeuvre No: 0240
Titel: „The Cats"
Jahr: 1974 (Aug./Sept./Okt.)
Größe: 100 x 200 x 20 cm
Sammlung: Junior Galerie, Goslar
Oeuvre No: 0241
Titel: „Biokinetische Stadtrandphasen"
Jahr: 1974 (Aug./Sept./Okt.)
Größe: 100 x 200 x 20 cm
Sammlung: Bundesrepublik Deutschland
Oeuvre No: 0242
Titel: „Powerplay"
Jahr: 1974 (Aug./Sept./Okt.)
Größe: 100 x 200 x 20 cm
Sammlung: Dr. Bürger, Vogt
Oeuvre No: 0243
Titel: „Eingekreistes Haus"
Jahr: 1974 (Aug./Sept./Okt.)
Größe: 70 x 70 x 20 cm
Sammlung: Galerie Edith Seuss, Buchschlag
Oeuvre No: 0244
Titel: „Gasoline, Shell & Co"
Jahr: 1974 (Okt.) 1975 (Febr.)
Größe: 70 x 70 x 20 cm
Sammlung: Alexander Baier, Mainz
Oeuvre No: 0245
Titel: „Der Endspielball"
Jahr: 1975 (Jan./Febr./März)
Größe: 70 x 70 x 20 cm
Sammlung: Prof. Werner Düttmann, Berlin
Oeuvre No: 0246
Titel: „Lebensraum"
Jahr: 1975 (Jan./Febr./März)
Größe: 70 x 100 x 20 cm
Sammlung: Prof. Werner Düttmann, Berlin
Oeuvre No: 0247
Titel: „Baustellen"
Jahr: 1975 (Jan./Febr./März)
Größe: 50 x 70 x 20 cm
Sammlung: Prof. Werner Düttmann, Berlin
Oeuvre No: 0248
Titel: „Alpenblick"
Jahr: 1975 (Mai/Juni)
Größe: 100 x 200 x 20 cm
Sammlung: Im Besitz des Künstlers
Oeuvre No: 0249
Titel: „Bauhaushaus 1929—1939"
Jahr: 1975 (Juni/Juli/Aug./Sept.)
Größe: 70 x 70 x 20 cm
Sammlung: Dr. Bürger, Vogt
Oeuvre No: 0250
Titel: „Aufbruchphasen 1929—1939"
Jahr: 1975 (Juni/Juli/Aug./Sept.)
Größe: 100 x 100 x 20 cm
Sammlung: Galerie Edith Seuss, Buchschlag
Oeuvre No: 0251
Titel: „Kiosk"
Jahr: 1975 (Mai/Juni/Juli/Aug./Sept./Okt.)
Größe: 50 x 70 x 20 cm
Sammlung: Dr. Herz, Köln
Oeuvre No: 0252
Titel: „Bild für Jean Pierre Melville"
Jahr: 1975 (Mai/Juni/Juli/Aug./Sept.)
Größe: 70 x 100 x 20 cm
Sammlung: Galerie Edith Seuss, Buchschlag
Oeuvre No: 0253
Titel: „N.Y. - N.Y. (Elvis, Ali and Andy)"
Jahr: 1975 (Mai/Juni/Juli/Aug./Sept./Nov./Dez.)
Größe: 100 x 100 x 20 cm
Sammlung: Peter Selinka, Ravensburg
Oeuvre No: 0254
Titel: „Opelland"
Jahr: 1975 (Aug./Sept./Okt./Nov./Dez.)
Größe: 70 x 70 x 20 cm
Sammlung: Peter Selinka, Ravensburg
Oeuvre No: 0255
Titel: „Die Halde"
Jahr: 1975 (Aug./Sept./Okt./Nov./Dez.)
Größe: 70 x 100 x 20 cm
Sammlung: Dr. Bürger, Vogt
Oeuvre No: 0256
Titel: „UA"
Jahr: 1975 (Aug./Sept./Okt./Nov./Dez.)
Größe: 70 x 70 x 20 cm
Sammlung: Dr. Rolf Lindemann, Buchschlag
Oeuvre No: 0257
Titel: „Mao-Cola"
Jahr: 1975 (Nov.) 1976 (Jan.)
Größe: 70 x 70 x 20 cm
Sammlung: Peter Selinka, Ravensburg
Oeuvre No: 0258
Titel: „NY Fuck"
Jahr: 1975 (Nov./Dez.) 1976 (Jan.)
Größe: 50 x 70 x 20 cm
Sammlung: Jupp Eisele, Ravensburg
Oeuvre No: 0259
Titel: „Das Geburtshaus"
Jahr: 1976 (März/Apr./Mai)
Größe: 100 x 200 x 20 cm
Sammlung: Dr. Bürger, Vogt
Oeuvre No: 0260
Titel: „Der Schuh-Altar"
Jahr: 1976 (März/Apr./Mai)
Größe: 220 x 200 x 20 cm
Sammlung: Kunsthalle Nürnberg
Oeuvre No: 0262
Titel: „Lion Noir"
Jahr: 1976 (März/Juni/Juli/Aug.)
Größe: 70 x 70 x 20 cm
Sammlung: Ludyga - Wohlgezogen, Walldorf
Oeuvre No: 0263
Titel: „Deutsch-Stunde"
Jahr: 1976 (Juni/Juli/Aug.)
Größe: 70 x 70 x 20 cm
Sammlung: Wilfried W. Fomm, Köln
Oeuvre No: 0264
Titel: „Zeppelin"
Jahr: 1976 (Juni/Juli/Aug./Sept.)
Größe: 50 x 70 x 20 cm
Sammlung: Dr. Janni Müller-Hauck, Berlin
Oeuvre No: 0265
Titel: „For Sale"
Jahr: 1976 (Juli/Aug./Sept./Okt.)
Größe: 50 x 70 x 20 cm
Sammlung: Dr. Wolfgang M. Ebert, Altenhain
Oeuvre No: 0267
Titel: „Un monument pour LIP"
Jahr: 1976 (Sept./Okt./Nov.)
Größe: 70 x 70 x 20 cm
Sammlung: Städt. Kunsthalle Recklinghausen
Oeuvre No: 0268
Titel: „Zuhause"
Jahr: 1976 (Sept./Okt./Nov.)
Größe: 70 x 70 x 20 cm
Sammlung: Dr. Bürger, Vogt
Oeuvre No: 0269
Titel: „Neues Deutschland"
Jahr: 1976 (Aug./Sept./Okt./Nov.)
Größe: 70 x 70 x 20 cm
Sammlung: Peter Selinka, Ravensburg
Oeuvre No: 0272
Titel: „L'état c'est moi"
Jahr: 1976 (Nov./Dez.) 1977 (Jan.)
Größe: 70 x 70 x 20 cm
Sammlung: Hermann Waibel, Ravensburg
Oeuvre No: 0273
Titel: „Von Traum zu Traum"
Jahr: 1976 (Nov./Dez.) 1977 (Aug./Sept.)
Größe: 70 x 70 x 20 cm
Sammlung: Zaiva Mis, Brüssel
Oeuvre No: 0274
Titel: „Ruhr-Land"
Jahr: 1977 (Dez.) 1978 (Jan./Febr./Juni/Juli/Aug.)
Größe: 100 x 200 x 20 cm
Sammlung: Siedlungsverband Ruhrkohlenbezirk, Essen

Außerdem befinden sich Arbeiten im Besitz folgender öffentlicher Sammlungen und Museen:
Sohle 1, Bergkamen
Leopold-Hoesch-Museum, Düren
Wilhelm-Lehmbruck-Museum, Duisburg
Städt. Gustav-Lübcke-Museum, Hamm
Kunsthalle Kiel
Städt. Museum Schloß Morsbroich, Leverkusen
Museum für Kunst und Kulturgeschichte, Lübeck
Städt. Kunstsammlungen - Wilhelm Hack-Stiftung, Ludwigshafen
Städt. Museum Mülheim
Städt. Galerie im Lenbachhaus, München
Westfälisches Landesmuseum, Münster
Kunsthalle Nürnberg
Museum Wiesbaden
Märkisches Museum, Witten
Städt. Galerie Wolfsburg

Die Blumen der Zivilisation

2

Städt. Museum Mülheim

Städtisches Museum Mülheim
Leineweberstraße 1
4330 Mülheim
Leitung:
Städt. Obermuseumsrätin Dr. Christel Denecke

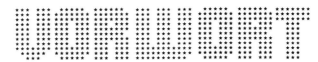

VORWORT

Der Siebdruck ist ein Verfahren, das von der Generation des HA Schult in Europa wie in Amerika so entwickelt wurde, daß die Siebe fotografisch belichtet werden können und damit die Hell-Dunkel-Skala des Fotos für dieses Medium gewonnen wird. Auch andere Fototricks: Übereinanderkopieren, Über- und Unterbelichten sind möglich. In USA nutzt zum Beispiel Andy Warhol diese Möglichkeit voll aus. HA Schult fand in der Werkstatt von Konrad Walser die handwerkliche Unterstützung, um seine oft phantastischen Vorstellungen zu realisieren.

1969 gab Rolf Wedewer, Museumsleiter von Schloß Morsbroich, Leverkusen, dem 30jährigen HA Schult die Möglichkeit, in seinem Hause die Biokinetik in großem Stil vorzuführen. Als Erinnerung daran entstand 1971 die erste Grafik des Künstlers „Biokinetik um Schloß Morsbroich".

In den folgenden Jahren trieb HA Schult diese Arbeit voran, so daß wir heute 1978 im Städtischen Museum Mülheim erstmals umfassend seine Grafiken vorstelsen können. Graphische Blätter werden den Ereignissen einer Fotoreise durch das Revier aus diesem Jahr gegenübergestellt, die Phantasie mit der Realität konfrontiert.

Die ideenreiche, komplizierte und dynamische Persönlichkeit des Künstlers HA Schult spiegelt sich unglaublich lebendig in seinen Grafikblättern. In der kurzen Spanne von 1971 bis 1978 hat sich aber auch seine Arbeit außerordentlich entwickelt, von der Zielrichtung auf ein ganz bestimmtes biokinetisches Phänomen hin zu einem weiteren Aspekt von Leben und Natur. In dieser Hinsicht werden wir noch viele Überraschungen von Schult erleben.

Christel Denecke

"Der Turm"

"Die Wahrheit"

"Das Hoffen"

"End—Gegend"

Das Ruhrgebiet ist (wie jede Stadt übrigens) eine artifizielle Landschaft.

Wie wäre es, wenn sich das Ruhrgebiet anschickte, diese artifizielle Basis endlich bewußt zu akzeptieren -
sie hat neben ihren Schauerseiten ja auch unstreitig starke Faszination -
und wenn diese Basis mit den einzig adäquaten Mitteln, künstlerischen nämlich,
so überhöht würde, daß die Region hohe Attraktion bekäme ?

Dietrich Springorum 1969

"Die Blaue Heide"

"Die Burg"

"Berge"

„Fabriken und…"

"... Gärten"

Oeuvre-Verzeichnis

Titel: **„Situation Schackstraße"**
Jahr: 1969/70
Technik: 2farbige Serigraphie
Format: 50 x 70 cm
Auflage: 100
Druck: Kicherer, Stuttgart
Herausgeber: Versandgalerie Alexander Baier, Mainz

Titel: **„Situation Schackstraße"**
Jahr: 1969/70
Technik: 2farbige Serigraphie
Format: 50 x 70 cm
Auflage: 100
Druck: Kicherer, Stuttgart
Herausgeber: Versandgalerie Alexander Baier, Mainz

Titel: **„Biokinetischer Dom"**
Jahr: 1971
Technik: 12farbige Serigraphie
Format: 70 x 50 cm
Auflage: 30
Druck: Konrad Walser, München
Herausgeber: Edition Elke Koska, München

Titel: **„Biokinetik um Schloß Morsbroich"**
Jahr: 1971
Technik: 12farbige Serigraphie
Format: 50 x 70 cm
Auflage: 85
Druck: Konrad Walser, München
Herausgeber: Grafik-Verlag Klaus Lüpke, Frankfurt

Titel: **„Biokinetische Plantage"**
Jahr: 1971
Technik: 12farbige Serigraphie
Format: 50 x 70 cm
Auflage: 130
Druck: Konrad Walser, München
Herausgeber: Kunstverein Frankfurt

Titel: **„Biokinetischer Trabant"**
Jahr: 1972
Technik: 12farbige Serigraphie
Format: 70 x 50 cm
Auflage: 120
Druck: Konrad Walser, München
Herausgeber: Badischer Kunstverein, Karlsruhe

Titel: **„Biokinetische Wolke"**
Jahr: 1972
Technik: 12farbige Serigraphie
Format: 70 x 50 cm
Auflage: 130
Druck: Konrad Walser, München
Herausgeber: Edition Elke Koska, München

Titel: **„Biokinetisches Depot"**
Jahr: 1972
Technik: 12farbige Serigraphie
Format: 70 x 50 cm
Auflage: 100
Druck: Konrad Walser, München
Herausgeber: Galerie Kerlikowsky + Kneiding, München

Titel: **„Biokinetik am Haus des Richters"**
Jahr: 1972
Technik: 12farbige Serigraphie
Format: 50 x 70 cm
Auflage: 100
Druck: Konrad Walser, München
Herausgeber: Grafik-Verlag Klaus Lüpke, Frankfurt

Titel: **„Konsumrakete"**
Jahr: 1972
Technik: 12farbige Serigraphie
Format: 55 x 75 cm
Auflage: 100
Druck: Konrad Walser, München
Herausgeber: Grafik-Verlag Klaus Lüpke, Frankfurt

Titel: **„Aktion 20 000 km"**
Jahr: 1972
Technik: 2farbige Serigraphie
Format: 45 x 65 cm
Auflage: 100
Druck: Kicherer, Stuttgart
Herausgeber: Versandgalerie Alexander Baier, Mainz

Titel: **„Die Stadtstraße"**
Jahr: 1972
Technik: 2farbige Serigraphie
Format: 45 x 55 cm
Auflage: 100
Druck: Kicherer, Stuttgart
Herausgeber: Versandgalerie Alexander Baier, Mainz

Titel: **„Kontrollpunkt Hirschberg"**
Jahr: 1972
Technik: 2farbige Serigraphie
Format: 50 x 70 cm
Auflage: 250
Druck: Edition Hoffmann, Frankfurt
Herausgeber: Edition Hoffmann, Frankfurt

Titel: **„Biokinetische Oase"**
Jahr: 1973
Technik: 12farbige Serigraphie
Format: 50 x 70 cm
Auflage: 100
Druck: Konrad Walser, München
Herausgeber: Kunstverein Braunschweig

Titel: **„Biokinetik um Springhornhof"**
Jahr: 1973
Technik: 12farbige Serigraphie
Format: 50 x 70 cm
Auflage: 100
Druck: Konrad Walser, München
Herausgeber: Edition Falazik, Neuenkirchen

Titel: **„Biokinetik am Schloß der Silver Clouds"**
Jahr: 1973
Technik: 12farbige Serigraphie
Format: 50 x 70 cm
Auflage: 150
Druck: Konrad Walser, München
Herausgeber: Büchergilde Gutenberg, Frankfurt

Titel: **„Biokinetik am Haus der Puritaner"**
Jahr: 1973
Technik: 12farbige Serigraphie
Format: 50 x 70 cm
Auflage: 100
Druck: Konrad Walser, München
Herausgeber: Kunsthalle Kiel & Schleswig-Holsteinischer Kunstverein

Titel: **„Biokinetische Küste"**
Jahr: 1973
Technik: 12farbige Serigraphie
Format: 50 x 65 cm
Auflage: 150
Druck: Konrad Walser, München
Herausgeber: Kestner-Gesellschaft, Hannover

Titel: **„Biokinetik am Wolfsburger Schloß"**
Jahr: 1973
Technik: 12farbige Serigraphie
Format: 55 x 75 cm
Auflage: 100
Druck: Konrad Walser, München
Herausgeber: Kunstverein Wolfsburg

Titel: **„Biokinetische Konsumlandschaft"**
Jahr: 1973
Technik: 4farbige Siebdruck-Reproduktion
Format: 58 x 124 cm
Auflage: 250
Druck: Templin, München
Herausgeber: Edition Elke Koska, München

Titel: **„Biokinetik an Tor B"**
Jahr: 1973
Technik: 12farbige Serigraphie
Format: 50 x 70 cm
Auflage: 100
Druck: Konrad Walser, München
Herausgeber: Kunstring Folkwang, Essen

Titel: **„Konsumsituation 1945"**
Jahr: 1973
Technik: 12farbige Serigraphie
Format: 50 x 65 cm
Auflage: 100
Druck: Konrad Walser, München
Herausgeber: Kunstverein für die Rheinlande und Westfalen, Düsseldorf

Titel: **„Konsumschloß"**
Jahr: 1973
Technik: 12farbige Serigraphie
Format: 70 x 50 cm
Auflage: 100
Druck: Konrad Walser, München
Herausgeber: Galerie Edith Seuss, Buchschlag

Titel: **„Biokinetische Getaway-Situation"**
Jahr: 1973
Technik: 3farbige Offset-Lithographie
Format: 90 x 50 cm
Auflage: 100
Herausgeber: Dieter Bechtloff, Mainz

Titel: **„Home 1976"**
Jahr: 1974
Technik: 2farbige Offset-Lithographie
Format: 60 x 80 cm
Auflage: 200

der Grafik

Herausgeber: Galerie Junior, Goslar
Titel: „Heidelberger Konsumschlacht"
Jahr: 1974
Technik: 12farbige Serigraphie
Format: 70 x 50 cm
Auflage: 100
Druck: Konrad Walser, München
Herausgeber: Heidelberger Kunstverein

Titel: „Home"
Jahr: 1974
Technik: 12farbige Serigraphie
Format: 70 x 50 cm
Auflage: 100
Druck: Konrad Walser, München
Herausgeber: Junior Galerie Goslar

Titel: „Now"
Jahr: 1974
Technik: 12farbige Serigraphie
Format: 50 x 70 cm
Auflage: 100
Druck: Konrad Walser, München
Herausgeber: Guido Hildebrandt-Verlag, Duisburg

Titel: „The End"
Jahr: 1974
Technik: 12farbige Serigraphie
Format: 55 x 65 cm
Auflage: 100
Druck: Konrad Walser, München
Herausgeber: Edition Elke Koska, München

Titel: „Coke"
Jahr: 1974
Technik: 12farbige Serigraphie
Format: 50 x 70 cm
Auflage: 100
Druck: Konrad Walser, München
Herausgeber: Edition Elke Koska, München

Titel: „No"
Jahr: 1974
Technik: 12farbige Serigraphie
Format: 50 x 70 cm
Auflage: 100
Druck: Konrad Walser, München
Herausgeber: Edition Elke Koska, München

Titel: „Wachstumsprozeß"
Jahr: 1974
Technik: 12farbige Serigraphie
Format: 70 x 50 cm
Auflage: 250
Druck: Konrad Walser, München
Herausgeber: Bank für Gemeinwirtschaft, Frankfurt

Titel: „Der Traum"
Jahr: 1974
Technik: 12farbige Serigraphie
Format: 70 x 50 cm
Auflage: 250
Druck: Konrad Walser, München
Herausgeber: Bank für Gemeinwirtschaft, Frankfurt

Titel: „Lebensabschnitt"
Jahr: 1974
Technik: 12farbige Serigraphie
Format: 70 x 50 cm
Auflage: 250
Druck: Konrad Walser, München
Herausgeber: Bank für Gemeinwirtschaft, Frankfurt

Titel: „Wachsende Steine"
Jahr: 1974
Technik: 12farbige Serigraphie
Format: 70 x 50 cm
Auflage: 250
Druck: Konrad Walser, München
Herausgeber: Bank für Gemeinwirtschaft, Frankfurt

Titel: „Goethe: man sieht nur was man weiß"
Jahr: 1974
Technik: 12farbige Serigraphie
Format: 70 x 50 cm
Auflage: 250
Druck: Konrad Walser, München
Herausgeber: Bank für Gemeinwirtschaft, Frankfurt

Titel: „12 Uhr mittags"
Jahr: 1974
Technik: 12farbige Serigraphie
Format: 70 x 50 cm
Auflage: 100
Druck: Konrad Walser, München
Herausgeber: Edition KIR, Siedlungsverband Ruhrkohlenbezirk, Essen

Titel: „Der Turm"
Jahr: 1974
Technik: 12farbige Serigraphie
Format: 70 x 50 cm
Auflage: 100
Druck: Konrad Walser, München
Herausgeber: Edition KIR, Siedlungsverband Ruhrkohlenbezirk, Essen

Titel: „Die Wahrheit"
Jahr: 1974
Technik: 12farbige Serigraphie
Format: 70 x 50 cm
Auflage: 100
Druck: Konrad Walser, München
Herausgeber: Edition KIR, Siedlungsverband Ruhrkohlenbezirk, Essen

Titel: „Das Hoffen"
Jahr: 1974
Technik: 12farbige Serigraphie
Format: 70 x 50 cm
Auflage: 100
Druck: Konrad Walser, München
Herausgeber: Edition KIR, Siedlungsverband Ruhrkohlenbezirk, Essen

Titel: „End-Gegend"
Jahr: 1974
Technik: 12farbige Serigraphie
Format: 70 x 50 cm
Auflage: 100
Druck: Konrad Walser, München
Herausgeber: Edition KIR, Siedlungsverband Ruhrkohlenbezirk, Essen

Titel: „La nuit"
Jahr: 1975
Technik: 4farbige Serigraphie
Format: 45 x 30 cm
Auflage: 150
Druck: Konrad Walser, München
Herausgeber: Galerie Kerlikowsky, München

Titel: „Konsumbaum"
Jahr: 1976
Technik: 4farbige Offset-Reproduktion
Format: 21 x 15 cm
Auflage: 1850
Druck: Israel, München
Herausgeber: Redaktion ‚Aspekte', ZDF, Mainz

Titel: „La notte"
Jahr: 1977
Technik: 12farbige Serigraphie
Format: 50 x 70 cm
Auflage: 100
Druck: Konrad Walser, München
Herausgeber: Kunstverein für die Rheinlande und Westfalen, Düsseldorf

Titel: „Die blaue Hecke"
Jahr: 1978
Technik: 12farbige Serigraphie
Format: 50 x 70 cm
Auflage: 100
Druck: Konrad Walser, München
Herausgeber: Edition KIR, Siedlungsverband Ruhrkohlenbezirk, Essen

Titel: „Die Burg"
Jahr: 1978
Technik: 12farbige Serigraphie
Format: 50 x 70 cm
Auflage: 100
Druck: Konrad Walser, München
Herausgeber: Edition KIR, Siedlungsverband Ruhrkohlenbezirk, Essen

Titel: „Berge"
Jahr: 1978
Technik: 12farbige Serigraphie
Format: 50 x 70 cm
Auflage: 100
Druck: Konrad Walser, München
Herausgeber: Edition KIR, Siedlungsverband Ruhrkohlenbezirk, Essen

Titel: „Fabriken und ..."
Jahr: 1978
Technik: 12farbige Serigraphie
Format: 50 x 70 cm
Auflage: 100
Druck: Konrad Walser, München
Herausgeber: Edition KIR, Siedlungsverband Ruhrkohlenbezirk, Essen

Titel: „... Gärten"
Jahr: 1978
Technik: 12farbige Serigraphie
Format: 50 x 70 cm
Auflage: 100
Druck: Konrad Walser, München
Herausgeber: Edition KIR, Siedlungsverband Ruhrkohlenbezirk, Essen

Titel: „Der Flug"
Jahr: 1978
Technik: 12farbige Serigraphie
Format: 50 x 70 cm
Auflage: 100
Druck: Konrad Walser, München
Herausgeber: Edition KIR, Siedlungsverband Ruhrkohlenbezirk, Essen

Die Gärten
unserer Zeit
sind die
Schrottplätze.
Auf ihnen
treibt das
Konsumzeitalter
seine Blüten.

'74

FABRIKEN & GÄRTEN

1978

Im Februar, März und April bereiste
ich mit Else Kosra das Revier um
einzutauchen in dessen visuelle
Realität.
Es ging uns darum kreative Äußerungen
der Revierbewohner aufzuspüren und
sie fotografisch zu dokumentieren.
Es galt subjektive Antworten auf die
Real-Situation-Ruhrgebiet zu finden.
Wir wollten dem produktiven Un-Rythmus
auf die Spur kommen.
Das Erfahrene legen wir jetzt in dem
Foto-Zyklus "Fabriken und Gärten" vor.

Während der "Ruhr-Tour" werden
wir jene Orte wieder aufsuchen, deren
visuelle Präsenz in den Fotos eingefroren
ist. Gemeinsam mit den "Reisenden
in Sachen Ruhr-Welt" können
wir dann die Realität der
Situationen neu überdenken.

HA S.

Reaktion auf Aktion

Sohle 1 Bergkamen

Sohle 1
Kommunale Galerie der Stadt Bergkamen
In der City 119
4619 Bergkamen
Leitung:
Kulturdezernent Dieter Treeck

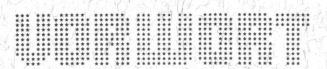

VORWORT

Wenn sich um mitternächtlicher Stunde eine Schar angeheiterter Kneipengäste nach stundenlanger erbitterter Diskussion aufmacht, „um es dem Künstler mal zu zeigen", dann muß die vorausgegangene Provokation durch einen Künstler als Person oder durch seine Arbeit schon sehr wirkungsvoll gewesen sein.

Ort des Geschehens war der 3. bergkamener bilder basar — kurz bbb genannt — im September 1975. Anlaß war ein Schaufenster von HA Schult mit dem schlichten Titel „Bergkamener Landschaft". Diese Landschaftsinterpretation jedoch — ein Fenster schwarz in schwarz unter Verwendung von schwarzem Aushangstoff, unter dem schöne schwarze Bergkamener Kohle hervorquoll — fand nicht die Gegenliebe der Bergkamener. Denn sie meinten, so negativ stelle sich Bergkamen doch sicherlich nicht dar und so hoffnungslos, wie dies ein Blick von einer (vor dem Fenster stehenden) grünen Leiter in den gleichfalls schwarzen Fenster-Innenraum verhieß — sei die Lage ihrer Stadt doch wirklich nicht. Und so schritten zu später Stunde die Gäste der gegenüberliegenden Gaststätte zur Tat und wollten das Fenster mit Hilfe von Mehl, Torf und Rosenpflanzen verändern, um so ihre Vorstellung von der Umweltrealität ihrer Heimatstadt sichtbar zu machen.

Das Unternehmen scheiterte nur daran, daß der Ladeninhaber dies nicht ohne Einwilligung des Kulturdezernenten geschehen lassen wollte. Und jener war nicht zu erreichen. Schade eigentlich, daß diese spontane Initiative von Bürgern leer lief; denn dieses durch seine Arbeit provozierte „Gegenkunstwerk" wäre als dokumentierbare Reaktion der Betroffenen sicherlich durchaus im Sinne HA Schults gewesen.

Zumal die allgemein heftige Reaktion der Bevölkerung sich an einem Punkt mit einer gewissen Verbindlichkeit artikuliert und manifestiert hätte. Wenngleich die durch einen Künstler ausgelöste Bereitschaft zu handeln, sich allenfalls gegen die provokante Arbeit dieses Künstlers, wohl kaum aber gegen die pointiert dargestellte Situation richtete.

Daß HA Schult in dieser Arbeiterstadt (knapp 50 000 Einwohner) am Nordrand des Ruhrgebietes ein Aktionsfeld — in kommunalem Auftrag fand, hat seine Geschichte. Die zu diesem Zeitpunkt knapp zehn Jahre alte Stadt Bergkamen hatte die Chance genutzt, ohne die Belastung kostenaufwendiger Kulturinstitutionen neue Wege zu gehen und neue Kulturvermittlungssysteme zu entwickeln. Dahinter stand die Einsicht des Rates, daß ein so anonymes, künstliches Gemeinwesen mit Hilfe kultureller Aktivitäten an Identität gewinnen könne.

Der erste Schritt des 1970 gebildeten Kulturdezernates war die Gründung der ersten kommunalen Galerie in der Bundesrepublik, die unter dem bergbaunahen Namen „sohle 1" sich nun nicht „bergbaunaher Kunst", sondern den aktuellen Tendenzen zeitgenössischer Kunst verpflichtet fühlte. Neben einem breiten künstlerischen Informationsangebot kam es dann jedoch sehr schnell zu einer eindeutigen Schwerpunktbildung. Die Erkenntnis, daß die kritische Gegenwartskunst sowohl im kommerziellen als auch im öffentlichen Raum zumeist ungeliebt am Rande des repräsentationsträchtigen Kunstgeschehens vegetiert und stets von Zensurgelüsten bedroht ist, rief die Bergkamener Kulturmacher in die Verantwortung. Und sie versuchen seither, die kommunale Galerie als einen zensurfreien Ort der Auseinandersetzung mit den kritischen Tendenzen der Gegenwartskunst zu erhalten, auch wenn sie damit längst ins Schußfeld der parteipolitischen Auseinandersetzung in Bergkamen geraten sind.

Ähnlich erging es dem „bergkamener bilder basar", einer seit 1971 normalerweise in zweijährigem Turnus stattfindenden Straßenkunstaktion ganz eigener Prägung. Mit einem über die ganze Stadt ausgeworfenen Veranstaltungsnetz wollen die Kulturverantwortlichen in Bergkamen jenen Bürgern einen großen Schritt entgegenkommen, die auch eine so bürgernahe Galerie wie die heute in einem Ladenlokal des Bergkamener Einkaufszentrums arbeitende „sohle 1" nicht annehmen. Dabei ging man davon aus, daß gerade die Arbeit kritischer Künstler nicht nur die Interessen der (in der Regel nicht kunstinteressierten) Mehrheit der Bevölkerung vertritt, sondern auch unbedingt selbst den Kontakt zu diesem Publikum braucht. Einmal sicherlich, weil eine Botschaft auch den richtigen Adressaten erreichen muß (und das ist sicherlich nicht der auf Exklusivität bedachte Kunstsammler). Zum anderen aber auch, weil eigentlich nur dieses Publikum kompetent ist, dem Künstler zu sagen, ob er die richtigen – das heißt auch: verständlichen – Ausdrucksmittel für eine künstlerische Aussage gefunden hat, mit der er dieses Publikum erreichen möchte.

Das Spektakuläre an dieser Veranstaltung war und ist jedoch nicht eine hier ziemlich nutzlose Anhäufung teurer internationaler Kunst-Stars, sondern die völlig unspektakuläre Erwartung an die beteiligten Künstler, sich einmal eine Woche lang mit den Problemen dieser Stadt in ihrer künstlerischen Arbeit „vor Ort" und in der verbalen Auseinandersetzung mit den hier lebenden Menschen auf der Straße, in Schulen, Betrieben, Läden, Kneipen zu beschäftigen. Das Ziel: die künstlerische Interpretation dieser Stadt und ihrer Probleme sollte den hier lebenden Menschen helfen, sich mit ihrer Stadt zu identifizieren. Ein durchaus politisches Ziel; denn nur der Bürger, der sich mit „seiner" Stadt identifiziert, ist auch bereit, sich für die Belange dieser Stadt zu engagieren.

Die Mißverständnisse, die auch noch drei Jahre später im Dunstschleier Bergkamener Kneipen nicht gerade nach Klärung drängen, gehen allerdings weniger auf das Konto der Künstler.

Ihre Ursache sind die sicherlich nicht nur in diesem Lande weitverbreiteten Vorurteile gegenüber der Kunst als einer im Grunde nebensächlichen, wenn nicht gar überflüssigen Erscheinung und jenen, die Kunst machen.

Die Information über künstlerische Arbeitstechniken und Arbeitsweisen sowie vor allem über die soziale Lage von Künstlern in Deutschland (ein Teilziel des bbb) ist nur ein erster Schritt, obwohl die Erkenntnis, daß „Kunst machen" durchaus „Arbeit" ist, und daß die Produkte dieser Arbeit Warencharakter haben, von vielen inzwischen akzeptiert wird. Und damit werden doch schon einige Steine von der Schwelle zwischen Kunstmachern und Kunstadressaten abgetragen.

Dem Dauerargument, daß es Probleme genug gebe, für deren Beseitigung das Geld besser angelegt sei als für Kultur-Spinner, ist jedoch nicht eher wirkungsvoll zu begegnen, als es nicht gelingt (und zwar auch über die hier bisher total versagenden staatlichen Bildungseinrichtungen), ein erweitertes Bild von den möglichen Funktionen von Kunst zu vermitteln. Erst dann kann man vielleicht argumentieren, daß das für Kultur aufgewandte Geld kaum ausreichen würde, jene Probleme zu lösen, für deren Dringlichkeit jedoch gerade die Kunst das Bewußtsein breiter Kreise zu schärfen versucht. So ist wohl zu verstehen, daß der Anspruch der Bergkamener Kulturverwaltung, mit Hilfe von Künstlern und ihren Arbeiten bestimmte gesellschaftliche Probleme darstellen zu wollen, heftige öffentliche Abwehrreaktionen bestimmter politischer Gruppen ausgelöst hat.

Der 4. „bergkamener bilder basar" im September 1978 wird jedenfalls versuchen, jenen Weg konsequent weiterzugehen, an dessen Anfang z. B. und vor allem ein Künstler wie HA Schult stand.

Sein und unser Ziel: Zeigen, was ist und wie es ist. Blind und stumpf machende Seh- und Denkgewohnheiten durchbrechen. Wenn es sein muß mit drastischen Mitteln. Denn überleben wird letztlich nur eine bewußt sehende und denkende Gesellschaft.

Auch diesmal ist die Stadt Bergkamen das Thema. „Umwelten sehen (Analyse)" heißt ein Titel aus dem diesjährigen Konzept, anknüpfend an jenen 3. bbb mit HA Schult. Wichtiger noch ist ein anderer Titel, weil er zeigt, daß hier offensichtlich die Möglichkeit und die politische Bereitschaft besteht, Künstlern eine Chance zu geben, ihre Ideen für eine vielleicht bescheidene Verbesserung der Lebensbedingungen in einer Industriestadt zu entwickeln und vielleicht sogar punktuell zu verwirklichen. „Umwelten verändern (Konsequenzen)" heißt dieser Titel, der sicherlich mehr Erwartungen weckt als erfüllt werden können.

Daß HA Schults neueste Auseinandersetzung mit der Umwelt Ruhrgebiet (zu der auch Bergkamen gehört) in diese Zeit fällt und auch den 4. bbb räumlich unmittelbar tangiert (sohle 1), demonstriert die Gemeinsamkeit der Ziele.

Dieter Treeck

Frankfurter Allgemeine — **IM UNTERGRUND** — **EXPRESS**

5. Juli 1968

Sub-Art in einem Schwabinger U-Bahnhof: Attraktion für 20.000 Besucher

Kunst im Untergrund

Wenn das Wort Experiment noch einen Sinn hat: hier steht es zu Recht — so warb eine Gruppe meist jüngerer Künstler in München für „Sub-Art", für ein zumindest gewagtes Unternehmen mitten in Schwabing.

Sub-Art — ein Schlagwort, in dem gängige Subkultur-Gedanken mit dem unterirdischen Tatort in koketter Kurzschaltung genannt sind.

Eine halbfertige U-Bahn-Haltestelle ist etwas Großartiges: brachliegende Räume von phantastischem Volumen, Treppen und Schächten vom Hohlklang — surrealistischer Entwürfe á la Chiroco nur: hier real, begehbar und auch sonst gegenwärtig: unverputztes Zementwerk, in diesem unverdorbenen Vor-Zustand noch tatsächlich weltläufig, auch als Zeichen Utopie-trächtig. Diese noch nicht besetzten Räume zu gliedern und zu füllen — der Einfall war gut. Er ist eine selbständige Variante der Ambiente- oder Environment-Idee, ohne die üblichen ausstellerischen Bedingungen, heruntergeholt in eine urbane Halb-Wirklichkeit, praktiziert durch ein Künstler-Kollektiv.

Es galt Raumsituationen zu schaffen, die den vorgegebenen antworten. In knapp zwei Wochen installierten die sechsundzwanzig Akteure ein überaus buntes Straßentheater der bildenden Kunst. Serielle Hard-edge-Bilder („Reihung bichromer Flächen" von Ägidius Geißelmann) von Al-Held-Dimension im Entree, Spiegelkabinette („Skulptura Ambiente" von Otfried Narewski und Nicola Bianco, eine überdramatisierte „Sichtbarmachung innerer Erlebnisräume" von Jakob Kuffner), eine „Sockelarmee" von Hans J. Schult als „Strukturierung der Bodenzone", bepackt jeweils mit einem Stoß Zeitungen; pulsierende Plastik-Ballons als Treppen-Sperre (Dimey, Knoop, Sturm), ein mit Dia-Projektion, Lichtkuppeln und klingenden Metallröhren kombiniertes Baugerüst von Jürgen Claus und Waki Zöllner, eine schwebende Collage-Skulptur von Jürgen Reipka, ein blaugestrichenes Minimal-Objekt aus gleichproportionierten Elementen zum Selbstbauen von Karlheinz Heinrich und anderes mehr!

Sub-Art bot aufregend Neues und das Publikum kam. Es nahm die improvisierte Veranstaltung bald als Jahrmarkt hin, plazierte sie richtig in der Vergrößerung zwischen Oktoberwiese, „Blow up" und der gefürchteten modernen Kunst. Abend für Abend schauten sich hunderte die verspielt-dialektischen Simultanprojektion von Leistmüller und Fröbel an: eine bei aller Farbenpracht herbste Kritik an reaktionäre Umweltgestaltung. Von daher aufgeschlüsselt, war das vom aufgeschlossenen Münchner Verkehrsverein geförderte Unternehmen „Sub-Art" eine Aufklärungstat ersten Ranges.

LASZLO GLOZER

Abendzeitung — Freitag, 28. Februar 1969

Pioniere der Sub-Art

Zu unserem gestrigen Artikel „Sub-Art in der Schlucht" schreiben uns zwei Münchner Happening-Experten.

Einige Jahre, nachdem die Pioniere des Happenings dies als neue Kunstform begründet hatten, sangen es die Spatzen vom Dach. Sangen es die „Supremes" in die Mikrophone.

Verlorene Liebesmüh, heute dem Begriff hinterherzulaufen.

Er ist seinen Pionieren davongelaufen. „Sub-Art" war der Titel einer Veranstaltung im noch unfertigen U-Bahnhof Ecke Leopold-/Franz-Joseph-Straße, vom 21. Juni bis 1. Juli 1968. In einem programmatischen Text vom 7. 6. 68 lehnten es die beteiligten 25 Künstler ab, „die spezifische Raumsituation dieser U-Bahnstation in eine Bild- und Plastikgalerie rückzuübersetzen". Der vorgefundenen Situation eines Transitraumes sollte mit den entsprechenden Mitteln geantwortet werden.

„Im U-Bahnhof stehen Gerüste, liegen Steinquader und rostige Röhren. Die Kunstschaffenden bauen Gerüste, verteilen Steinquader und rostige Röhren". (AZ, 20. Juni 68).

Eine Münchener Galerie geht nunmehr mit ihrem Angebot in eine Fußgängerpassage unter der Maximilianstraße. Die „Sub-Art in der Maximilianstraße" — so die Bildunterschrift in der gestrigen AZ — etabliert genau die Bild- und Plastikgalerie, die Sub-Art ablehnte. Zwei Künstler, die an der Sub-Art beteiligt waren, wünschen hiermit allen weiteren sub-artigen Galerien guten Erfolg, besten Kommerz.

Jürgen Claus / Hans J. Schult

---

15. Oktober 1968

Für fünf Mark Schutt

Sonderangebot für Baufreunde: ein Pfund echten Bauschutt, in Tragetasche mit Signierung des Künstlers, für nur fünf Mark. Im Kilo noch billiger — nur 7,50 Mark. Dieser echt künstlerische „letzte Dreck" kann als Heimschmuck verwendet werden oder eignet sich zum Bau von Mini-Hühnerställen. Der echte Snob allerdings kippt ihn in den Rhein. Schutt-Künstler Hans J. Schult (29) beim Abfüllen seiner Werke in der Ladenstadt, in der er in der letzten Nacht seine Tüten verkaufte.

Bild: Lambertin

Kölnische Rundschau

31. Oktober 1969

Angeklagter gab dem Ordnungshüter Feuer

Schuld an allem war der Künstler H. A. Schult

VON HELMUT KUSCH

Einträchtig rauchten vor der Verhandlung der Angeklagte und ein als Zeuge geladener Polizist eine Zigarette. Der Angeklagte gab dem Ordnungshüter Feuer. Ein Feuerchen war es auch, das den Galeristen Ingo Kümmel (32) vor den Kadi gebracht hatte.

Schuld daran war der Happening-Künstler H. A. Schult. Er hatte am 1. Juli dieses Jahres vor Kümmels Kunsthandlung in der Kitschburger Straße eine seiner berühmten „Schultsituationen" geschaffen (die ® berichtete darüber). Damit wollte er freilich keine Komplexe abreagieren, sondern dem Publikum eine Anregung zum Mitmachen geben.

Die Anregung bestand darin, daß er Kümmels Kunsthandlung voll mit Makulatur packte. Was einige Zuschauer veranlaßte, das Papier auf die Straße zu tragen und anzuzünden. Ergebnis: Ein lustiges Feuerchen.

Das wiederum regte Nachbarn an, nach der Polizei zu rufen. Kümmel kam der Aufforderung der Ordnungshüter nach, löschte den Brand und beseitigte die Spuren auf dem Bürgersteig. Die Polizisten fühlten sich angeregt, Anzeige zu erstatten.

Ein voller Erfolg also für den Aktions-Künstler H. A. Schult, was die Fülle der Anregungen betrifft. Weniger freilich für Galeriebesitzer Ingo Kümmel. Denn ihm flatterte ein Strafbefehl über 50 Mark wegen groben Unfugs ins Haus.

Kümmel weigerte sich zu zahlen. So landete das Happening vor Gericht. Das war nun in der heiklen Lage, klären zu müssen, wo der grobe Unfug aufhört und die Kunst beginnt. Der Richter („Verzeihen Sie meine Unkenntnis der Dinge"), ließ sich erst einmal erklären, was ein Galerist, und sodann, was ein Happening ist.

Um eine strafrechtliche Würdigung des Kunstereignisses kam er freilich herum. Denn Kümmel hatte den Papierberg nicht selbst angesteckt, er war zum Zeitpunkt der Zündung im Keller. Und gefährdet war auch niemand worden. So wurde das Verfahren wegen Geringfügigkeit eingestellt. Die bei Gericht entstandenen Kosten des Kunstgenusses trägt die Staatskasse.

ZWEI

Kunst oder Müll?

NRZ

Papierfeuer wurde zur Schuld(t)situation:

Richter zeigte Kunstsinn

Von ROBERT LINDEN

Vor Einzelrichter Dr. Herzig war „die Situation nun da" — nämlich eine aus einer „Schultsituation" erwachsene Schuldsituation. Diese etwas verwirrende Prozeßsituation wiederum entsprach ganz und gar dem Verhandlungsgegenstand: einem Happening. Eine solche Kunstveranstaltung hatte dem 32jährigen Galeristen Ingo Kümmel einen Strafbefehl von über 50 Mark wegen groben Unfugs eingetragen. Den Strafbescheid und den darin enthaltenden Vorwurf, er habe Feuer gelegt, wollte K. nun nicht auf sich sitzen lassen.

HA Schult, ein in Popkreisen bekannter Künstler, hatte am 1. Juli 1969 in der Galerie Kümmels ein Happening veranstaltet. Er, Schult, hatte — wie er es bezeichnet — eine „Schultsituation" herbeigeführt. Sie bestand diesmal darin, daß der ganze Galerieraum mit Papier, Makulatur aus einer Zeitungsdruckerei, vollgestopft worden war.

„Ein solches Happening dient dazu, die Zuschauer zu aktivieren, die Leute zu Reaktionen, zum Mitmachen zu veranlassen", erklärte der Galerist auf die Frage des Richters: „Hat das einen rationalen Zweck?"

Aber er hatte feststellen müssen: „Es passierte dann, daß zuerst gar nichts passierte. Die Leute standen nur davor und staunten. Nach einiger Zeit wühlten sich dann einige in das Papier hinein und trugen es in die Toilette." Just zu dieser Zeit habe er sich in den Keller begeben, meinte der Galerist. „Als ich wieder nach oben kam, war das Papier auf dem Bürgersteig und angezündet. Da die Leute immer mehr raustrugen und ins Feuer warfen, war mir das ein bißchen zuviel. Ich bin der Aufforderung der Polizei nachgekommen, habe gelöscht und den Bürgersteig gereinigt."

Das hatte ihm ein Fußstreifenpolizist, der auf seinem nächtlichen Rundgang von den Flammen angelockt worden war, dringend nahegelegt. „Als ich kam, war das Feuer etwa so hoch wie der Richtertisch. Daß die Flammen bis zum ersten Stock geschlagen seien, wie dort eine Frau sagte, habe ich nicht gesehen. Gefährdete Autos habe ich in der Nähe auch nicht bemerkt", berichtete der Ordnungshüter.

Diese polizeiliche Bekundung ermöglichte dem Richter, auch das Prozeßfeuer zu löschen. Das Verfahren wurde mit Zustimmung des Staatsanwalts wegen geringfügiger Schuld eingestellt. „Ein Feuer auf dem Bürgersteig war natürlich geeignet, die Allgemeinheit zu gefährden, doch dazu ist es ja hier zum Glück nicht gekommen", meinte der Richter.

PROZESSE

Abendzeitung
Samstag/Sonntag, 14./15. März 1970

Initiatoren eines Happenings auf der Anklagebank

Von Wolfgang E. Neumann

München — „Sie sind heute schon legendär geworden, weil auf Sie das Los gefallen ist, uns zu verurteilen!" verkündete gestern der Münchner Situationsschaffer HA Schult (30) vor dem Münchner Amtsgericht. Und ehe sich Amtsgerichtsrat Wilhelm Wöbking und Staatsanwalt Dieter Emrich versahen, waren sie in ein Kunstwerk einbezogen. Der Titel dieser Kreation: „Situation Sitzungssaal 126".

Auf der Anklagebank saßen der Situationsschaffer HA Schult, der Interfallschaffende Günter Saree (30) und Kunstproduzent Ulrich Herzog (28). Die Anklage lautete auf Sachbeschädigung und Nötigung. Die Tat: Ein Happening am 15. Juni 1969 in der Schackstraße — bestehend aus fünf Tonnen Papier, 160 Fußmatten, einigem Teer und einer Straßenaufschrift „Jetzt Jetzt Jetzt . . ."

Kunstproduzent Ulrich Herzog erklärte: „Die Künstler sind heute in ein Reservat abgeschoben. Deshalb gingen wir in die Öffentlichkeit!"

Situationsschaffer HA Schult, der fünf Tonnen Altpapier auf die Schackstraße gewuchtet hatte: „Kunst ist Bewußtmachung! Indem wir die Polizei, die Straßen-

kehrer und das Gericht auf den Plan gerufen haben, ist eine Bewußtmachung erfolgt, also ein Kunstwerk. Dieses haben wir der Stadt München für 8000 Mark angeboten. Aber die Stadt hat eben für Kunst nichts übrig."

Das Urteil soll am Montag verkündet werden.

Süddeutsche Zeitung
Mittwoch, 18. März 1970

Ein Happening wird fortgesetzt
Verhandlung im Prozeß „Situation Schackstraße"

Um es gleich vorwegzunehmen: Die Frage, ob es Kunst sei, wenn bei einem Happening eine kleine Straße in Schwabing, kurz vor dem Siegestor gelegen, zu einem Drittel mit fünf Tonnen Altpapier verstopft und in dem restlichen Stück mittels 160 „entliehener" (nachher allerdings unbrauchbarer) Fußabstreifer, etwas Teer und eines per Straßendruckmaschine auf das Pflaster geschriebenen Endlostextes aus dem Wort „Jetzt" verändert wird, die Frage also, ob dies ein Kunst sei oder nicht, wurde in der Verhandlung vor dem Amtsgericht München gegen die Initiatoren dieses Happenings, den Biokinetiker HA Schult, den Intervallschaffenden Günter Sarrée und den Aktionsproduzenten Ulrich Herzog, gar nicht erst lange erörtert. Das Gericht unterstellte den künstlerischen Wert der „Situation Schackstraße" als wahr, auf eine Beweisführung konnte also verzichtet werden, und die beiden geladenen Sachverständigen gingen, gerichtlich belehrt, aber ungehört, wieder nach Hause.

★

So verlief denn, was an einem Sonntagmorgen im vorigen Juni als Protest gegen kulturpolitische Mißstände begann und nur als Auslöser gedacht war, als Eröffnung eines langfristigen Spiels mit Behörden, Kunst- und Kulturfunktionären, nicht wie ein Disput um Kunst, sondern als fast normale Gerichtsverhandlung, sieht man einmal ab von dem Auftrieb an fortschrittlich-individueller Männermode auf den Zuschauerbänken (sehr beargwöhnt von den Gerichtsdienern) und dem Aufgebot einer gut gerüsteten Polizistenschar (mehr als beklemmend). Viel mehr als eine Provokation wurde aus dem Happening nicht — auch wenn die Reaktion der Öffentlichkeit enorme Ausmaße erreichte: Acht Feuerwehrautos kamen an jenem Sonntag zwischen 6.46 und 9.31 zum Einsatz, Funkstreifen und Straßenkehrer wurden zur Schackstraße kommandiert, die Stadt München stellte den Künstlern die Gebühren für die Benutzung der Feuerwehr (1559,10 Mark) und der benötigten Sprechfunkgeräte in Rechnung, mindestens eine Familie verschob den geplanten Sonntagsausflug, und achtundzwanzig Fußmattenbesitzer erstatteten Anzeige bei der Polizei, was sie, knapp gerechnet, immerhin zu insgesamt 56 Stunden Beschäftigung mit heutiger Kunst nötigte —, Antworten auf das Programm „Wir gehen selbst zum Kunstverbraucher". Aber als Versuch, die in dieser Verhandlung zur Auseinandersetzung mit der „Situation Schackstraße" Gezwungenen zu veranlassen, über eine Öffentlichkeit nachzudenken, die ihre Künstler in Spielgärten stecke und sie nur dann und wann hervorziehe (wenn es z. B. darum gehe, im Rahmen eines so imagefördernden Unternehmens, wie es die Schwabinger Wochen sind, einen kahlen U-Bahnhof attraktiver zu gestalten), scheiterte die Fortsetzung des Happenings vor anderer Instanz ziemlich bald. So routiniert mahlten die Gesetzesmühlen, und zu kleinmütig und gewitzt jonglierten die Angeklagten sich durch die Fußangeln rechtlicher Vorschriften. So ging's dann letzten Endes doch vor allem darum, wie hoch oder wie dicht der Papierwall gewesen sei, und ob man sich der Matten mit einer Zueignungsabsicht bemächtigt habe, kaum noch um Kunst.

Daran änderte auch nichts die Brillanz, mit der HA Schult Richter und Staatsanwaltschaft über Kunst und Publikum belehrte, nur wenig die große Geste, mit der er das Gericht zu einem über die Schackstraße gedrehten Film einlud, kaum etwas die Geläufigkeit, mit der der sehr geduldige vorsitzende Amtsgerichtsrat wacker Kunst nannte, was die befragten Zeugen gerne schlicht Müll geheißen hätten. Vor Gericht schrumpfte die künstlerische Aktion einfach zu strafrechtlichen Tatbeständen — und nicht ganz schuldlos war daran die vorschnelle Übereinkunft, etwas Kunst zu nennen, ohne sich klarzumachen, inwieweit diese Kunst sich aufgerufen fühlen muß, gesellschaftliche Setzungen zu überschreiten.

Kunst — so hieß es in der Begründung des Urteils, das zu finden der Richter am Wochenende schwanger ging —, Kunst dürfe nicht nötigen, sich mit ihr auseinanderzusetzen, habe sich an die allgemeine Ordnung zu halten. Und somit ist die vorläufige Zwischenbilanz der Reaktionen auf die „Situation Schackstraße" einstweilen noch durch zwei Geldstrafen zu je 300 Mark (wegen des gemeinschaftlich und fortgesetzten Vergehens der Nötigung) und einer zu 500 Mark (wegen Diebstahls und Nötigung) zu erweitern.

ELISABETH BAUSCHMID

Die Ausstellung
Kölnische Rundschau
Samstag, 6. September 1969 — Nr. 206

Die wunderlichste Sache die das Schloß je zeigte
HA Schult präsentiert „Bio-kinetische Situationen"

Leverkusen. Erst „Räume" jetzt Träume und Schäume. Im Schloß Morsbroich gibt es ab heute die kurioseste Ausstellung, die es eigentlich gar nicht geben kann. „Bio-kinetische Situationen" nennt der Inspirator HA Schult seine Manifeste. Er bedient sich gewöhnlichen Werkstoffs, Glaswatte, Zellulose, Betonsteine, Eisenrohre. Seine Künstlermaterialien: Pilzkulturen, die auf den Materien wuchern oder auch nicht, und eben „Situationen" hervorbringen. Unter Situationen versteht der alerte Münchener „Sub-Kulturist" alles, was eben eine Situation ist. Er hilft ein wenig nach.

So gibt es einen Raum, in dem Pilzkulturen „PH 6" in „PH 8" verwandeln. Einen Raum, in dem die Kinetik „eingeschläfert" ist und erst am 20. September wieder zum Leben erweckt wird: Ein Kühlrohr, 28 Grad tief gefroren, mit blitzenden Eiskristallen, darunter Sporen und Bakterien, die man nach dem Abtauen wieder lebendig sieht, sofern man ein elektronisches Taschenmikroskop mitführt. Einen Raum, in dem auf zahlreichen Betonsteinen „Bakterien-Populationen" sich in Farbe, Wachstum und Ausbreitung verändern. Einen Raum, in dem Pilzkulturen Zellulose zerfressen. Einen Raum, in dem „Aerobe Bakterien" den Stoffwechselprozeß übernehmen. Es empfiehlt sich eine Gasmaske. Ein Raum, nein noch ein paar Räume, in denen Bakterien irgendetwas geschehen lassen. Langsam und stetig, nicht einmal sichtbar für den, der dabei stehen bleibt.

Ist das noch Kunst? Unsere klassischen Kunstbegriffe reichen sicherlich nicht mehr aus.

Mit solchen Dingen ist, bei modernster Auslegung und revolutionärster Kunstgesinnung, auf keinen Fall mehr Kunst zu definieren. Mehr noch: Da diese Situationen ganz aus der gleichen Gesetzmäßigkeit des Happenings wachsen, also aus der Intuition und Atmosphäre des Augenblicks, in dem sie schaffbar sind, bleiben diese Dinge auch nicht präsentierbar, konservierungsfähig für eine Ausstellung. Immerhin ist dem Museum Morsbroich zu danken, daß es mit sicherem Griff die aktuellsten Strömungen in der modernen Kunstdiskussion aufgreift und vorstellt.

Was wird der Betrachter bei diesen Dingen empfinden? Vielleicht Ratlosigkeit. Wenn er sehr tolerant ist, vielleicht grenzenloses Erstaunen. Komme keiner und sage, das sei erwünschter Effekt. Bei Lutha und den anderen Gestaltern der „Räume und Enviroments" galt das. Hier gilt es nicht mehr. Die Grenze ist sichtbar geworden.

Das soll nicht heißen, daß H. Schult und seine Mitstreiter Ulrich Herzog und Günter Saree ernst zu nehmende Ambitionen haben. Aber nur Auslösung einer Situation, das liefert uns jeden Tag der Straßenverkehr, eine handfeste Wirtshausprügelei, eine Familienkrach, bei dem wir ungewollt Zeuge werden. Diese Situationen bleiben eine Frage des Zufalls. Und Kunst ist kein Zufall, sondern Produkt der Gesellschaft in der wir leben, allenfalls noch eine visionäre und mutige Perspektive, mit der Akzente für die Zukunft gesetzt werden.

Das Beste an der Präsentation im Schloß ist zweifellos der Katalog und das was vom Schloß noch begehbar geblieben ist. In Zweifelsfällen bietet sich für biokinetische Skurrilitäten gerade in Leverkusen ein Ausweg an, den HA Schult nicht unversucht lassen sollte: Seine „Situationen" auf eines der Dünnsäure-Schiffe zu verladen und Meilen vor Hoek van Holland ohne Aufhebens ins Meer zu versenken

G. R. Brö

„Blödsinn"

Bürgermeister Bruno Krupp, der gestern beim Empfang des Rates für den Oberbürgermeister im Schloß so etwas wie die Rolle des Hausherrn übernommen hatte, ließ die Gelegenheit nicht vorübergehen, um der in den Nebenräumen ablaufenden Ausstellung „Situationen" (die NRZ berichtete am Samstag ausführlich darüber) einen deftigen „Seitenhieb" zu versetzen. Den ehemaligen Leverkusener Stadtdirektor Dr. Grimm zitierend, der einmal in dieser Stadt erklärt hatte, daß die Möglichkeiten, in der Verwaltung Blödsinn zu machen, noch lange nicht ausgeschöpft seien, meinte Krupp: „Das ist wohl auch auf die Kulturverwaltung sinngemäß anwendbar." Krupp hatte ebenfalls wohl einige Bedenken, daß so etwas wie „Situationen" ins Schloß gehöre. Im übrigen meinte Bruno Krupp — natürlich immer scherzend — die heutige Zusammenkunft im Schloß könne gefährdet sein, denn immerhin hätten ihn mehrere Telefonanrufe verständigt, daß im Schloß die Kulturen und Bakterien nur so herausschössen. Krupp erreichte damit sein vermutliches Ziel: Wer konnte, sah sich in den Nebenräumen die „Situationen" an.

H. Mai

Konservativ

Dr. Udo Kultermann, bis 1964 Museumsdirektor in Leverkusen, ist rehabilitiert. Der Mann, der die Monochromen präsentierte, der mit den „Neuen Tendenzen" für die Kinetik eintrat, auch wenn die Tendenzen besser gemeint waren als viele ihrer Objekte; der Morsbroicher Chef, der sich auf den Konstruktivismus eingeschworen hatte, fand in Leverkusen einst mehr Kritiker als Freunde.

Jetzt heißt es von ihm: Was für ein lieber, konservativer Mensch war doch der Doktor Kultermann." Jedenfalls sagte das gestern Leverkusens Kulturdezernent, Stadtdirektor Dr. Joachim Türke, als er die Pilz- und Bakterienkulturen der neuen Morsbroicher Ausstellung gesehen (und gerochen) hatte.

Ich kann mich gut erinnern, daß man zu Kultermanns Zeiten seinem Vorgänger, dem Dr. Curt Schweicher, der es von allen Morsbroicher Direktoren wohl am schwersten hatte, ähnlich rückwirkend Abbitte tat.

Was wird man wohl in zehn Jahren von Rolf Wedewer sagen? Denn ich könnte mir ja vorstellen, daß Pilze und Bakterien längst nicht das Schlimmste sind, was uns die „entkunstete Art" in den Museen noch servieren wird.

Colorius

stinkt zum Himmel!

BRIEFE
4711-Ausstellung als nächste zu empfehlen

Bayer hat für das Werk Leverkusen mit großem Erfolg Millionen aufgewendet, um schädliche Abgase und Gerüche zu beseitigen. Alle Gartenbesitzer und Naturfreunde können dankbar sein, daß Pflanzen, die noch vor einigen Jahren durch Abgase verkümmerten und starben, jetzt wieder üppig wachsen, blühen und gedeihen.

Und ausgerechnet in dieses Leverkusen holt das städtische Museum einen „Macher", der da vorführt, wie man durch Pilzkulturen und Bakterien die Luft verpesten kann. Wenn den Herren in Morsbroich die jetzige Luft nicht „gehaltvoll" genug ist, hätten sie auf viel einfachere Weise Abhilfe schaffen können; bei Bayer hätten sie sicher ein Fläschchen Merkaptan (oder ähnliche Wohlgerüche) geschenkt bekommen und hätten nicht Tausende für einen „Macher" ausgeben müssen.

Um Luft zu verunreinigen, benötigt man keine Pilz- und Bakterienkulturen, das geht auch ohne und ist „kinderleicht", das wußte schon Wilhelm Busch: „Schon in früher Morgenstund öffnet sie den [...]"

nebenbei bemerkt

HA Schult, Aussteller in [Mors]broich, über seine Pilz- und [Bak]terien-Schau: „Es gab Ende [der] fünfziger Jahre in Frankreich [ei]nen Mann, der hat Ratten in [ei]nem Objekt ausgestellt und das dann [angesiedelt]. Das ist [...] mich jemand, der anscheinend damals schon die Sache [der] Biokinetik) begriffen hat. Ich würde sagen, daß hier ein biologischer Vorgang bewußt eingesetzt worden ist."

Kölner Stadt-Anzeiger

Samstag/Sonntag, 6./7. September 1969

Die Situationen im Schloß sind vom Gestank begleitet

HA Schult, der Macher, macht es mit Pilzkulturen und Bakterien

Von unserem Redakteur Alfred Nasarke

Die Macher sind unter uns. Im speziellen Falle im Schloß Morsbroich. HA Schult heißt der Obermacher (HA ohne Punkte). Und er hat schon einiges gemacht. Er hat sich als Macher schon einen Namen gemacht.

So hat er Happenings veranstaltet. Auf der Straße. In München, in Köln. Er hat Situationen geschaffen, sogenannte Schultsituationen. Indem er (beispielsweise) Straßen mit Papier und Abfällen bedeckte. Bis die Polizei sich genötigt sah, einzugreifen. Auch das, sagt der Obermacher, war natürlich eingeplant.

(Macher — um das einzuschalten — nennt sich Schult übrigens selbst. In einem kurzen Steckbrief, der in dem amüsanten Katalog abgedruckt ist, gibt Schult als Beruf — eben Macher an. Unter besondere Kennzeichen ist „keine" eingetragen. Unter Vorstrafen: „keine". — Es gibt amüsantere Steckbriefe.)

Also: Obermacher Schult hat in Museumsdirektor Rolf Wedewer einen Mitmacher gefunden. Er stellte Schult das Museum Schloß Morsbroich zur Verfügung. Und ob er — und wir alle — den Gestank wieder aus dem Schloß herauskriegen, den Obermacher Schult hinterlassen wird, steht sehr dahin.

Schult hat das Schloß umfunktioniert. Dort, wo sonst Kunst — oder doch so etwas, was manche dafür halten können — untergebracht ist, befindet sich jetzt ein chemisches Labor. In den oberen Räumen sind Pilzkulturen und Bakterien angesiedelt worden. Sie sollen das schaffen, was Schult unter Biokinetischen Situationen versteht. Und was immer er darunter versteht — die Situationen stinken erbärmlich.

Gar keine sonstigen Bezugspunkte. Nicht etwa, daß uns die ganze „Situation", wie sie ist und uns umgibt, zum Himmel stinken könnte; nicht etwa, daß uns der Kulturrummel (hier und anderswo) mit drastischem Mittel vergällt werden sollte; ja, nicht einmal ein handfester Spaß, der auf banale oder alberne Weise an den Mann (oder auch nur an seine Nase) gebracht wird. Es ist eine Situation, die da stinkt — und sonst nichts. Eine völlig überflüssige.

Sagte Rolf Wedewer zur Begründung seines Mitmachens: Es ist eine Darstellung mit Phänomenen von Dingen, die es in der Wirklichkeit gibt. Und: Prozesse werden reproduziert und auf diese Weise wird auf Dinge aufmerksam gemacht, die zwar bekannt sind, aber nicht richtig wahrgenommen werden. Schließlich: Diese Ausstellung erhebt nicht den Anspruch, Kunst zu sein.

Womit das Museum ja wohl aus dem Schneider gewesen wäre, wenn es HA Schult nicht ausgestellt hätte.

Die SPD ...

Fortsetzung von Seite 13

tern die Verfasser ihre Mischungsvorschläge.

Weniger stolz auf Entstandenes als vielmehr beschränkt auf eine knappe Zwischenbilanz beschäftigen sich die Herausgeber mit dem Thema „Die Stadt von morgen". Kulturzentrum und der erste Abschnitt der kommerziellen Stadtmitte seien der Anfang, der Abschnitt A an der Hauptstraße, die [...]

SCHULT—KUNST

9.10.'70 BILD: "Ein Mann will ganz Deutschland zu einem KUNSTWERK umfunktionieren."

Mist vom „Macher"
Teurer Unsinn bei Deutschlands überflüssigster Autofahrt

BERICHT VON HERBERT KARL

Sonntag, 25. Oktober, nachmittags gegen 16 Uhr, irgendwo zwischen Erlangen und Würzburg: Der deutsche Bundeskanzler, gerade auf einer Wahlreise durch Franken, überholt mit seiner Autokolonne ein kleines, bemaltes Auto. Es ist eine historische Begegnung. In diesem Augenblick nämlich überholt Willy Brandt kein gewöhnliches Auto, sondern ein ausgewachsenes Kunstwerk, wird er Teil dieses Kunstwerks, Teil der „Aktion 20 000" des Künstlers HA Schult — und hat keine Ahnung davon.

Er hat sie wahrscheinlich immer noch nicht, es sei denn, er hätte am Donnerstagabend beim Studienprogramm des Bayerischen Rundfunks ferngesehen. Da wurde nämlich das Geheimnis um die rätselhafte Kunst-Autofahrt gelöst.

Und das ist die Geschichte: Ein junger Mann, dessen künstlerische Fähigkeiten in den herkömmlichen Sparten offenbar zu wünschen übriglassen, erinnert sich einer Kunst, die er nun wirklich beherrscht — das Autofahren. (Schließlich hat er einige Zeit als Taxifahrer gearbeitet.) Er läßt sich, mangels einer anderen Fertigkeit, den Beruf „Macher" in den Personalausweis schreiben, beschließt, an 20 Tagen hintereinander 20 000 Kilometer mit seinem Auto zu fahren und dem Ganzen dann einen ungeheuer tiefsinnigen Sinn zu geben.

Der eigentliche Sinn aber wird erst am Ende, nach vielen anstrengenden Nächten (Durchschnittsschlafdauer vier bis fünf Stunden) klar: Da ist ein cleverer Bursche, der längst spitz gekriegt hat, wie verunsichert der heutige Kunstbetrieb ist, losgezogen, um einmal so richtig „des Kaisers neue Kleider" zu spielen und einen absoluten Nonsens dem staunenden Publikum als völlig neue Kunstform zu verkaufen. Wobei es offenbar einiges zu verdienen gab.

Zu verdienen beispielsweise am Bayerischen Fernsehen, das die einstündige Reportage — Gesamtkosten 100 000 DM — über die Hin- und Herfahrerei zwischen München und Hamburg und Hamburg und München mit einem Beitrag von 30 000 Mark unterstützte, weil man, wie der zuständige Redakteur meinte, „ein solches Experiment" für nötig halte. Zu verdienen gab es weiter an 20 Kunstliebhabern, denen eingeredet werden soll, daß eine Windschutzscheibe nach längerer Autobahnfahrt nicht einfach eine dreckige Windschutzscheibe ist, sondern ein „visuelles Protokoll", das unter Kennern der Pop-Kunst seine 3000 Mark schon wert ist.

Werbung

Ihren Sinn hatte die Sache auch noch für einige andere Beteiligte: für die Firma Citroen beispielsweise, der der „Macher" ungefragt in der Sendung mehrmals bescheinigte, ihr Auto sei „stabil" und habe „eine wunderbare Straßenlage". Für eine Benzinfirma weiter, deren Markenzeichen laufend im Bild war, und schließlich für Uwe Seeler, der — für einen Stundenlohn von 18 000 Mark — frühmorgens um fünf Uhr an eine Hamburger Tankstelle gekommen war, um mit dem unbekannten Herrn Schult Meinungen über Kunst auszutauschen. Ob der dickliche Herr mit Hornbrille, der die Sendung über „Deutschlands überflüssigste Autofahrt" („Münchner Merkur") mit einem tiefsinnigen Beitrag über den „ernsthaften, richtigen Ansatz" dieses Unternehmens bereicherte, dafür auch ein schönes Honorar bekommen hat, steht dahin. Verdient hätte er es.

Der Schreiber dieser Zeilen übrigens auch. Wenn er Schult richtig verstanden hat, dann ist jede Reaktion auf seine Aktion automatisch schon wieder Bestandteil dieser Aktion und des Gesamtkunstwerks. Es besteht also einige Hoffnung, daß dieser Artikel ebenfalls in die Dokumentation eingereiht wird, die demnächst durch Deutschlands Kunstvereine auf Tournee geht, um auch noch die letzten möglichen Geldquellen auszuschöpfen. Unter diesen Umständen ist der Schreiber auf Anfrage bereit, seine Kontonummer Herrn Schult bekanntzugeben...

Der „Künstler" und sein „Modell": HA Schult — Foto: Kempkens

EINFACH ABGEWISCHT

Die ganze Kunst im Eimer

Der Pferdehalfter an der Wand wird dort bald nicht mehr allein zu hängen brauchen. Eine Windschutzscheibe gesellt sich hinzu, so eine richtige zünftige dreckbeschmutzte. Sie wird von einer Kölner Kunstgalerie für 3000 Mark angeboten.

Was will, so fragt sich der Mensch, der da staunend durch die Scheibe blickt, was will der Künstler damit sagen? Warum sagt er es durch die Scheibe und nicht durch die Blume? Oder ist vielleicht das Wesentliche gar nicht die Scheibe, sondern das was drauf ist: der Staub, die zerquetschte Mücke, das herrlich hingetupfte Fliegenbein? In der Tat, die Kunst ist hier endlich einmal im wahrsten Sinne des Wortes Scheibenkleister.

Oder wie der Produzent, ein gewisser H. A. Schult, es formuliert: „Hier wird der Alltag, die Straße, die alltägliche Umgebung von Millionen Menschen Teil der Aktion. Hier wird der Mensch selbst einem permanenten Veränderungsprozeß sichtbar ausgesetzt."

Auf jeder Scheibe ist der Kleister anders verteilt. Der Künstler legt 20 000 km zurück, er wechselt jeden Abend die Scheibe gegen eine frische aus. Die alte ist sein Tagewerk. Jeden Tag ein Werk.

Schults Atelier ist die Strecke zwischen der Münchener Feldherrnhalle und Hamburg, hin und zurück. Der Fahrtwind ist sein Pinsel. Er führt ein Fahrtenbuch und läßt ein Tonband laufen. Wer die Scheibe kaufen will, bekommt dieses „visuelle und akustische Protokoll" dazu. Außerdem ein Photo. Alles für die Wand. Das Fernsehen will ihn begleiten und einen Film darüber machen. So rundet sich das Bild.

Deshalb Autofahrer: Seit nicht zu übereifrig mit der Scheibenwäsche. Schon mancher hat nicht gewußt, was er tat. Ein Wisch und die ganze Kunst war im Eimer.

mel.

Die Schult-Frage hat gezeigt, daß man die Aktionen der neuen Dekadenz nicht mehr mit der Bemerkung abtun kann, es handle sich ja nur um die Eskapaden einer kleinen Schicht für eine kleine Schicht. Schult wollte ein ganzes Land für sich vereinnahmen, und er hat es geschafft, momentane Aufmerksamkeit von Millionen arbeitender Menschen zu erheischen. Er und seinesgleichen stehlen arbeitenden Menschen die Zeit, sich mit ihren wirklichen Problemen auseinanderzusetzen. Auch diese Funktion hat die bürgerlich sanktionierte Anti-Kunst-Kunst.

✯✯✯✯✯✯✯✯✯✯✯✯✯✯✯✯✯✯

Hartmut Schulze.
konkret No.13, 16.6.1971

Der bei DuMont erschienene voluminöse Report von HA Schult über seine 20.000-Kilometer-Aktion macht deutlich, wie epigonal und reaktionär dieser Causeur und Leute seines Schlags sind. Die Tour de force mit einem durch Public-Relations aufgeblasenen Beglückertum ohne Hirn haben andere längst vorgeritten: Udo Jürgens und Heintje.

Klaus Jürgen-Fischer.
das kunstwerk No.3, XXIV 1971

SCHWEINFURTER VOLKSZEITUNG

So macht Macher HA „Kunst" und Moneten

FLIEGENFANGEN

HINTER DEM KUNST-GEQUATSCHE: DIE WERBUNG

5. Nov. 1970

„Uwe, Du bist das Leben..." / und andere Sprüche nebst Unkosten um den Macher H. A. Schult

Statt unseres Hinweises auf Deutschlands überflüssigsten Autofahrer, den 20 × zwischen München und Hamburg hin- und herpendelnden H. A. Schult, hätte — wie (hier am 7. Oktober) gesagt — auch der Ausdruck genügt: „O mei!" Heute um 20.15 Uhr wird der Farbfilm, den Eberhard Hauff (Lexikon-Film) in Koproduktion mit dem Bayerischen Rundfunk über diese Rallye-Tage drehte, im Münchner Studienprogramm zum erstenmal gesendet; zusammen mit 20 Minuten live über „das Ende des letzten Fahrtages und ein Kreuzfeuer-Interview mit Schult".

Die mittels Kunst-Jargon hochgejubelte Omo-Reporter-Tour ist ein dankbares Modell in der derzeitigen Produktionslandschaft: das aus dem Nichts hervorgeschwätzte Ereignis.

Unser Mitarbeiter macht auf ein paar bisher weniger beachtete Zusammenhänge zwischen Studienprogramm und Werbung aufmerksam.

„Uwe, Du bist das Leben. Der Künstler hat die Aufgabe, das Leben zu interpretieren. Darum habe ich Dich in meinen Film genommen." So sprach der „Macher" Hans Jürgen (HA) Schult, als er Uwe Seeler am 30. Oktober frühmorgens um fünf Uhr an einer Tankstelle bei Hamburg programmgemäß kontaktierte. Es gefiel dem Fußballer gar nicht, daß sein Stunden-Honorar von 1800 Mark publik wurde.

Schult erkannte: „Uwe ist der Typ, der überall eingesetzt wird." Der Fußballer bewunderte Schults Durchhaltevermögen als Autofahrer — das verbindende Thema lautete „Kondition". Im Hintergrund eine der Texaco-Tankstellen, die das Benzin und den Service stiften. Die kleine Gegenleistung einer Texaco-Plakette am Auto schlägt als Werbung kaum zu Buch. Im 40-Minuten-Film, der über Schults Hin- und Her-Rallye gedreht wurde, wird das Erscheinen des Tankstellen-Zeichens unvermeidbar sein.

Krise nach 10 000 Kilometern

Schult hat sein Pensum erfüllt. Nach 10 000 Kilometern kam eine ernste Krise, fast schon neurotisch. Die paar Stunden Schlaf inmitten der Ausstellung Herbert Schneiders im Münchner Kunstverein oder im gläsernen Flur des Hamburger Kunsthauses brachten wenig Erholung. Sonntag früh wurde er in München durch eine Familie geweckt, die ihn besichtigen kam — in Hamburg sollen ihn sogar ganze Schulklassen bewundert haben.

Daß auf halber Strecke ein Duplikat des benutzten Autos bereitstand, um bei einer Schadensmeldung sofort Ersatz zu leisten, wird dementiert. Der Verdacht wäre zu groß, daß statt der Stress-Fahrt („pausenlos fast Spitze") die „Swinegel"-Lösung angestrebt wurde: „Bin schon da, bin schon da!" Schult fuhr wirklich hin und her.

Warum eigentlich? „Es macht Spaß und man verdient ein bißchen dabei."

Verdient wird dadurch, daß man die Werbe-Etats einiger Firmen und private Förderer anzapft, einen Film drehen läßt und Schult-Reliquien verkauft. Exklusiv über die Galerie Zwirner (Köln) wird zum Subskriptionspreis von 3000 Mark (bis 1. Januar 1972) je ein Tag aus dem Rallye-Leben des Herrn Schult verkauft: beinhaltend — als „Informationspaket" — die täglich ausgewechselte, mit Fahrtdaten

HA Schult frühstückt im Münchner Kunstverein vor einem Bild von Herbert Schneider.

beschriftete Windschutzscheibe; das Tonband des Tages („akustisches Protokoll"); den Sturzhelm und den handgenähten orangefarbenen Overall; Schult-Fotos; die Seiten aus dem Fahrtenbuch. Nicht das Endprodukt sei wichtig, verbreitet die Galerie Zwirner dazu: „Der Prozeß ist wichtig. Schult wird einem permanenten Verschleißprozeß ausgesetzt."

Der Arme; ein Opfer. Habet Mitleid! Wahrscheinlich war's wieder die Gesellschaft. Schult ist verschlissen — wie hoch ist das Honorar?

Es muß offenbar noch verdient werden und durch die Auswertung des Films und den Verkauf der Tages-Pakete. Kopien des Films sollen für 5000 Mark angeboten werden (bei Erwerb eines „Tages" reduziert um die Hälfte).

Die Herstellungskosten des Films und der Live-Aufnahmen betragen annähernd 100 000 Mark. Davon trägt der Bayerische Rundfunk etwa 30 000 Mark (bar und als Sachleistung). Die Firma „Telepool. Europäisches Fernsehkontor" übernimmt die Auswertung, sie darf den Film auch Kinos offerieren.

Auto stets im Bild

Die restlichen rund 70 000 Mark sind zum Teil Werbegelder, die Schult und Elke Koska besorgten, wie versichert wird. Doch das Risiko müßte Eberhard Hauffs Lexikon-Film tragen — wenn es noch eines gibt. Das Auto, eine „Citroën Diane", stiftete der Hersteller — es ist stets im Bild und wird hernach zusammen mit den anderen Aktions-Relikten auf eine Wanderausstellung durch Kunsthallen geschickt. Auch eine Reifenfirma („Uniroyal") gehört zu den Förderern.

Laut Schult & Koska betragen die Gesamtkosten von Film und Fahrerei rund 150 000 Mark. Die Rechnung „ein Drittel von Firmen und Privat, ein Drittel von Zwirner, ein Drittel vom Fernsehen" kann schon deshalb nicht stimmen, weil der Rundfunk-Anteil niedriger ist und weil Zwirner die Protokoll-Pakete noch längst nicht verkauft hat.

Es gehört zu den Prinzipien öffentlich-rechtlicher Fernseharbeit und steht auch im Telepool-Vertrag: jede direkte oder indirekte Werbung ist ausgeschlossen. Wie aber steht es hier? Der Film ist eine immense Werbung für eine Automarke, für die ihr Hersteller wahrscheinlich sogar außerordentlich wenig zu bezahlen hatte. Eine Farbseite in einer Illustrierten kostet erheblich mehr (bis zu rund 50 000 Mark).

Rentable Masche

Das Studienprogramm (Redaktion: Dr. Manfred Boos) sieht in Schults Verschleißprozeß „einen neuen Versuch im Rahmen der sogenannten Kunst-Aktionen". Das Fernsehen ermögliche hiermit „einen anderen Mitteilungs- und Erlebnisraum als das traditionelle Museum der Tafelbilder".

Eines ist sicher: mit den Voraussetzungen, die das Fernsehen bietet, ist auch die Wirkung optimal — bei relativ niedrigen Kosten für die, denen es nützt. Die Masche ist so rentabel, weil von Kunst geredet wird und weil Institute des Kunstbetriebs für Werbung und Absatz eingespannt werden.

Reinhard Müller-Mehlis

FÜR DIE KUNST

argus Seit 1887
Auflage (i. Ts.): 41,2
– lt. „Leitfaden 1970" –

Ausschnitt aus:
Fränkische Landeszeitung, Ansbach

vom 7. Okt. 1970

Passen wir also 20 Tage lang gut auf, damit wir nicht am Ende immer noch mit einem Bewußtsein von gestern dastehen; wo das Studienprogramm sich die „Verpflichtung zum Experiment" aufbürdet, darf niemand den Miesmacher spielen. Die Frage aber sei gestattet, ob eigentlich ein Auto orangegelb gestrichen sein und am Steuer ein Biokinetiker sitzen muß, um uns klarzumachen, daß wir in einem vollmotorisierten Irrenhaus leben.

HANS KRIEGER

Ganz Deutschland als „Aktionsraum"
Die 20000 Kilometer -Kunst

argus Seit 1887
Auflage (i. Ts.): 269,5
– lt. „Leitfaden 1970" –

Ausschnitt aus:
Süddeutsche Zeitung, München

vom 18. Nov. 1970

Visuelle Protokolle aus dem Haushalt

Alle Welt, von den Frauenzeitschriften bis zum Wahlkampfredner, preist in hohen Tönen den produktiven Wert der Hausarbeit und die Lust am Management in der Einbauküche. Aber um ehrlich zu sein: Wer glaubt das schon? Was immer einem da erzählt wird, es ändert nichts an der Tatsache, daß man mit den täglichen Schritten zwischen Herd und Kühlschrank allmählich die Erde umrundet, ohne je den Fujiyama zu erblicken, daß man Geschirr nur deshalb spült, damit es schmutzig werden kann, und daß der Spiegel im Bad einem alle Tage wieder mit genau der gleichen Spritzerlandschaft entgegengrinst, die man vierundzwanzig Stunden vorher weggewischt hat. Kurz, während andere Leute zum Mond oder wenigstens in irgendein Geschäft fahren, tritt man daheim auf der Stelle — was nicht immer die gute Laune fördert.

Beziehungsweise gefördert hat. Inzwischen nämlich wurde eine Tat vollbracht, die geeignet ist, das Selbstverständnis der Hausfrau zu revolutionieren. Wovon die Rede ist? Von HA Schult natürlich, dem Aktionskünstler, der zwanzig Tage lang zwischen München und Hamburg hin und her pendelte, um zwanzig von dieser Fahrt gekennzeichnete Windschutzscheiben zu schaffen, sie auszustellen und an Sammler zu verkaufen. Und wenn er diese seine Werke auch nur schlicht visuelle Protokolle nennt — Kunst bleibt Kunst, schon deshalb, weil das Bayerische Fernsehen in die HA-Schult-Rallye nicht nur einen Haufen Geld gesteckt, sondern sie sogar im Studienprogramm gezeigt hat, wo nur Höheres zum Zuge kommt.

Damit aber — es kann gar nicht deutlich genug gesagt werden — sind endlich in den täglichen Trott neue Zeichen gesetzt worden, unter denen auch jeder Hausfrau der Weg vom Kuli zum Künstler offensteht. Von nun an sollte man nicht länger zögern, mit den eigenen Werken aus dem Schatten der Waschmaschine ans Licht der Öffentlichkeit zu treten. Denn die Zwanzigtageaktion des HA Schult, eine so verdienstvolle Pioniertat sie sein mag, ist nichts gegen die lebenslängliche Aktion im Dienst der Ernährung, Gesundheit und Sauberkeit einer Familie. Zwanzig Windschutzscheiben voll Insektenleichen? Ach, da kann man nur lächeln, auf vorerwähnten Badezimmerspiegel weisen und hoffen, daß demnächst ein Museum for Modern Art beginnt, die Monatsproduktion dieser täglichen Misere aufzukaufen. Auch wäre man gern bereit, zu angemessenem Preis eine Serie von Tischtüchern und Servietten anzuliefern, alles visuelle Protokolle der wechselnden Wiederkehr des Gleichen. Und falls Bedarf an einem Langzeitprotokoll besteht, so ließe sich mit einem Velourstteppich dienen, in dessen zartes Beige der Alltag mit Hunden, Kleinkindern, Tomatensuppe und anderen Aktionsbestandteilen seine Chiffren gegraben hat — ganz gewiß ein interessantes Sammlerobjekt unter dem Titel „Fünf Jahre der Familie K.". Oder wie wäre es, wenn diese Familie sich selbst zur Aktion erklärte? Das wäre noch origineller (und auch nicht teurer) als HA Schult.

Aber der Vorschlag, man ahnt es schon, wird höchstens belächelt werden. Eine künstlerisch wertvolle Aktion nämlich entsteht nur, wenn jemand Geldgeber, Presse und Fernsehen mobilisiert, sich an die Brust schlägt und verkündet, daß jetzt und in diesem Augenblick eine solche beginnt. Und da man es aus diesen und jenen Gründen nicht fertig bringt, jedesmal, wenn der Badezimmerspiegel putzreif ist, ein Kamerateam aus Freimann in Marsch zu setzen, wird man ewig ein Aktionsdilettant bleiben, einer jener Stillen im Lande, die, vom Kunstbetrieb ignoriert, ihre Schöpfungen nur an den eigenen Wänden bewundern können. An solcher Stelle, gut sichtbar über der Couch, sollte man auch dem Teppichprotokoll einen Platz geben, als Trost und Erbauung für jene Stunden, in denen das Gefühl, für den Mülleimer zu arbeiten, überhand nimmt. Und falls ihn die Schwiegermutter nicht eines Tages heimlich in die Reinigung schickt — (verständnislos, wie diese Generation leider ist!) — wird man vielleicht, ganz vielleicht doch noch irgendwann entdeckt.

Vorerst allerdings sind das nur Träume, weshalb man resigniert die Einkaufstasche nimmt, um eine wie üblich von niemandem honorierte Aktion Richtung Metzger zu starten. Und um es ein letztes Mal zu versuchen: Welcher aufgeschlossene Kunstfreund interessiert sich für ein paar schiefgetretene Wildlederschuhe, garantiert authentisches visuelles Protokoll des täglichen Einkaufsweges von

Irina Korschunow

"Dieses AUTO KANN MAN

**Technischer Zeichner
männlich
31 Jahre
verheiratet**
Heute früh im EXPRESS gelesen, daß man das Auto kaputt machen soll. Das hat mich einigermaßen schockiert. Mir gefällt das Autofahren, daß man ungebunden ist, man kann überall hin. **Dann überfällt mich der Reiz der Geschwindigkeit.** Man kann selber bestimmen, man kann schneller oder langsamer sein, man hat sozusagen die Macht über soundsoviele PS. Ich bin auf meine Kosten gekommen.

**Laborfacharbeiter
männlich
27 Jahre
ledig**
Sah den Wagen auf dem Nachhauseweg, bin mit dem Bus hinterher. Hatte in der RUNDSCHAU davon gelesen. Das Ungewöhnliche daran hat mich gereizt. Aus dem üblichen Trott herauskommen, im Beruf und in der Freizeit.
Bei der Arbeit fällt immer das Gleiche an. In der Woche ist auch immer das Gleiche, die gleichen Lokale. Der olympische Gedanke hat mich interessiert, dabei gewesen sein ist alles. **Ich interessiere mich nicht für Kunst und wußte auch nicht, wo die Kunsthalle ist, aber so was, wo man selber mitmachen kann, so eine Kunst-Aktion, das gefällt mir besser.**

**Kontoristin
weiblich
19 Jahre
ledig**
Zweimal 'ne Vollbremsung hingelegt, dachte, daß man freier fahren kann wie mit dem eigenen Auto, daß man, falls man mal was anstellt, das nicht aus dem eigenen Geldbeutel bezahlen muß. Daß man nicht zur Verantwortung gezogen wird, wenn man den Wagen zu Schrott fahren sollte. **Es ist viel befreiender.**
Ich hatte mich mal mit meinem eigenen Wagen in der Kurve überschlagen, seitdem habe ich kein Auto mehr und bin viel gehemmter, hatte auch ziemlich finanzielle Verluste. Bei diesem Wagen ist das alles egal.

**Maschinenschlosser
männlich
34 Jahre
verheiratet**
Ich wollte gerade in mein Auto steigen, als ich den Wagen sah. Ich wollte erst nicht einsteigen, aber meine Frau hat mich überredet. Ich bin nämlich schon oft reingefallen. Erst heißt es, es kostet nichts und dann kommt das dicke Ende nach.

**Facharbeiter
männlich
29 Jahre
ledig**
Ich hatte im STADTANZEIGER darüber gelesen, daß man mit dem Auto machen kann, was man will. Es hätte mir gestunken, wenn ich nicht mitgemacht hätte. Ich wollte immer schon mal so richtig rasen. Wie ein Rennfahrer. **Dieses Auto kann man geigen und schlauchen.**
Das würde ich mit meinem nie riskieren. Da kann man mal so richtig einen losmachen. War ein toller Tag für mich.

**Fernsehtechniker
männlich
28 Jahre
verheiratet**
Habe in der BILDZEITUNG davon gelesen, bin durch ganz Köln mit meinem Wagen gekurvt, um diese Autos zu entdecken. Am Rudolfsplatz habe ich einen gesehen, bin blitzschnell rübergesprungen. Habe vor mit dem Auto zum Autocross zu fahren, in der Wahnerheide. Mit dem eigenen Wagen zu fahren, das wäre zu teuer gewesen, wenn da was kaputt geht. Ich wollte immer schon mal zum Autocross.
Ich bin von Natur aus ziemlich labil und liebe die Gefahr. Ich komme aus Rumänien, vor 10 Jahren und verstand kein Wort deutsch. Ich war ziemlich abseits. Wenn ich jetzt Probleme habe, fahre ich Auto und dann stelle ich mich gerne in den Mittelpunkt. Das wäre toll gewesen, wenn ich mit dem dreckigen Auto vom Autocross vor die Kunsthalle gekommen wäre und alle mich angeguckt hätten.

Mitfahrer:	107	Männer: 87%	ledig: 54%
Alter:	26,4 Jahre	Frauen: 13%	verheiratet: 41%

GEIGEN und SCHLAUCHEN"

**Heimleiter in einem Heim für Türkinnen in Wanne-Eickel
männlich
36 Jahre
ledig**
Wir sind in einer Gruppe nach Köln gekommen, um den Kölner Dom zu besichtigen und dann zur Weinprobe. Hatte in BILD davon gelesen und wollte unbedingt mitmachen. Ich bin dann auf das Auto gestiegen, weil andere auch draufstiegen.
Aber es war das schönste Erlebnis in meinem Leben, weil man das mit seinem eigenen Auto nicht kann. Dafür muß man immer hart schuften und immer drauf aufpassen und das ist so teuer. Das muß man immer pflegen. Aber hier konnte ich das.
Hier war ich zum ersten Mal frei.

**Werbefachmann
männlich
35 Jahre
verheiratet**
Will eine Stadtrundfahrt machen, ich warte nur noch auf meine Frau. Wie ich das Auto unten auf der Straße sah, bin ich sofort runter, um es zu bekommen. Meine Frau muß nur noch die Perücke aufsetzen, dann kommt sie auch.

**KFZ-Mechaniker
männlich
39 Jahre
verheiratet**
Habe bei einem Maskenball in Detmold eine Rheinfahrt gewonnen und bin deshalb hier. Habe in BILD davon gelesen und gleich beschlossen, wenn ich ein Auto sehe, draufzuspringen. Habe es aber dann gelassen und lieber eine Stadtrundfahrt gemacht, die hätte ich sonst mit dem Bus machen müssen.

**Postobersekretär
männlich
56 Jahre
verheiratet**
Ich komme gerade aus der Oper. Habe den Zigeunerbaron gesehen. Habe ein Abonnement. Hatte sehr gehofft, eins der Autos zu sehen.
Ich und meine Frau haben uns sehr gefreut, daß das Auto auch so zerbeult war, wie es in der Zeitung stand.

**Bankkaufmann
männlich
19 Jahre
ledig**
Heute morgen im STADTANZEIGER darüber gelesen und ich dachte, daß ich in diesem Auto mal so schnell fahren kann, wie man gern möchte. Ich fahr gerne schnell und will die Grenzwerte kennen. Das ist ein Nervenkitzel, wenn das Heck weggeht und dann den Wagen wieder abfangen. Mit meinem VW geht das nicht, der ist dann sehr schwer wieder abzufangen. **Wollte mich abreagieren. Am Wochenende hatte ich mich nämlich ziemlich geärgert.** Hatte mich mit meinen Eltern gestritten, weil die der Meinung waren, daß ich mit meinen langen Haaren nicht bei der Bank arbeiten könnte. Es haben sich auch schon Kunden beschwert, die gesagt haben, wann dieser Tarzan endlich aus der Kasse rauskäme.
Jetzt bin ich bei der Innenleitung.
Wenn ich bei meinen Eltern wegen der Haare nachgegeben hätte, hätten die gesagt, jetzt müßte ich auch da und da nachgeben. Und außerdem, wenn ich die Haare abschnitte, würde ich nicht mehr dazugehören zu meiner Clique. Man würde nicht mehr mit mir sprechen.
Ich müßte ausscheiden.
Habe wenig auf Geschwindigkeitsgrenzen geachtet. Es hat mir gefallen, daß die Polizei in diesem Falle machtlos war, weil man ja sonst gezwungen ist, sich nach denen zu richten. In dem Fall hatten die nichts zu sagen, **die sind machtlos.**

**Sekretärin
weiblich
20 Jahre
verlobt**
Kam in Polizeikontrolle, fragte wo die Kunsthalle sei, so aus Spaß, aber der Polizist kannte die Kunsthalle nicht. Dachte mir, daß man in einem solchen Wagen mal viel gelöster ist. Man kann mal eine Beule reinfahren. Mit meinem eigenen Auto würde ich das nicht tun. Bin sehr schnell gefahren, war alles ganz hemmungslos.
Das Gefühl ist schön, mal so richtig auf die Tube zu drücken. Das war toll und ich war ganz frei. Es ist eben so, wenn man verlobt ist, man hat nicht mehr die Freiheit.
Es ist eigentlich alles aus.

---

verlobt:	5%	Mittelschicht:	32%
Unterschicht:	65%	Oberschicht:	3%

Durchschnittliche Fahrzeit: 38 Minuten

**Beamter/Regierungsinspektoranwärter
männlich
22 Jahre
verlobt**
Hatte in der BILD AM SONNTAG darüber gelesen. Wollte mal wissen, wie der Schult das geschafft hat, den Minister Leber einzuspannen. **Für so eine Aktion, die nicht auf dem Fuße des Gesetzes steht.** Ich finde es einfach enorm, daß in unserer Demokratie möglich ist, einen Minister für so etwas einzuspannen. Die Verkehrsgesetze müßten freier werden, man wird wie kleine Kinder behandelt. Heute kann man darüber sprechen, daß man und wie man mit seiner Frau schläft, meine Eltern waren mit 25 und 28 Jahren noch nicht aufgeklärt und genauso müßte man die Autofahrer aufklären.

**Arbeiter
männlich
27 Jahre
verheiratet**
Hatte in der BILD darüber gelesen. War mal neugierig, wollte mal sehen, wozu ich wohl Lust hätte. **Aber war nichts.** War normal. Wie ich immer bin. Daß ich mich gar nicht ausfahren wollte. Ich dachte, das müßte man. **Aber war nicht.**

**Beamtin
weiblich
26 Jahre
ledig**
Mal was anderes zu fahren, war interessant. Mal einen anderen Abend verleben. **Mal keinen Fernsehabend.** Das war auch eine Zwangssituation, daß man wußte, es wird was von einem erwartet. Dadurch wurde man fast ohnmächtig. Man war so gepreßt, wie wenn man vor einer Klasse steht und bringt nichts raus. **Ich hätte auch gerne so ein Auto kaputt gemacht, wie es überall hieß. Aber dazu gehört eine ungeheure Initiative.** Wir haben uns auch mal auf das Auto draufgestellt, aber das Dach ging nur 2 cm runter.

**Kaufmann
männlich
36 Jahre
verheiratet**
Ein Halbstarker fragte, ob man tatsächlich mit dem Wagen tun könnte, was man wollte. **Dann kamen Fußtritte.** Ein anderer Tele-Wagen rammte mich. Ich erlebe gerne etwas Außergewöhnliches. Ich bin sehr sensationsbewußt. Ich dachte man würde Fragen an mich stellen während der Fahrt, die ganz persönlicher Art wären. Und da man normalerweise sehr wenig Kontakt zu anderen Menschen hat, dachte ich, das wäre ein guter Weg. Ich hasse Alltäglichkeit.

"MAL keinen

Aggressionen gegen die „Heilige Kuh" Auto — HA Schults Gratis-Wagen wurden unter anderem auch mit Steinen traktiert. Bild: dpa

**Maschinenschlosser
männlich
36 Jahre
ledig**
Beim Autofahren macht es Spaß, daß man sich in einem Körper befindet, der einen schneller zu Zielen und Orten bringt.

**Hausfrau
weiblich
42 Jahre
verheiratet**
Mich hat es interessiert, einmal zu wissen, wie würde ich reagieren in so einem Auto. Wollte mich selbst beobachten. **Als ich fuhr, war ich enttäuscht von meiner eigenen Phantasielosigkeit.** Ich habe krampfhaft überlegt was man nun tun könnte. Aber ich bin auf nichts gekommen. Die Hilflosigkeit wurde mir klar, daß ich keine Phantasie habe und nie Ideen.

„Fernseh—ABEND"

Dienstag, 19. Oktober 1971

Kölnische Rundschau

18. Oktober 1971 EXPRESS K

„Dann schmeißt die Autos doch kaputt!"

Von HERBERT KLOSS

exp **K ö l n** — „Wollen Sie sich einmal an einem Auto so richtig auslassen? Auf dem Wagendach herumtrampeln oder das Vehikel gegen einen Baum steuern?" — „Macher" H. A. macht's möglich. Seit Samstag stehen drei leuchtend orangefarbene Autos im Stadtgebiet und warten darauf, daß sich jemand in sie hineinsetzt und damit macht, was er will. Die Kunstaktion läuft unter der Schirmherrschaft von Minister Leber.

Seit Samstag mittag erlauben sich Kölns Führerscheininhaber, was sie sonst einen tiefen Griff in die eigene Tasche kostet: Sie fahren mit einem der drei orangefarbenen Autos, halten an Tankstellen und lassen sich — kostenfrei — den Tank füllen und brausen davon, und wenn sie meinen, daß sie es nicht lassen können, „bremsen" sie den Wagen auch an einem Baum.

„Macher" HA Schult („von mir aus können sie die Autos auch kaputtmachen!") aus München und der Kölner Motivforscher Reinhard Schober machen das möglich — mit ihrem Kunsthappening „Die Stadtstraße".

Die Initiative zu dieser ausgefallenen Kunstaktion kam vom Westfälischen Kunstverein der Stadt Münster (EXPRESS berichtete).

Und das erlaubten sich Schult's Mit„macher": Ein junger Bursche erspähte einen der orangefarbenen Wagen, machte eine Reifenprobe, setzte sich hinters Steuer und raste mit quietschenden Rädern los, als würden ihn tausend Hunde hetzen.

Ein anderer Autofan testete, bevor er sich ans Lenkrad wagte, zunächst einmal die Widerstandskraft des Wagenblechs. Aus dem Kotflügel wurde im Nu ein um die Hälfte verkürztes Blech. Ein Baum an der Straße diente ihm mal kurz zum „Anticken".

Am Rhein schließlich war dem nächsten „Testfahrer" das zuwenig. Er stellte sich auf die Motorhaube und „pflasterte" sie mit dicken Steinen aus dem Rhein.

Meiner Meinung nach

An Autos abreagiert

Helmut Signon

Die dreitägige „Aktion" mit den orangefarbenen Autos des „Machers" HA Schult ist zu Ende. Die Wagen sind schrottreif. 70 Personen waren in das Unternehmen eingestiegen.

Der normale Stadtstraßenbenutzer fragt sich: „Was sollte der ganze Unsinn?" HA Schult betreibt dieses Geschäft als eine Art von Kunstmache.

Daß die Kölner Ford-Werke bei der Sache waren, läßt sich leicht erklären. Für sie war es pure Reklame. Wer redet da von „Kunst"?

Der „Macher" und sein Verhaltensforscher Reinhard Schober wollen festgestellt haben, daß die meisten die Autos benutzen, „um ihre persönlichen Probleme abzureagieren".

Das geschah derart, daß die armen Autos mit Steinen und Wagenhebern demoliert wurden, daß einige wie die Irren darauf herumsprangen, daß man einen Wagen in den Fühlinger See fuhr.

Ist das die Lebensart von deutschen Autofahrern? Ich glaube nicht. So verhalten einzelne sich nur, wenn ein „Macher" sie zu idiotischem Verhalten anregt.

Wer ein Auto mit Steinen bewirft, schlägt auch kleine Kinder, so könnte man annehmen.

Daß ausgerechnet der Bundesverkehrsminister seine Schirmherrenhand über diese Abwege einer „Stadtstraßenaktion" gehalten hat, finde ich gar nicht witzig. Es gibt schon Leute, die von dem glücklosen Verkehrs- und Postminister Leber sprechen.

Früher habe ich ihn gemocht. Inzwischen bekomme ich mehr und mehr Zweifel. Er ist doch an mehr schul(d)t, als der Normalbürger ihm auf die Dauer verzeihen kann.

Fußballtor im Museum
NEUE RUHR ZEITUNG

MONTAG, 11. MÄRZ 1974

Jungen aus Stoppenberg fordern: ● **Wir wollen unser Tor wiederhaben!**

Das Museum Folkwang verspricht: ● **Wir schenken Euch ein ganz neues!**

„Wir wollen unser Fußballtor wiederhaben!" fordern Jugendliche aus Essen-Stoppenberg in einem Brief an die NRZ.

Die Stadtredaktion hatte vergangenen Donnerstag berichtet: Der 39jährige Kunstmacher HA Schult verschleppte ein morsches Fußballtor aus Stoppenberg ins Museum Folkwang. Als eins von zahlreichen „Fundstücken" benutzte Schult dieses Tor für seine Kunst-Acker-Sammlung „Porträt des Ruhrgebiets".

Aber das interessiert die Stoppenberger Fußballjugend nicht. Die Jungen möchten lieber Fußball spielen, und dazu brauchen sie Tore!

„Für uns Jungen ist es nämlich wichtiger, einen ungestörten Fußballplatz zu haben, als mit dem Tor die Ausstellung des Herrn Schult zu bereichern!" schrieben sie an die NRZ.

„Mit Empörung" hätten sie ihr abhanden gekommenes Tor in der NRZ gesehen. Für den Künstler sei das Tor „ein wertloses Bruchstück eines sogenannten Bolzplatzes". — „Für uns Jungen aber gehörte es zu einem Fußballplatz, an dem wir noch vieles verändern wollten." In weitem Umkreis gebe es sonst keinen solchen Platz, „auf dem wir spielen und trainieren können, ohne Anwohner zu stören".

Un weiter:

„Wir möchten Sie hiermit auffordern, das Tor in aller Kürze wieder an den alten Platz zurückbringen zu lassen. Da uns die Adresse des HA Schult unbekannt ist, wenden wir uns mit dieser Bitte an Sie, die NRZ!"

Unterzeichnet ist dieser Brief mit „Die Jungen von Stoppenberg":

Harald Urbigkeit, Norbert Schädlich, Werner Leek, Werner Wentz, Ronald Wendt, Ralf Erdmann.

Am Samstag traf dieser Brief in der NRZ-Stadtredaktion ein, aber der Künstler HA Schult war nicht zu erreichen. Er kehrt voraussichtlich erst morgen nach Essen zurück.

Deshalb sprachen wir mit dem Kustos des Museums, Dr. Dieter Honisch. Spontan versprach er: „Der Wunsch der Stoppenberger Jungen wird so schnell wie möglich erfüllt. Aber wir bringen das alte Tor nicht zurück, denn das fiel ohnehin auseinander. Wir bauen in unserer Werkstatt ein ganz neues Tor und werden es selbst in Stoppenberg aufstellen!"

So ist das Fußball-Kunst-Problem für beide Seiten bestens gelöst: Jetzt hat jeder sein Tor, — das Museum für seine Kunstschau, und die Jungen für ihren Fußball.

Die NRZ und das Museum Folkwang haben nur noch eine Bitte an die „Stoppenberger Jungen": Da sie vergessen haben, ihre Adressen anzugeben, möchten sie dies sofort nachholen.

Schreibt direkt an das Museum Folkwang, Herrn Dr. Dieter Honisch, — und ihr könnt schon bald wieder Fußball spielen! E. B.

DIENSTAG, 26. MÄRZ 1974

Schußprobe bestanden – dieses Tor ist kein Museumsstück!

Hurra – das neue „Museums-Tor" ist da!

Seit gestern prangt ein nagelneues Museums-Tor auf dem Bolzplatz an der Josef-Hoeren-Straße/Ecke Arendahlswiese in Stoppenberg. Auch wenn's im Folkwangmuseum gezimmert wurde — gestern wurde bewiesen, daß dieses Tor kein „Museumsstück" ist: Es bestand die Feuerprobe! 20 Stoppenberger Jungs warteten schon auf dem Platz auf den ersten gezielten Schuß, als die Museumsleute anrückten.

Wie die NRZ schon mehrfach berichtete, war das morsche Tor von „Aktions-Macher" HA Schult vor einigen Wochen ins Folkwangmuseum verschleppt worden. Er wollte damit sein „Porträt des Ruhrgebiets" bereichern. Den Stoppenberger Jungen gefiel d[as] gar nicht — sie beschwerten si[ch] über den „Tor-Klau", und — [da] versprach ihnen Museumskusto[s] Dr. Honisch ein nagelneues, i[m] Museum gezimmertes Tor.

Gestern war's nun soweit: P[er] Lastwagen wurde das Tor nac[h] Stoppenberg transportier[t,] Zimmerleute und die Museumsm[it]arbeiter Dr. Rickmann und Dr. H[o]nisch halfen beim Aufbau.

Clemens Bobber, Museum[s]schreiner, der die ungewöhnlich[e] Arbeit geleistet hatte, war nic[ht] dabei. Er ist inzwischen in den R[uhe]hestand getreten. Dr. Honisch: „D[as] Tor war sein letztes Werk für M[u]seum und Öffentlichkeit!" ad

Müllabfuhr im Lenbachhaus

BAYERNKURIER

14.12. Herausgeber: 1974
Dr. h. c. Franz Josef Strauß

Eine Ausstellung von Schults Markenartikeln

Zur Eröffnung distanzierte sich Dr. Armin Zweite (33), der neue Direktor der Münchner Städtischen Galerie im Lenbachhaus, von der Urheberschaft zur Idee der Ausstellung „Unwelt" Hans-Jürgen (HA) Schults (35), um nicht in den Verdacht zu geraten, dies nun sei die erste Schau der Zweite-Ägide. Es ist in der Tat, immer noch, die hier letzte sichtbare Tat Dr. Michael Petzets (41), der zum 1. Juli 1974 Leiter des Landesamts für Denkmalspflege wurde. Gleichwohl lud die Städtische Galerie, wenn auch in Anführungszeichen, zur Schult-Schau ein mit der Unterzeile: „Eine Kunstausstellung, die jeden angeht." Zur Eröffnung kamen viele, die den als Redner des Abends angekündigten, städtischen Kulturreferenten Dr. Herbert Hohenemser (59) erleben wollten. Doch der hatte sich krank melden lassen und den städtischen Schulreferenten Prof. Dr. Anton Fingerle (62) vorgeschickt, der bewegende Worte fand: „Wir sollten ein bißchen stolz sein, daß es Schult gibt, der uns ein bißchen gefordert hat." Er empfahl die Ausstellung als „Dokument der noch lebendigen Atmosphäre Münchens" (wobei er das „noch" betonte) und als „Suche nach einer Antwort", bevor er den Rundgang mit einem „Auf geht's" freigab, als ob am Ziel der Strecke ein gefüllter Bierbanzen warte.

„Neuer Blickwinkel"

Dort jedoch, im letzten Raum des nördlichen Galerie-Parterres, gibt es bis zum 5. Januar ein „München-Environment" ganz anderer Art zu sehen: Abfall und Banaleres auf Sand und in einer Vitrine, von Schult persönlich unter Kamera-Begleitung am 7. und 8. November, wie es im erklärenden Text heißt, zusammengetragen. Dazu ein Stadtplan und die Fotos der Fund- und Sammelstellen, vom abgewrackten Oktoberfestzelt bis zur Stadtrandsiedlung und zum Lager eines Autoausschlachters. Mit der Erläuterung, hier handele es sich um eine „archäologische Reise in die Gegenwart" — „einer Reise vergleichbar jener kommenden Generationen, welche Sammler heutige Konsumfetische bereits erahnen lassen". Und damit keiner es falsch versteht: „Gegenstände des Alltags, des alltäglichen visuellen Erlebnisbereiches wurden aus ihrem normalen Bereich entfernt und in diesem Raum im Lenbachhaus neu miteinander konfrontiert. HA Schult will damit erreichen, daß diese Gegenstände aus einem neuen Blickwinkel betrachtet werden."

Das nun gerade erreicht Schult nicht. Der Transport von herumliegendem Banal-Material und seine Zurschaustellung im Lenbachhaus bewirken keinen „neuen Blickwinkel" und sind keine Konfrontation, sondern höchstens einer der Werbe-Gags, die mit dem Ungewöhnlichen reizen möchten. Auch Privatgalerien verstehen sich seit Dada- und Land-Art-Zeiten darauf, Unerwartetes und Unkunst vozuzeigen, um bei wachsendem Konkurrenzdruck auf sich aufmerksam zu machen. Vor einigen Jahren lud die Münchner Galerie Heiner Friedrich in ihr Etablissement im zweiten Stock eines Hauses an der Maximilianstraße, wo der amerikanische Erdwerker Walter de Maria bis zu den Fensterbrettern Torfmull hatte auffüllen lassen. Die Sache funktioniert nur so lange wie man in einer Galerie noch Kunst erwartet und nicht das Gegenteil davon — denn der Torfmull in einer Gärtnerei oder in einem Brennmateriallager erregt keine sonderliche Aufmerksamkeit. Man muß die Dinge nur dorthin schaffen, wo sie nicht hingehören. Unter demselben Aspekt müßte das Nationaltheater vorübergehend in den Zirkus Krone verlegt werden und der Zirkus ins Nationaltheater: das gäbe Fernsehberichte und „Spiegel"-Lob. Denn auch der trockene Torf bei Friedrich war seinerzeit dem „Spiegel" einen Bericht wert.

Kein Souvenir von Beckenbauer

Schults Abfall-Klauberei aber wäre noch nicht die richtige, wenn nicht ein zusätzliches Reizmittel gefunden wäre: in der flachen Vitrine, so ließen Schult und seine kuriose Gefährtin Elke Koska (25) verkünden, läge nicht irgendein anonymer Restbestand, sondern „der Müll vom Beckenbauer". Der Schult-Freund Gert Winkler war aus Frankfurt eigens mit einem Kamera-Team des ZDF angereist, um für sechs Minuten Sportschau am Samstag eine wieder umwerfende Schult-Schau aufzunehmen. Die Arbeiten dauerten tagelang, schließlich wurde der verdatterte Beckenbauer noch selbst zu seinem (angeblichen) Müll gehört, der Coup gelang, denn der Bayern-Spielführer äußerte sich leicht verwirrt (laut „Spiegel"): „Ich bin mehr ein romantischer Typ, mir liegt die abstrakte Kunst nicht so."

Schult und seine Helfer meinen, durch diese Sportschau-Sendung, die von Millionen gesehen wurde, kämen mehr Leute als bisher ins Lenbachhaus und im besonderen in die Schult-Schau, die zum überwiegenden Teil nicht Münchner Alltagsgegenstände enthält, sondern Schults verkäufliche Heimbastelarbeiten aus Kinderspielzeug, Farbe Dreck und Glimmer, die als „biokinetische Landschaften" zu Preisen zwischen 6000 und 28 000 Mark verkauft werden und heute unbeschadet auch Museen, Ministerien und Galerien zieren können. Im Bonner Bundesministerium für Raumordnung, Bauwesen und Städtebau („Galerie im Ministerium") eröffnete am 5. Juni 1974 Minister Karl Ravens persönlich eine „Umwelt"-Schau, die Schult gemeinsam mit dem Maler Hundertwasser bestritt. Veranstaltet wurde sie von der Kölner „Junior-Galerie", einem der zahlreichen Filialgeschäfte der Fertigteile-, Systembau- und Einrichtungfirma in Goslar, die die Schult-Sachen als Kunst verkauft.

Wie kaum anders zu erwarten war: der Müll stammt gar nicht aus der Abfalltonne des Fußballstars persönlich, sondern höchstens aus der des Hausmeisters, wahrscheinlich aber noch nicht einmal aus dieser. Denn das Laub des Gartens wird, wie Frau Brigitte Beckenbauer glaubhaft versichert, „bei uns immer in den großen alten Fischtümpel gesteckt" und nie in die Mülltonne. Im fraglichen Zeitraum verwendete Frau Beckenbauer auch niemals frische Rosen im Haus, wie Schult sie in vertrocknetem Zustand der Lenbachhaus-Vitrine beigab, sondern „nur getrocknete Gestecke" — und erst recht keine Käsesorte „Ranbol", deren Verpackung Schult ausstellt. Brigitte Beckenbauer: „Den Namen dieser Käsesorte höre ich jetzt zum erstenmal." Außerdem sind Beckenbauers Mülltonnen unter Verschluß.

Sollte Schult wieder Werbung für Markenartikel betreiben wollen wie damals im Herbst 1970, als mehrere namhafte Firmen ihn dafür bezahlten, daß er auf dem Auto, mit dem er zwischen München und Hamburg hin- und herfuhr, die entsprechenden Werbeaufkleber mitführte und dem Werbefilmer, der für das III. Programm des Bayerischen Rundfunks einen Bildungsfilm über die Hin- und Herfahrt drehte, das gezielte Anvisieren der Markennamen gestattete, die das Projekt (insgesamt rund 150 000 Mark) im wesentlichen finanzierten? Auch das Auto steht jetzt im Lenbachhaus.

KONRAD WEIDENHEIM

SATIRE & WAHRHEIT

Dienstag, 10. Dezember 1974

MÜNCHEN

Epochale Müll-Entdeckung

Die Ausstellung des Mülls vom Franz Beckenbauer in der Münchner Städtischen Galerie, auch Lenbachhaus genannt, hat die Welt zweifellos verändert. Ich sprach mit einem der wenigen Psychohistoriker in meiner Bekanntschaft über diesen epochalen Vorgang, und wir waren übereinstimmend der Meinung, dieses Ereignis füge sich nahtlos in die Kette der bedeutendsten Weltdaten ein: Schöpfung, Erfindung der Gänsezucht in Ägypten, Cäsars Treffen mit Kleopatra, Christi Geburt, Karls des Großen Aufenthalt in Gauting, Französische Revolution, Coubertins Geburtstag, Eröffnung des Münchner Verkehrsverbunds, Beckenbauers Abfall im Lenbachhaus. Einig waren wir uns auch, daß man bald von einer Vor-Beckenbauermüllzeit und einer Nach-Beckenbauermüllzeit sprechen werde.

„Diese Ausstellung der neuen Münchner Schule bewirkt zwei monumentale Veränderungen, für die unser Jahrhundert noch nicht reif schien", sagte mein Psychohistorikerbekannter mit dem gebotenen Ernst. „Der Sport wird nun von den Intellektuellen ernst genommen, die breite Masse lernt die Kunst kennen und lieben. Sport und Kunst gehen eine Symbiose ein, die die Welt verändert."

„Sie meinen, die Fußballfans, die in der Galerie den Beckenbauerdreck anhimmeln wollen, müssen zwangsläufig den Blauen Reiter zu Kenntnis nehmen, und die oberen Zehntausend erkennen im Müll von Brigitte und Franz die künstlerische Substanz, die gesellschaftsgestaltende Kraft des Sports."

„Genau. Die Menschen, die bisher den Ball für die höchste künstlerische Ausdrucksmöglichkeit hielten, werden plötzlich mit den Bildwerken der Ewigkeit konfrontiert. Der Weg zur Gemäldegalerie, ja ins Theater und Konzert, wird ihnen künftig so selbstverständlich sein wie der wöchentliche Gang auf den Sportplatz. Die Intellektuellen werden sagen, ein Mensch, der so schönen Müll produziert, kann nichts Schlechtes tun. Das bedeutet den Durchbruch des Sports in die Welt des Geistes und den Einzug der Kunst in die Mietskasernen. Der Beckenbauerdreck flicht sozusagen ein festes Band zwischen Villa und Wohnküche."

„Die neue Münchner Schule wird bestimmt in aller Welt Nachahmer finden."

„„Selbstverständlich. Nach meinen Informationen wird schon im Januar in Wien die große Schranz-Müll-Sezession eröffnet, Zürich folgt mit der Collombin-Müll-Ausstellung, und Paris bietet Killy-Dreck nach Ausgrabungen von 1968. New York zeigt die kombinierte Sammlung von Ali-Müll und Clay-Müll."

„In Deutschland wird es aber hoffentlich nicht bei einseitigen Fußballermüllausstellungen bleiben, wenn die auch den meisten Dreck machen."

„Keineswegs. Allerdings wird vorerst weiterhin Prominentendreck ausgestellt, des sicheren Erfolges wegen. Junge Sportler werden es noch eine Zeitlang schwer haben, ihren Abfall ausstellen zu können. Hamburg bietet demnächst Schmeling-Müll aus der Vor-Ondra- und Nach-Ondrazeit sowie eine Spezialschau von Seelen-Kindermüll. In Hochensachsen wird eine Wanderausstellung mit Herberger-Müll zusammengestellt, angereichert mit den schönsten Stücken aus dem Besitz von Fritz Walter, Max Morlock und Helmut Rahn. Fritz Thiedemann, Armin Hary, Gustav Scholz, Manfred Schnelldorfer, Kilius/Bäumler und Willi Daume wurden aufgefordert, gut erhaltene Stücke in trockenen Kellerräumen bereitzustellen."

„Und wie geht es in München weiter?"

„Im Lenbachhaus folgt bald die Neudecker-Müllmesse, dann eine kurze Schwan-Müllschau und schließlich eine umfassende FC-Bayern-Spielermüll-Gesamtausstellung, um die Mannschaft nicht weiter zu verunsichern und um Neid zu vermeiden. Für 1976 ist der Löwenabfall fest eingeplant. Die Stadt erwägt die Errichtung eines ständigen Münchner Sportmüllmuseums, aufgelockert durch Leihgaben aus dem Louvre, den Uffizien und dem New Yorker Museum of modern art. Ärgerlich ist vorerst nur, daß das Ehepaar Beckenbauer noch entschieden bestreitet, mit dem jetzt ausgestellten Müll identisch zu sein und damit die große Sache kleinmütig gefährdet. Aber die Wahrheit des Mülls wird sich durchsetzen."

Hans Jürgen Jendral

Süddeutsche Zeitung

München bei Nacht

Von 8 bis 8

Lesen Sie heute auf Seite 8:

Liebling, laß dich mal nackt knipsen!

Eine neue Masche im Schwabinger Nachtleben

Abendzeitung

40 Pfennig — Nr. 39 — München, Donnerstag, 17. Februar 1977 — öS 6.— * Lit 300 * Din 8.— — *** — B 1017 A

Beckenbauer-Villa: Jeder Ziegelstein wird einzeln verkauft

Dackel erbte Viertel-Million

... dann wurde er vom Tierarzt eingeschläfert

Ulm (AZ) — Als Alleinerben setzte die Ulmer Witwe Berta Kaessbohrer kurz vor ihrem Tod ihren Dackel „Wackel" ein. Der Hund erbte 250 000 Mark! Jetzt gab ein Tierarzt dem altersschwachen und verfetteten Tier die Todesspritze — und die Tierschutzvereine streiten sich um das Riesenvermögen. Lesen Sie den Bericht auf S. 5.

Fernsehen feuert die Bildschirm-Damen

Ansagerinnen durch Schrifttafeln ersetzt

München (AZ) — Kommt jetzt die schreckliche, die da-

Nach dem Abriß wird der Schutt zu Geld gemacht

München (AZ) — Franz Beckenbauers Villa in Grünwald, die von einer Münchner Baubetreuungs-Gesellschaft für 1,6 Millionen Mark gekauft worden ist, soll zwar demnächst abgerissen werden — aber auch der Schutt wird zu Geld gemacht: Jeder Ziegelstein wird einzeln verkauft. Das Angebot richtet sich an Souvenirjäger, die für zwei Mark pro Stück die Steine des „Kaiser-Palastes" erwerben können. Die Hälfte des Erlöses will die Firma einem wohltätigen Zweck zuführen. Gedacht wird dabei an die Krebshilfe. Ein Firmensprecher zur AZ: „Andere sammeln Locken ihrer Stars — warum also nicht mal einen Ziegelstein?" Lesen Sie mehr auf Seite 10

DIE VILLA DES „KAISERS": Nach dem Abbruch soll sie Stein für Stein verkauft werden.

Reaktion

von G. A. Cibotto

Es war wie bei Lee Masters in seiner berühmten Gedichtsammlung „Spoon River Anthology", die noch immer in Versen zeitgenössischer Dichter wiederkehrt und sogar im Theater, wie die von Sbraglia in seiner bizarren Inszenierung „Piccola città" vorgenommene Montage beweist, wo zu guter Letzt doch die lyrisch-sentimentale Sprache der Grabinschriften den Sieg davonträgt.

Sie schliefen alle: der edle Präsident Ripa di Meana, der sanfte Generalsekretär Floris Ammanati, der würdevollernste Konservator Vladimiro Dorigo; desgleichen schliefen die unauffindbaren Abteilungsleiter, die unermüdlichen Mitarbeiter des inexistenten Pressebüros und die angesehenen Mitglieder des Direktionsrates — mit einem Wort: alle wichtigeren leitenden Persönlichkeiten der Biennale schliefen an den Ufern der Lagune, deren Wasser von einem launischen, zugleich nach Winter und nach Frühling riechenden Wind gekräuselt wurde.

Und trotzdem konnte es geschehen, daß die neuorganisierte Institution zu eben jenem Zeitpunkt endlich und ohne es zu wissen auf eine festliche, junge und zugleich geheime Weise die erste Seite des Kapitels aufschlug, das unter der Jahreszahl 1976 in ihre Annalen eingehen wird. Nicht ohne Absicht wurde den erstaunten Zuschauern, die sich nach anfänglichem Zögern in das hohe, den magischen „Salon" des Markusplatzes überflutende Papiermeer stürzten, ein Flugblatt mit der Aufschrift „Venezia vive" in die Hand gedrückt, auf dem klar und deutlich zu lesen war, daß dieses Ereignis die inoffizielle Teilnahme HA Schults an der Ausstellung der Biennale darstelle, die nun endlich wieder in die verheißenden Gärten zurückgekehrt war. Wie Gespenster, wie gleitende Engel in einem abstrakten Raum erschienen der Hauptdarsteller und seine Mitarbeiter, die ungeachtet der schneidenden Kälte fünfzehntausend Kilo auf Booten herbeigeschafften Papiers aufwirbelten, fest entschlossen, einem jeden klarzumachen, daß ein Künstler heute „sein Atelier verlassen muß und auf Straßen und Plätzen arbeiten muß, um allerorts Diskussionen zu entfachen". Mit dem Verstreichen der Minuten, oder besser: der Stunden – die Aktion hatte bereits bei Anbruch der Dämmerung begonnen — waren hier und dort Gerüchte durchgesickert. So erfuhr man, daß Schult erst sechsunddreißig Jahre alt ist und daß er durch die Ausstellung eines leibhaftigen Soldaten bei der „documenta" in Kassel bekannt wurde. Man erfuhr auch, daß er im Jahre 1974 den Abfalleimer eines berühmten deutschen Fußballers — des Liberos der deutschen Nationalmannschaft, Franz Beckenbauer, — entwendet hat, um ihn auf schwarzem Samthintergrund im Münchner Lenbachhaus auszustellen. Um die Wahrheit zu sagen: als ich so dabei war, sein Gesicht zu studieren, während er Befehle erteilte, seinen vor Freude närrischen Hund zurückrief, die müden und durch die fremden Fernsehleute abgelenkten Mitarbeiter aufmunterte, kam mir plötzlich die eiserne Gestalt jenes großen brandenburgischen Kurfürsten des Mittelalters in den Sinn, der sich im Gefolge des Kaisers befand und fest entschlossen war, dem Papst mit Gewalt die Investitur zu entreißen. Nur daß der zerzauste Haarschopf, die harten Gesichtszüge und die in Falten gelegte Stirn nicht recht passen wollten zu der festlichen und phantasievollen Atmosphäre, die überall herrschte.

Glücklicherweise hat ein junges Mädchen, das unleugbar der zarten Rasse der Hippies angehörte, unsere plötzliche Ratlosigkeit bemerkt, und hat uns mit einem Schütteln ihrer langen, blonden Mähne zu verstehen gegeben, daß der große Kurfürst, in der Provinz von Treviso an-

in Italien

weltbezogenen Bildobjekte in flatternde Papierdrachen verwandelt worden waren, begannen die üblichen Verfechter der Tradition, gegen die Entweihung zu protestieren. Zum Glück waren sie bald verschwunden: die nunmehr tiefe Dunkelheit sowie das fromme Märchen von den unliebsamen Begegnungen, denen man im Gewirr der nächtlichen Gassen ausgesetzt ist, ließen sie fluchtartig in ihre Häuser zurückkehren, während von den Arkaden her Scharen von jungen Leuten zusammenströmten, überzeugt davon, daß HA Schult mit seiner als „Aktion" bezeichneten Initiative zu einer eingehenden Betrachtung der heutigen Umweltphänomene auffordern wollte. Kurz, der Platz hatte sein Gesicht gewechselt, hatte sich in etwas Neues verwandelt, etwas, das einerseits überhaupt nichts mit Kunst zu tun hatte, andererseits zu mehr als einer nützlichen Reflexion über die Möglichkeiten einlud, die denen geboten wurden, die frei und fröhlich drauflosschlagen wollten.

Das papierne Hochwasser, das einen Stand erreicht hatte, der den der berühmten Überschwemmung noch um einiges übertraf, lockte Scharen von Neugierigen herbei, die an dieser ungewöhnlichen nächtlichen Eröffnung der Biennale 1976 teilhaben wollten. Das Fest dauerte bis in die frühen Morgenstunden hinein, als die Straßenkehrer mit Besen bewaffnet erschienen und beim Anblick des Schauspiels ihr eigenes Schauspiel inszenierten, eines in dem sie das traurige Los der Blumenkinder und ihres ermatteten Oberhaupts beklagten und entschieden erklärten, keinen Finger rühren zu wollen, ohne sich vorher mit der Direktion beraten zu haben. „Das is vielleicht 'n verrücktes Ding!" konnte man immer wieder als Kommentar von ihren Lippen hören. Während sie unter dem Ruf „Jetzt holn ma 'n Chef!" davonzogen, posierte die Gruppe der jungen Deutschen, die mit Schult zusammengearbeitet hatten, für das Erinnerungsfoto an die inoffizielle Eröffnung der neuen Biennale. Dann haben sie angefangen, in rasender Eile die unendlich vielen Plättchen des papiernen Mosaiks aufzusammeln — eine allem Anschein nach hoffnungslose Aufgabe. Doch als die Straßenkehrer zurückkamen, sah der Platz aus wie an jedem anderen Tag und wurde von ahnungslosen Leuten überquert, die nicht wußten, daß hier während der Nacht etwas Unerhörtes geschehen war, etwas, das einer Erzählung aus der Feder von Hofmannsthal würdig gewesen wäre.

gelangt, durch die Musik der fahrenden Schüler aus Padua und durch den leuchtenden Wein aus den Hügeln von Valdobbiane berauscht, während eines Banketts eingeschlafen war. Und so tief war der Schlaf, der ihn gefangenhielt, daß die andern ohne ihn weitergezogen waren und ihn in den Händen des diesmal gnädigen Schicksals zurückgelassen hatten. Bei seinem Erwachen einige Jahrhunderte später ließ ihn eben dieses Schicksal auf einen Engel stoßen, der sich um das Geschick Venedigs und seiner Kunst sorgte. Diese Neuigkeit vernehmen und sich auf den Weg in die Lagunenstadt machen war für den ungestümen Schult die Sache weniger Augenblicke. Er vertauschte die Rüstung mit dem wunderlichen Gewand des Künstlers, versammelte seine Getreuen um sich, organisierte die Bootsflotte, erwarb den schwarzweißen Teppich aus Altpapier und war felsenfest entschlossen, die Biennale im Zeichen der Jugend und des Mutes zu eröffnen: auf eine neue Weise, offen, lebendig und ohne die Anwesenheit der aufgetakelten, nach offizieller Anerkennung geilen Autoritätspersonen. Als sie ihn auftauchen sahen aus dem Meer der Tageszeitungen, die als Huldigung an die Formel seiner um-

„Das ist die Saat unserer Zeit"

Peter Brügge bei der HA-Schult-Aktion auf dem Markusplatz in Venedig

Daheim in Bayern, im gemieteten Zwergschulhaus von Walda, lebt HA Schult so säuberlich, daß man vom Boden essen könnte. Aber in Venedig hat er in der Nacht zum vergangenen Donnerstag den ganzen Markusplatz versaut. Er nennt sich „Macher", da muß er gelegentlich was Großes machen: Unordnung am besten. Das dient seinem Ruf als Genius des Abfalls.

Assistiert von seiner in sämtlichen Lebenslagen maskierten Gefährtin Elke Koska und 63 bezahlten Helfern, verstreute er also über die 15 000 Quadratmeter zu Füßen des Campanile 15 Tonnen Zeitungspapier. Das wurde zerknüllt und als inoffizieller Beitrag zur Biennale '76 ausgegeben, zu der man Schult, den selbsternannten Umweltkünstler, offiziell nicht gebeten hat.

Eine nichtsahnende Obrigkeit erteilte der Aktion versehentlich ihren Segen und befahl sogar, auf dem Platz die große Festbeleuchtung anzuknipsen. Bei Schults schlauer Ankündigung, man werde unter dem Motto „Venezia vive" die „Botschaften unserer Zeit" in Form von Gedrucktem auslegen, schwante den Herren von Kommune und Kirche nur Gutes. Nicht, daß man darin später knietief waten müsse.

Elke Koska, die sich auch zu Audienzen gern von Kopf bis Fuß in synthetisches Tigerfell hüllt und an ihre Finger kleine Autos, Vorhängeschlösser und Plastikzwerge steckt, bat den „Monsignore von dieser Kirche da" (wie sie San Marco nennt) mit ihrem schwarz geschminkten Mund, ins nächtliche Ereignis den Campanile einbeziehen zu dürfen. Der Würdenträger hatte lediglich die Sorge: „Wird denn da nichts Unanständiges geschehen?"

So, dank der universalen Schlüsselgewalt kultureller Phrasen, zog HA, der ehemalige Kipperfahrer, Hausmeister, Bauspar- und Kosmetikwerber aus Mecklenburg, eine ersehnte Nacht lang das Augenmerk der Welt auf sich. Die knapp 50 000 Mark Spesen für Altpapier, Lastkähne und Nachtarbeiter beglich Elke, die er Putzi nennt, bar aus ihrem Brustbeutel.

HA (eigentlich Hans Jürgen), ihr monomanischer Gebieter und Hans Kasper, den sie ebenfalls Putzi nennt und so einzukleiden pflegt, daß jeder sich ihn gleich für immer merkt, watete

Markusplatz während der Schult-Aktion: Ein historischer Papierkorb, den mal zu füllen ein Schult geboren werden mußte

Deutschland

triumphal durch sein bisher größtes Werk, das er versprochen hatte, nachher wieder restlos aufzuegeln. Der schlimmen Kälte wegen konnte er nur auf Wunsch der Photographen seinen Kunstpelz-Paletot aufschlagen und ein bedrucktes Trikot enthüllen, durch welches er sich als „Der Macher" auswies.

Aus Altpapier, diesem „Superfüller" (Schult), bestand schon die erste Stufe seiner Selbstvermarktung, zu der er sich vor sieben Jahren, 30jährig, mit circa 5 Mark Eigenkapital entschloß. Damals glückte es ihm, durch sechs Tonnen dieses überraschend ausgekippten Materials die Schwabinger Schackstraße zu sperren und dafür dann vor Gericht groß dazustehen. Aufräumen, diese bürgerliche Tugend, gehörte damals bei ihm noch nicht ins Programm.

Nun, im Hinblick auf größere Formate und eine reibungslose Publicity, zieht er einen schönen Schocker provokanter Verweigerung vor. Schon denkt er daran, ein mit Werbung bemaltes Altflugzeug zu bester TV-Zeit über den Müllkippen New Yorks abstürzen zu lassen.

Drum bat einer seiner Helfer in Venedig sich vorsorglich aus, daß Schult ihm seinen Staubsauger signiere und so zum Kunstwerk wandle. Bereits Anno '74 sind schließlich für den von Schult heimlich geplünderten und öffentlich zum Kunstwerk angerichteten Inhalt der Mülltonne Franz Beckenbauers 12 000 Mark als angemessener Preis genannt worden.

Selber gedachte der Meister in „Harry's Bar" vor seiner venezianischen Nacht ebenfalls der „etwas utopischen Preise", die allen Bestellern seiner Arbeiten jetzt durch seine Putzi genannt werden dürften. Falls die so weitersteigen wie bisher, müßten, meint Schult, für die schaurig-schönen Abraum-Szenerien seiner Guckkasten-Objekte in den achtziger Jahren leicht 300 000 Mark zu kriegen sein, das Vierzigfache von heute.

Inmitten der Papierüberschwemmung, mit der er vorige Woche seinen Markennamen wieder hochspülte, schien Schult sich des Zwanges bewußt, dem steigenden Bedarf an derlei Zimmerschmuck fortan durch lästige Akkordarbeit in seinem Schulhaus entsprechen zu müssen. Das allein bringt die Kohlen, von denen Putzi & Putzi sich, wie sie das nennen, „mal wieder so 'ne Aktion gönnen können", aus der sich zwangsläufig neue Nachfragesteigerung ergibt usw.

So äußert sich der kuriose Widerspruch Schultscher Macherei. Als ein Verneiner erstarrter und besitzbarer Kunst hat er seinen Namen aufgebläht. Dann begann er nach einer Art von besitzbarer Kunst zu schürfen, mit der sich dieser gemachte Name vermarkten läßt.

Er war es, der 1970 in einer atemlosen Deutschland-Rallye die bloße Fahrt zum Kunstwerk ausrief und deutsche Kunstvereine zur öffentlichen Schlafstätte umfunktionierte. Wenn überhaupt, so stellte er Vergängliches aus: sich verfärbenden Kartoffelbrei oder Wohlstandsmüll aller Art. Im Keller einer Galerie im Revier lagerte er Zusammengeklaubtes von solcher Vergänglichkeit ein, daß man bei ihm anfragte, ob nicht wenigstens ein verwesender Hering weggeworfen werden dürfe.

Dies alles diente offenbar nur einem, von ihm nun eingestandenen Ziel: „Ich wollte 'ne Nummer werden." Und was für eine? Das stellte sich heraus, nachdem er den Widerwillen ästimierte, der „beim reichen Sammlerpotential" gegen „Sachen besteht, die zerfallen". Diesen Geldgebern zu Gefallen bemalte der Macher vorübergehend weiße Bilder mit unsichtbarer Schrift und stieß damit eigentlich schon an die Grenzen seiner graphischen Fertigkeiten.

Zu guter Letzt war's die Industrie, die ihm in seiner Profilnot mittels Knetmixturen, Farb-Pilzen und maßstabgetreuem Modellspielzeug doch noch ein ureigenes Œuvre ermöglichte: den, wie er findet, „schönen Schauder" von gut hängbaren Schrott- und Abraum-Idyllen. Die würzt er mit schillernden Pilzkulturen, kleinen Autowracks, Fertighäusern und Hochspannungsmasten. Und sie sind von unglaublicher Haltbarkeit, bieten, sagt Schult, „viel Bild fürs Geld".

Es macht den Macher stolz, mit bisher 157 dieser Kästen bereits in 24 Museen, zahllose Firmenfoyers und Wohnzimmer des Wohlstands vorgedrungen zu sein.

„Leute, die noch grünen Rasen haben", weiß er authentisch, „die gucken zum Spaß auf Schult." Das durchdringt ihn so, daß er unterwegs am Steuer immer wieder neu entdeckt: „Hier sieht's schon wieder wie auf meinen Bildern aus! Ja, das hängen sich die Reichen an die Wand!" So auch in den Industrieregionen Venedigs, wo ihn beim Handel in Altpapierschuppen das Environment verzückte, während er im Markusplatz eher eine Art historischen Papierkorb sah, den mal zu füllen ein Schult geboren werden mußte.

Doch selbst dies nun lief völlig kulinarisch ab: eine angenehm raschelnde Woge von 350 000 welken Tagblättern, an welcher sogar die ratlosen Polizisten Wohlgefallen fanden. „Hier historische Zeit, da moderne Zeit, si, si", akzeptierte ein Carabiniere den konstanten Gemeinplatz des Machers. Der Polizeidirektor wurde alarmiert und schien erleichtert, daß Politik hier nicht im Spiel war. Einer von der Feuerwehr warnte bloß vor dem nun sehr bedenklichen Rauchen. Dann steckte er sich inmitten des Papiers selber eine an.

Fast hätte Venedig sich beim braven HA für das bißchen Abwechslung bedankt. Angeregte Italiener knüllten und sangen herum. Eine Truppe Japaner vergaß in anarchischer Lust ihr Fähnchen und suhlte sich im Altpapier. Bitter trat eine Touristin aus Gelsenkirchen an Schult heran: „Glauben Sie nicht, wir Deutschen sollten hier lieber fegen?" Später kam ein anderer Deutscher und hielt ein brennendes Streichholz an „Il Gazzettino". Schults Truppe löschte in Panik. Ein Herostrat ist der Macher ja wirklich nicht.

Gegen Morgen, als er auf Wunsch eines Kameramannes als Käfer durchs Papier krabbelte, kam ein weißhaariger Venezianer vorbei und sprach: „Das ist die Saat unserer Zeit." Schult frohlockte: „Genau! Genau meine Worte!" Verstehe jeder, was er will. ◆

Mona Lisa hing im Baum

von A. Janssen

Die Landschaft wirkte verfremdet. Amseln, Türkentauben und Kaninchen hatten ihr Reservat fluchtartig verlassen. Kraftfahrern, die nach Alt-Wolfsburg einbogen und den Kopf nach links wendeten, fuhr der Schreck in die Glieder, HA Schult, Enfant terrible der Kunstgegenwart, hatte in Wolfsburg sein jüngstes Werk kreiert: Einen mit Zivilisationsmüll drapierten Mammutbaum.

Aus dem Wipfel grüßten: Nachtgeschirre, Tennisschläger, Kaffeemühle und Dessous, Fußballstiefel, Autoschilder, Hochzeitskleid und Kinderwagen, Transparente, Kameras, Eßbesteck und Unterhose, Fahrzeugreifen, Fernsehröhren, Telefon und Kunstgebiß, Kinderfahrrad, Küchensieb, Besenstiel und — und — und . . .

Schon beim Betreten des Schutt-Abladeplatzes winkte dem Pfingstwanderer das blasse Bein einer Käthe-Kruse-Puppe zu. Am dritten Ast rechts baumelte es (Vergebung) wie ein Damoklesschwert über der lächelnden Mona Lisa. HA Schult wollte damit sicher nicht zum Ausdruck bringen, daß er Leonardos Kunstwerk mit Füßen zu treten gedenkt. Es hatte sich halt einfach so ergeben.

Schuld daran waren die vielen Zeitgenossen, die Keller und Söller nach Überflüssigem abgesucht und dies nach Wolfsburg geschickt hatten. In einem Begleitschreiben hieß es: „Ihr seid wohl verrückt geworden. Laßt den Unsinn sein, sonst schießen wir euch auf den Kopf. Zacharias Zeisig, 3. Astgabel links."

Pistolen, eine Lohnsteuerkarte, sogar zwei IOS-Aktien und ein Antrag auf Gewährung einer Investitionszulage zur Konjunkturbelebung bereicherten das Angebot. Einer hatte sich sogar erboten, einen golddurchwirkten Strick zu senden, damit HA Schult „sich dazuhängen" könne.

Unter diesem Baum, der jetzt wohl einen kunstgeschichtlichen Status hat, lagerten sich die Honoratioren, die aus zahlreichen Städten nach Wolfsburg gekommen waren. Das ursprünglich vorgesehene Thema „Umweltschutz" wurde verdrängt. Der Salon pflegte Konversation über Kunst und Anti-Kunst. „Macher" Schult geriet dabei in leichte Rage, als einer seiner Gegner ihn „Manipulateur" schimpfte. Und aus dem Kreis der Zuschauer klang es: „Kann man das ganze Gerede nicht noch einmal auf gut deutsch sagen?"

Heute abend sollen die Szenen in der ZDF-Sendung „Aspekte" zu sehen sein. Und die Frage, was nun mit dem Baum geschieht, kann beantwortet werden: HA Schult hat ihn der Städtischen Galerie geschenkt. Für Klaus Hoffmann ein Danaergeschenk, denn er kann nun dafür sorgen, daß die Klamotten wieder aus den Ästen kommen . . .

Klaus Jürgen-Fischer in seinem Tagebuch vom 5. 6. 1976:
*Zum Spektakel des „Aspekte-Baumes" von H. A. Schult in Wolfsburg. Das Kulturmagazin des 2. Deutschen Fernsehens, „Aspekte", hatte das Publikum gebeten, Konsumabfall oder Selbstgefertigtes einzusenden, damit der „Macher" einen Baum damit schmücken könne. Ca. 1000 Albereien — meist Verulkungen der modernen Kunst — gingen ein, die Schult durch Assistenten in einem alten Mammutbaum in Nähe des Wolfsburger Schlosses wahllos verteilen ließ. Das Arrangement machte einem mittelprächtigen Mai- oder Weihnachtsbaum ziemlich lasche Konkurrenz. Aber Schult erklärt es zum Kollektivkunstwerk, an dem auch die Post ihren Anteil habe, und Fernsehmoderator Wolfgang Ebert spielte auf den „Baum der Erkenntnis" an. Zur trotz schönsten Wetters getrübten Erkenntnis gelangten aber außer der gebetenen Diskussionsrunde mit Klaus Honnef (Landesmuseum Bonn), Jens Christian Jensen (Kunsthalle Kiel), Klaus Hoffmann (Städt. Kunstsammlung Wolfsburg), dem Oberbürgermeister von Wolfsburg und dem Objektemacher Gerhard Trommer nur ein Häuflein Spaziergänger, während nebenan im Schloßhof ein Beat-Festival Hunderte von jungen Leuten anzog. Um es also mit dem einfachsten Volksvergnügen aufzunehmen, muß das Fernsehen der Schultschen Aktionskunst neben der Takelage auch noch das Publikum besorgen. Als gegen Beschwerden über die Umweltverschmutzung, zu der doch der Baum beitrage, Gutmeinende ihre Dankbarkeit über dadurch bewirkte „Denkanstöße" zeigten, zog der Macher über sein buntes Narrenkostüm gerne das Mäntelchen der Nächsten- und Umweltliebe. Auch die Fachwelt bescheinigte seiner Gaudi gerne die sozialkritische Funktion.
Daß bescheidene Beiträge zu einem Rosenmontagszug klarere und kräftigere Denkanstöße liefern, wurde bei der inzwischen mechanischen Verwechslung von Kunst und Demonstration, Kunst und Klamauk natürlich übersehen. Man freute sich einmal wieder der sogenannten Grenzerweiterung der Kunst ins Nirwana aufwendiger Platitüden. Unter der Konsum-Kollekte thronte der Macher, einzig auf seine Einzigkeit als Schellenkönig einer fiktiv-kollektiven Mache bedacht.*

Klaus Honnef in seinem Tagebuch vom 5. 6. 1976:
In Wolfsburg präsentiert HA Schult vor den Fernsehkameras der ZDF-Sendung „Aspekte", „seinen Pfingstbaum", dessen „Schmuck" die Fernsehzuschauer geschickt haben. Sie waren dazu aufgefordert worden. Zusammen mit Jens Christian Jensen, Klaus Jürgen-Fischer, Joachim Büchner und HA Schult bilde ich die Mannschaft für die Fernsehdiskussion. Diese verläuft höchst spannend; ein Ping-Pong der Anwürfe zwischen Jürgen-Fischer und Schult, das zum Lebendigsten gehört, was ich seit langem an Diskussion erfahren habe. Klare Grenzen, keine Müdigkeit, intelligente Argumente, dabei vollkommen kontrovers und ohne jedes Bemühen um falsches Einverständnis auf einer der beiden Seiten; perfektes Show-Business. Gäbe es dies häufiger, wäre der Kunstbetrieb nicht so lähmend langweilig, wie er mittlerweile geworden ist. Nostalgie, wenn man den wunderbar polemischen, einseitigen und meistens auch unsachlichen Kritikern wie Albert Schulze-Vellinghausen, Will Grohmann, John Anthony Thwaites und auch Klaus Jürgen-Fischer, um nur die Kunstkritiker der Nachkriegszeit zu nennen, nachweint?

POESIE IST VON ALLEN

GEMACHT WORDEN

TELEX

A887
R J
PM-DUMP 6-24
(PICTURE)
PILOT CRASHES INTO GARBAGE DUMP FOR ART'S SAKE
BY PETER W. FISCHER
OPA-1-WRITTEN FOR UPI

NEW YORK (UPI) -- WAS IT A PLANE CRASH OR WAS IT ART?

PILOT FRANK DI'ANGELONE STEERED HIS SINGLE ENGINE CESSNA 156 OVER MANHATTAN'S SKYSCRAPERS, CIRCLED OVER THE STATUE OF LIBERTY IN NEW YORK HARBOR AND AIMED THE NOSE OF THE PLANE TOWARD ONE OF THE WORLD'S BIGGEST GARBAGE DUMPS ON STATEN ISLAND.

IT WAS A LOVELY PLANE -- PAINTED BLACK, TATTOOED WITH AMERICAN CONSUMER EMBLEMS IN THE POP ART STYLE OF ANDY WARHOL. THERE ALSO WAS AN AMERICAN FLAG, A BIG PICTURE OF ELVIS PRESLEY AND, SO THERE WOULD BE NO MISTAKE IN WHAT WAS HAPPENING, THE WORD "CRASH" PAINTED ON THE SIDE.

DI'ANGELONE SHOT ACROSS THE GARBAGE SURFACE, AND NOSED INTO THE GROUND. THE PLANE FLIPPED OVER ON ITS BACK LIKE A DEAD INSECT IN FULL VIEW OF GERMAN TELEVISION CAMERAS FILMING THE SCENE THURSDAY AS A CONTRIBUTION TO THE WEST GERMAN ART FESTIVAL DOCUMENTA IN KASSEL. HE OPENED THE DOORS AND SCRAMBLED OUT, NOT A MOMENT TOO SOON.

FROM FOUR DIRECTIONS HUGE, MEAN LOOKING CATERPILLAR BULLDOZERS MOVED TOWARDS THE PLANE AND CRASHED INTO IT, RIPPING THE FUSELAGE, THE WINGS AND TAIL SECTION INTO SMALL PIECES AND BURYING THE REMNANTS

BEAMING, RUBBING HIS HANDS IN HAPPINESS AS THE ART HAPPENING UNFOLDED BEFORE HIS EYES.

"WUNDERBAR!" HE SAID. "I CREATED A MONUMENT TO OUR TIME."

THE EVENT WAS CREATED BY SCHULT AND PAID FOR BY WEST GERMAN MUSEUMS AND COLLECTORS WILLING TO PUT UP SEVERAL HUNDRED THOUSAND DOLLARS FOR THE SAKE OF ART.

SCHULT IS A WELL KNOWN ARTIST IN EUROPE WHO MADE NEW IN 1976 WHEN HE COVERED THE FAMOUS PIAZZA SAN MARCO IN VENICE OVERNIGHT WITH TONS OF OLD NEWSPAPERS.

SCHULT SAID HE HAD OBTAINED PERMISSION TO LAND A PLANE ON THE GARBAGE DUMP IN STATEN ISLAND. THE NEW YORK CITY DEPARTMENT OF SANITATION KNEW OF HIS PLANS BUT DID NOT KNOW THAT HE PLANNED A CRASH LANDING.

TWO HELICOPTERS WITH PHOTOGRAPHERS AND CAMERAMEN FILED THE EVENT A SHORT FILM OF OPERATION CRASH WILL BE BROADCAST TODAY BY CBS VIA SATELLITE TO GERMANY AND SHOWN ON SATURDAY, ONE DAY AFTER THE OPENING OF THE ART FESTIVAL DOCUMENTA, IN KASSEL.

CHANNEL 13 WILL TELECAST TODAY LIVE, VIA SATELLITE FROM KASSEL, THREE OPENING DAY EVENTS FROM DOCUMENTA 6, AMONG THEM A 10-MINUTE PERFORMANCE BY AMERICAN VIDEO ARTIST DOUGLAS DAVIS, WHO WILL CREATE A DIALOGUE WITH IMAGES OF HIMSELF INTENDED TO REFLECT THE POSSIBILITIES AND LIMITATIONS OF TELEVISION COMMUNICATION.

UPI 06-24 10:13 AED

80 MILLIONEN VOR DEN BILDSCHIRMEN

22. Juni 1977 ARD Dieter Gütt:

" Wer von Kunst keinen Dunst hat, kennt nicht HA Schult, den vornamenlosen Aktionskünstler, der sich ausgerechnet New York ausgesucht hat, um seinen Beitrag zur deutschen documenta zu leisten.
Seine künstlerische Aktion soll es sein, ein Flugzeug in die Müllhalden von Staten Island stürzen zu lassen. Sein Ziel ist es, ein Dokument unserer Zeit zu schaffen. Schult, der sich jede Freiheit nimmt, hat sich auf ein Abenteuer eingelassen. "

June 24, 1977 CBS Walter Cronkite:

" That story will take you high in the sky of the New York City. What you will see is art accorded to HA Schult, the German artist. Frank D'Angelone fly over New York City in a Cessna 150, black, with the American emblem on it and the word "CRASH!"
That word will give you an idea what artist Schult intends.
West German museums and collectors put up the money for Schult to express himself. And Schult tells he had obtained permission of the New York City Sanitation Department to have the plane land on the garbage dump on Staten island. He did not tell the department how he planned to have it land.
Yes, so a plane crashes for art!
Standing by to finish the job D'Angelone started the Bulldozers, also arranged by Schult.
The artist was pleased with this artistic effort.
" Wunderbar " is the word he used. "

24. Juni 1977 ARD Gisela Marx:

" Berühmte Postkartenansichten von New York für einen Augenblick subjektiviert. Der Macher HA Schult wollte vor dieser Kulisse mit einem von ihm gestalteten Flugzeug Manhattan und der Freiheitsstatue, als den alten Symbolen der Neuen Welt, seinen Stempel aufdrücken.
Grund dieser Aktion, und die Vermittlung der Aktion durch das Medium, das Medium also als Kunst, ist der Beitrag von HA Schult zur documenta in Kassel in diesem Jahr. "

feuilleton AZ München, Samstag/Sonntag, 25./26. Juni 1977

documenta-Aktion: Schults Flugzeug-Absturz geglückt

Müllmänner lachten

In New York führte der „Macher" die Behörden an der Nase herum

Eine der spektakulärsten Aktionen im Rahmen der Kasseler Kunstausstellung „documenta" fand ein vorschnelles Ende. Statt am morgigen Sonntag ließ der Münchner „Macher" HA Schult schon jetzt ein Flugzeug samt Pilot in die New Yorker Müllhalde im Stadtteil Staten Island stürzen. Die schwarz bemalte „Cessna 150" überschlug sich, der Pilot kam unverletzt davon.

Durch das vorgezogene Startsignal zum Absturz vermasselte sich Schult die Live-Übertragung nach Kassel. Der frühere Termin wurde aber notwendig, weil die New Yorker Behörden die Aktion verbieten wollten. Außerdem wollte Schult keine fremden Kamerateams an der Aktion schmarotzen lassen. Das „Kunstabenteuer" (Schult) wurde von dem Stunt-Piloten Frank D'Angelone gesteuert. Das pechschwarze Flugzeug mit Wohlstandssymbolen wie Coca Cola, Marylin Monroe (und auch dem Namen HA Schult) beklebt, ging gegen 13.15 Uhr in der gigantischen Abfallhalde nieder.

Kaum hatte der Trickpilot das Wrack verlassen, da rollten vier riesige Planierraupen in Richtung des abgestürzten Objekts. Sie zerquetschten und zerrissen die „Cessna" in unzählige Abfallteile und schoben sie dann zum übrigen Müll der Multimillionenstadt New York. In Rekordzeit war alles vorbei. Die Müllmänner applaudierten; Schult freute sich. In Sekundenschnelle war nichts mehr von der Aktion zu sehen.

Was bleibt, sind die von zwei begleitenden Hubschraubern aus gedrehten Filme und über tausend Fotos, die die Aktionskünstler hütet wie einen Schatz. Selbst der internationalen Agentur AP gelang es nicht, in New York ein Bild von dem Absturz aufzutreiben. Wie die Fotoagentur verpaßte die gesamte US-Presse das seltene Ereignis. In den Morgenzeitungen der USA stand keine Zeile. Glück für Schult und den WDR, der die Aktion in aller Ausführlichkeit gedreht hat und nun den Film weltweit verkaufen kann.

Im Bild über die Aktion war in New York niemand so richtig. Die New Yorker Polizei zur AZ: „Nein, es hat keinen Flugzeugabsturz über Staten Island gegeben." Und das Reinigungsamt sagte uns: „Künstler und Pilot haben doch eine ganz normale Landung geplant. Dieser Absturz war unbeabsichtigt."

Tatsächlich hatte Schult von Anfang an die Aktion als Absturz geplant. Der Pilot sollte nach dem Flug über New York mit einem Fallschirm abspringen. Doch das hätte bedeuten können, daß das führerlose Flugzeug aus großer Höhe wie ein Geschoß die Müllhalde hätte treffen können. Das Risiko war Schult dann doch zu groß. Pilot D'Angelone, verheiratet und Vater einer Tochter, polsterte das Innere der „Cessna" tüchtig aus und erklärte sich bereit, den Absturz „sitzend" zu überstehen. Das war ihm 15 000 Mark wert.

B. L./H. L.

Schult, der „Macher" hat sein Abenteuer gehabt. Das Flugzeug ist wunschgemäß abgestürzt und unter Müll begraben worden. Was nun? Es ist dem „Umweltkünstler" gelungen, Behörden und Reporter zu narren. Außer der zum Tatort bestellten ARD-Crew ist niemand Zeuge. Nun kann das Ereignis exklusiv vermarktet werden. Der abgebrühte Pilot hat sein Geld, und die New Yorker Verwaltung tut einfach so, als wäre nichts gewesen. Besser kann man gar nicht demonstrieren, daß Kunst in den Medien nach Strich und Faden manipuliert werden kann. Auf das Geschehen kommt es gar nicht mehr an, nur die Fernseh-Konserve zählt noch.

So gesehen, hätte Schult seine Idee auch als „Türken" bauen können: montiert aus Filmresten irgendeines Flugzeugabsturzes und irgendeiner Müllhalde. Was ist in diesem absurden Elektronik-Zeitalter schon wahr und was gestellt? Bald werden unsere Köpfe durch Monitore ersetzt, und schließlich merkt niemand mehr, daß wir nur noch Abbilder und keine Wirklichkeit erfahren. Die verwirrende Gleichschaltung geht schon so weit, daß Schult mit den Wohlstandssymbolen unserer Zeit auch mit seinen Namen auf dem Flugzeugrumpf unterm Auswurf der Zivilisation begraben hat. Zeigt der Macher damit, daß er selber ein Teil dieser Wegwerf-Ideologie ist? Unfreiwillig.

PMB

AUF DER MÜLLKIPPE von Staten Island in New York: der Macher HA Schult. Hier hat er zur Eröffnung der Kasseler documenta ein Flugzeug abstürzen und mit Bulldozern begraben lassen.

foto: Harry Shunk

4.000 AM HERKULES

Herkules: Tausende saßen fest

Nach „Crash"-Aktion

Kassel (k). Bis zu anderthalb Stunden saßen in der Nacht zum Sonntag mehrere tausend Menschen am Herkules fest. Nach der Video-Aufzeichnung des New Yorker Flugzeugabsturzes („Crash") von HA Schult waren die Zufahrtsstraßen im Habichtswald völlig verstopft. Es gab kein Vor und Zurück mehr. Zwischen 22 und 23.30 Uhr mußten die — zumeist enttäuschten — „Crash"-Zuschauer mit ihren Autos einen Zwangsaufenthalt auf den Parkplätzen am Herkules, an Seitenstreifen der Zufahrtsstraße und in Feldwegen in Kauf nehmen, ehe sie bergab fahren konnten.

Trotz des Massenauftriebs: Am Herkules war kein Polizist zu sehen. Beherzte Autofahrer ergriffen die Initiative und regelten zeitweise den Verkehr, um den Abfluß der Fahrzeugschlange zu beschleunigen. Offensichtlich hatten die Verantwortlichen der Polizei die Publikumswirksamkeit der Schult-Aktion völlig unterschätzt. Zuvor beim Lichterfest rund um das Schloß Wilhelmshöhe waren dagegen Dutzende von Polizisten, darunter auch Polizeireiter, im Einsatz.

Ein Passant: „Nicht auszudenken, wenn da oben im Getümmel was passiert wäre ..."
— Im Stau, bei der Abfahrt, blieben mehrere Autos liegen — potentielle Gefahr für Auffahrunfälle.

Hunderte von Kasselern hatte es schon lange vor der Schult-Aktion wegen des Feuerwerkes beim Lichterfest per Auto zum Herkules gezogen. Weitere Ströme kamen zu Fuß vom Schloß her die Treppen hoch zum Oktogon. Schließlich setzte gegen 21.30 Uhr ein Massenansturm von Fahrzeugen auf den Herkules ein. Mit langen Verzögerungen, nach Stockungen und Stauungen, kamen sie zum Ziel. Nach Schluß der kurzen „Crash"-Aktion blieben die meisten Zuschauer in ihren Autos sitzen und warteten darauf, daß sie endlich abfahren konnten. Einige ließen ihren Zorn in Hupkonzerten ab, andere nutzten die Zeit zum Spaziergang im (finsteren) Wald.

Da am Herkules keine Beamten im Einsatz waren, konnte die Polizei gestern auf HNA-Anfrage auch keine Zuschauerzahl nennen. Schätzungsweise dürften jedoch am Samstagabend 3000 bis 4000 Menschen an Kassels Wahrzeichen gewesen sein.

HESSISCHE ALLGEMEINE

Ausgabe Kassel-Stadt
1P 3713 AX

UNABHÄNGIG — KASSELER ZEITUNG — NICHT PARTEIGEBUNDEN
Preis 60 Pfennig · Nr. 145 · Montag, 27. 6. 1977 · Ruf (0561) 2031·Anzeigen 203-3

DER GEZIELTE HINWEIS

ANMERKUNG ZU EINER DEMONSTRATIVEN ARCHÄOLOGIE UNSERER GEGENWART

von
Georg F. Schwarzbauer

Überblickt man das bisher vorliegende Oeuvre von HA Schult, so fallen zwei Momente besonders auf. Aktionen, die auf möglichst breite Rezipientenschichten angelegt sind, die ganz bewußt und mit wohldurchdachter Festlegung auch den Anonymus der Kunstszene, den Zufallspassanten, den Kunstkonsumenten wider Willen mit einbeziehen, und Arbeiten, die auf das traditionelle Kunstpublikum ausgerichtet sind, stehen einander gegenüber. Ein Kontrast der Arbeitsweise wird deutlich, der in der Rezeption zu vielschichtigen Überlegungen, häufig auch zu Kontroversen führte, der die notwendige Zusammenschau des vorliegenden Oeuvres fast immer verhinderte. Diese Diskussionen hatten oft recht einseitige Festlegungen zur Folge, standen einer wertneutralen Beurteilung im Wege. Wenn an dieser Stelle der Versuch unternommen wird, die Arbeit des Machers Schult zu würdigen, so soll ausdrücklich darauf hingewiesen werden, daß in dieser Studie der notwendige Versuch unternommen wird, die bislang fast immer getrennt beschriebenen Bereiche der künstlerischen Arbeit als eine notwendige, sich zwangsläufig ergebende Einheit darzustellen. Als eine Einheit, die sich aus der künstlerischen Entwicklung ableiten läßt, die in logischer Folge zu den einzelnen Arbeitsergebnissen führt. Bedingt durch die angewandten vielschichtigen Mitteilungsmedien, die schon den Aufbruch der frühen Jahre charakterisieren, kommt es zu systematischen Themeneinkreisungen, wird das Umfeld der artifiziellen Beobachtungsfestlegungen Schritt für Schritt erweitert. Stehen in einer ersten Phase des künstlerischen Schaffensprozesses die reinen Aktionen betont im Vordergrund, so setzt schon Anfang der siebziger Jahre ein die Aktionen begleitender Übertrag ein. Bedingt durch das demonstrative Aufmerksammachen des Betrachters, durch das häufig auch bewußt eingeplante Schockerlebnis des Rezipienten, ergibt sich fast nahtlos die Notwendigkeit einer begleitenden Verdeutlichung des künstlerischen Tuns. Die Bildobjekte, sie entstehen unter dem Aspekt einer ganz bewußten Umsetzung der durch die Aktion gewonnenen Erfahrungen, haben einen betont theoretischen Stellenwert. Sie sind als präzise Standpunktfestlegungen zu verstehen. Als Standpunktfestlegungen, die in der zweiten Arbeitsphase Schults, in der es ganz offensichtlich um die Zusammenschau früher Erkenntnisse geht, die Funktion statischer Umsetzungsmomente übernehmen. Was vom Rezipienten innerhalb der Aktion nur als zeitlich begrenzter Hinweis verstanden werden kann und einer subjektiven, reflektierenden Deutung unterliegt, scheint sich in den Bildobjekten zu objektiven Anhaltspunkten der Betrachtererfahrung zu verdichten. Ihre Beschreibbarkeit klammert die für die Aktion so typische und in der Reproduktion des Erfahrenen notwendige Umschreibung gewonnener Erfahrungswerte aus. Diese Festlegung – sie läßt sich mit dem Begriff „Dialog verschiedener Sprachwerte" beschreiben – ist für den Rezipienten überaus wichtig. Die Interpretation der gewonnenen Erfahrungen wird erst durch den Vergleich, durch die Gegenüberstellung der vom Macher inszenierten Situationen zu einem gültigen Bild der Gesamtaussage. Zwar reproduziert jede einzelne Aussage Schults einen in sich geschlossenen Themenkreis, der analysiert und gedeutet, als topographisch festgelegte Zustandsbeschreibung gedeutet werden muß, die zusammenfassende Absicht aber, jenes kaleidoskophafte Weltbild drohender Endzeitsituationen, die uns unmittelbar bedrohen, wird nur dann in seiner ganzen Tragweite deutlich, wenn sich der Interpret zu einer additiven Betrachtungsweise entschließt.

Schult spricht den Rezipienten unmittelbar an. Obwohl seine Arbeiten, Aktionen und Performances lehrstückhaften Charakter haben, sie schon von den unterstellten Intentionen her gesehen zu unmittelbaren Betrachterreaktionen Anlaß geben, sind die Aussagen auf direkte Reaktionen hin konzipiert. Sie sind, und das gilt ganz besonders für die Ende der sechziger Jahre, Anfang der siebziger Jahre stattfindenden

Aktionen, auf eine Direktreaktion hin angelegt. Auf ein unmittelbares Beteiligtsein, das durch die gebotenen Situationsfestlegungen den Rezipienten zum Eingreifen förmlich zwingt. Die Ideologie einer „Kunst-ist-Leben"-Einstellung, die Schult in dieser einleitenden und für sein weiteres Schaffen so bedeutungsvollen Arbeitsphase überaus zielstrebig und konsequent anwendet, führt in fast logischer Folgerichtigkeit zu direkten Publikumsreaktionen. Da keine überhöhte Kunstsprache mehr gesprochen wird, da jede übersetzende und Distanz schaffende Metapher ausgeklammert ist, kann die Reaktion des Konsumenten nur eine direkte, eine unmittelbare sein. Eine Reaktion der Ad-hoc-Stellungnahme und Auseinandersetzung mit dem Gebotenen. Dabei kam das zeitlich bedingte Rezeptionsverhalten, das wir knapp zehn Jahre später kaum noch in seiner Unmittelbarkeit und Direktheit begreifen können, dem Kunstproduzenten sehr zu Hilfe. Schult wollte von allem Anfang an sein Publikum aus der Reserve locken. Er wollte durch das Vorführen alltäglicher Ereignisse, deren Alltäglichkeit allerdings vom Publikum wegen der vorgenommenen Übersetzung in eine unerwartete Situation nicht begriffen werden konnte, Stellungnahmen und Direktentscheidungen erzwingen. Er wollte ganz bewußt Handlungen auslösen. Dabei spielte die Wahl seiner antithetischen Kunstmittel eine wichtige Rolle. Nicht beobachtend wertende Rezeption war gefragt, sondern eher das Gegenteil. Der Betrachter, unvorbereitet mit den Ikonen seiner eigenen Konsumwelt konfrontiert, fühlte sich im stärksten Maße provoziert. Nur durch diese wohldurchdachten Konfrontationsüberlegungen entsteht jene für die Frühzeit so typische Aggressionshaltung des Rezipienten, der sich durch den aktiven Eingriff in die so ungewohnte Komposition, durch den Angriff auf das gebotene Objekt mit dem Vorgeführten auseinandersetzen muß. Doch gerade durch die Aggression und Destruktion wird der Handelnde, ohne es zu wollen, zum reflektierenden Betrachter. Die vom Kunstmacher beabsichtigte Verdeutlichung alltäglicher Umwelterfahrungen ist auf diese innere Beteiligung des Konsumenten ausgerichtet. Sie macht das Gebotene erst dann erfahrbar, wenn eine individuelle Wertung und Einschätzung erfolgt. Die vom Künstler getroffene Ausrichtung seines Tuns ist auf eine unmittelbare Negation ausgerichtet, wobei allerdings gesagt werden muß, daß es gerade die Negation, die Verweigerung der direkten Rezeption ist, die ein Reflektieren im Übertrag mit einschließt. Das im Moment der Konfrontation einsetzende Negativverhalten wird durch eine allmählich sich ergebende Analyse der ursprünglichen Verhaltensmuster überlagert. Erst wenn der Rezipient erkannt hat, daß er sich im ersten Impulsivverhalten gegen sein eigenes, ihn täglich umgebendes Umfeld gewandt hat, wird eine objektive Einschätzung der beabsichtigten Mitteilungen möglich sein.

Schult, der Macher, jene Beschreibung, mit der HA Schult immer wieder seine Aktionen, Ausstellungen und demonstrativen Aktivitäten ankündigte, hat sich offensichtlich ausführlich mit den Gesetzmäßigkeiten der Kunstrezeption befaßt. Er überträgt die Aktivität des Schaffensprozesses auf den Betrachter. Er integriert den Konsumenten in den Prozeß seiner vorgefaßten Demonstrationen, die er als lehrstückhafte Hinweise und Denkanstöße verstanden wissen möchte. Dennoch besteht zwischen den zeitgleichen Posthappenings der späten sechziger Jahre und den Aktivitäten von HA Schult ein gravierender Unterschied. Der Rezipient, auch bei Schult unmittelbar Beteiligter an den vorgeführten Prozessen, erfährt dieses sein Beteiligtsein nicht durch den vorgeplanten, vom Kunstmacher beabsichtigten unmittelbaren Eingriff in den vorgeführten Prozeß. Er ist, auch wenn sich das bei verschiedenen Aktionen bis zum destruktiven Tätigwerden gesteigert haben mag, a priori in die Funktion des wertenden Beobachters gedrängt. Ein Beobachter, der allerdings erst dann die Nutzanwendung aus den erfaßten Situationsbeschreibungen ziehen kann, wenn es ihm gelingt, die eigenen Standpunktfestlegungen mit dem Vorgeführten zur Deckung zu bringen. Dies bedarf eines abschätzenden, vergleichenden Verhaltens und erzeugt eine, man möchte fast sagen eigengesetzmäßige Aktivität. Denn nur in der bedingungslosen Stellungnahme, im Hinwenden zu den gebotenen Ereignissen, kann die Intention des Gesagten und Gezeigten ihre Erklärung finden. Der Betrachter ist der eigentliche, das Ereignis verifizierende Faktor. In seiner Rolle als Interpret addiert er die artifiziellen Hinweise mit den ihm bekannten außerkünstlerischen Erscheinungsbildern und findet so zu einer abwägenden Betrachtungsweise. Dieses Verhalten führt in der Folge durchaus zu determinierbaren Erscheinungsbildern einer spezifizierten Rezeption. Aus der Vielzahl der künstlerischen Hinweise ergibt sich auch eine Vielzahl der Verhaltensweisen. Gerade wegen der vielschichtigen thematischen Einkreisungen, die Schult immer wieder ein und derselben Aussagekonzeption unterlegt, kann auch der Betrachter in einer durchaus verschiedenen Weise zu den jeweiligen Hinweisen Zugang finden, wird sich sein Verhalten bei den jeweiligen Arbeiten als differenziert erweisen. Es liegt im Wesen der von HA Schult gebotenen Umweltbeschreibungen, daß eine durchgängige Situation, die wir landläufig mit dem Problem der Umweltverschmutzung und ihren Folgen charakterisiert haben, unter den differenziertesten Aspekten vermittelt und dargestellt werden kann. Wenn Jens Christian Jensen (Anm. 1) von den „drei Gleisen" spricht, auf welchen der Künstler „sein Programm vorträgt", dann resultiert eine solche Beobachtung, die natürlich erst für den Schaffensprozeß um die Mitte der siebziger Jahre zutrifft, da sie auch die eingangs erwähnten Bildobjekte, Grafiken und Kastenbilder berücksichtigt, aus den konzeptionellen Beobachtungen, die sich schon an den frühen Arbeiten anstellen lassen. Da die Hinweise, die Schult in dieser Frühzeit geben möchte, immer wieder punktuelle Eingrenzungen eines weiten Erscheinungsfeldes sind, kann auch der Beobachter seiner Aktivitäten sich nur dann Zugang zum Werk verschaffen, wenn er sein Rezeptionsverhalten auf die Art der Mitteilung abstimmt. Schult, der es im Umgang mit den Massenmedien zu meisterhafter Perfektion gebracht hat und die Gesetze des Betrachterverhaltens ganz genau kennt, stimmt seine Mitteilungen nicht nur auf eine möglichst große Rezipientenschicht ab, sondern versucht auch, kunstfernes Publikum für seine Arbeit zu interessieren. Diese seine Absicht der Erweiterung möglicher Kunsterfahrungen und einer sonst nur in Insiderkreisen durchdiskutierten Mitteilung bestimmt die intendierten Gesetzmäßigkeiten und das Rezeptionsverhalten. Der Betrachter wird vom Macher in eine vorbestimmte Rolle gezwungen. Bedingt durch die Regie und Dramaturgie der frühen Aktionen, welchen für das weitere Schaffen ein programmatischer Stellenwert zukommt, ergeben sich vier verschiedene Möglichkeiten innerhalb des Betrachterverhaltens.

Rezeption durch Beteiligung:
(Die Aktion und ihre Verarbeitung unter der Aufsicht des Beobachters)
Aggression und Destruktion:
(Das unmittelbare und fast immer ungesteuerte Eingreifen des Konsumenten)
Beobachtung und Distanz:
(Der Rezipient als reflektierender Beobachter des Geschehens)
Übertragene Mitteilungswerte:
(Die durch Medien vermittelte Mitteilung).

Ähnlich diesen Gruppierungsmöglichkeiten der einzelnen Aktionen, bei welchen es natürlich auch zu einem Ineinandergreifen der einzelnen Verhaltensmuster kommen kann, entwickeln sich auch die innerartifiziellen Aussagen des Produzenten. Schults Beteiligung am Prozeß der Aussage kommt einer konzentrischen Themeneinkreisung gleich. Die einmal gefundene Formel „Kunst ist Leben" wird systematisch auf wenige signifikante Bereiche eingegrenzt. Nicht

die Vielschichtigkeit möglicher variationsreicher Umweltbilder ist die Absicht dieses Demonstrationsvorhabens, sondern die Beschränkung auf wenige Fakten. Die Situation des Menschen in einer drohenden, nicht mehr allzu fernen Endzeitsituation steht im Vordergrund der Untersuchungen. Ihre bedrohlichen Aspekte, die sich immer mehr zu einem Punkt des kaum noch reparierbaren Schadens hin verdichten, gilt es eindringlich und unmißverständlich darzustellen. Alle von Schult aufgegriffenen Themata, ob es sich nun um die Metapher Chemie und ihre Folgen handelt oder um das Auto und den Verkehr oder um die sich immer weiter und immer mehr ausdehnenden Müllhalden unserer Zeit, die schon jetzt jede Zukunftshoffnung ad absurdum zu führen scheinen, werden von einer einzigen Idee getragen. Die Konsumwelt wird zur unentrinnbaren Zwangsvorstellung, wendet sich gegen ihre eigenen Erfinder. Entgegen den amerikanischen Konsumprotagonisten, entgegen der fast sorglos unkritischen Pop Art, die mit Andy Warhols „Markenartikeln" durch das ständige Vorzeigen der Ware den Konsumfetischismus in ungeahnter Weise ankurbelte, wendet Schult konsequent und unerbittlich sein Verfahren einer aufrüttelnden Negation an. Diese Gegenrechnung bedingt seine künstlerischen Aussagen und bestimmt auch die innerartifizielle Entwicklung. In logischer Anwendung eines solchen Vorhabens entstehen die ersten Bildobjekte, Umweltkästen und Grafiken erst zu einem Zeitpunkt, zu dem das themenbestimmende Anliegen schon wie ein Signet bekannt ist. Auf die wichtige gesellschaftspolitische Bedeutung eines solchen Tuns hat Gerd Winkler (Anm. 2) schon 1973 hingewiesen. „HA Schult schlug den umgekehrten Weg ein. Er unterlief ein System, das selbst einem Warhol den Weg von unten nach oben aufzwang, und begann erst dann mit der Produktion von Objekten, als der Name HA Schult bekannt war wie ein Markenzeichen."
Ausgehend von derartigen Überlegungen verdienen die verwendeten Materialien, ihr Gebrauch, ihre überaus exakte Anwendung besondere Beachtung. Das Material — es spielt vermittels seines Ausschließlichkeitscharakters eine zentral verdeutlichende Rolle — wird von HA Schult mit konsequent durchdachten Absichten eingesetzt. Ob er es nun in seinen Aktionen verwendet und es dabei natürlich dem Beobachter in einem viel dichteren Kontext begegnet oder ob es in artifizieller Übersetzung, als wohlüberlegte, einen langen Prozeß der Zueinanderordnung auslösende Komposition in Erscheinung tritt, die vom Betrachter gelesen werden will, immer wird man es unter dem doppelten Aspekt der Form-Inhalt-Problematik zu verstehen haben. Zum reinen, visuell erfahrbaren Erscheinungsbild kommt eine situationsbezogene Bedeutung hinzu, die nicht ohne einen metasprachlichen Gebrauch der Dinge auskommt. Bedingt durch ein In-Frage-Stellen des Gebrauchswertes, kommt es beim Rezipienten zu jenen verschränkenden Überlegungen, die man als eine konzentrische Einkreisung der Negativwerte bezeichnen könnte. Das Medium wird durch die artifizielle Anwendung des Mediums ad absurdum geführt. **Der Unwert der Dinge steht unvermittelt im Vordergrund.** Die Reflexion des Alltäglichen beinhaltet, da sich die Festlegungen und Anhaltspunkte der Betrachtungsweise verändert haben, plötzlich ungewohnte, bedrohliche Aspekte eines generellen Unbehagens.
Mit dieser Definition ist ein nicht unwichtiger Zugang zum Oeuvre von HA Schult gefunden. Denn jene Aspekte eines generellen Unbehagens, die sich durchgängig in allen Arbeiten und Aktivitäten nachweisen lassen, werden auf eine zeitbedingte Umwelterfahrung zu reproduzieren sein. Der eigentliche Impetus, der in den Jahren 1968/69 die Arbeiten bestimmt, muß in jener von Schult forciert vorgetragenen Aufbruchstimmung gesehen werden, die man mit dem Begriff der Verweigerung beschreiben könnte. Eine Verweigerung, die mit den tradierten Werten dieses Jahrzehnts radikal bricht und in neuen Maßstäben einer kritischen Materialanalyse zu denken

beginnt. Schult stellt bei einer solchen Untersuchung, die sich mit der Ideologie der neuen Tendenzen intensiv befaßt und ihre eher stillen Statements ins spektakulär Ereignishafte umstrukturiert, nicht von ungefähr die verbalen Verdeutlichungen in den Vordergrund. Das Kommunikationsmittel „Wort" soll, eine thesenhafte Einstellung, der er bis heute treugeblieben ist, dem Rezipienten als weiterführender Denkanstoß dienen. Es soll ihm, da er bekannten Begriffen und Vorstellungen begegnet, das Erkennen künstlerischer Intentionen erleichtern, wobei allerdings anzumerken bleibt, daß dieser Erkenntnisprozeß nur auf Umwegen einsetzen wird. Bedingt durch die ungefilterte Sprache, die Zusammenhänge unübersetzt und ohne artifiziellen Übertrag in den Kontext einer Jetztsituation stellt, bleibt die Mitteilung als gewohnte Sprache der Dinge verständlich. Erst bei näherem Hinsehen, beim Ausloten der Erfahrungen, verändert sich das ursprünglich scheinbar so leicht zu Durchschauende. Beginnend mit der Ausstellung von Reißbildern, Objekten und Bildresten, die 1968 in der Galerie ekto am Kaiserplatz in München gezeigt wurden, setzt eine Reihe von lettristischen Untersuchungen ein, die bis zur spektakulären „Terra-Extra"-Ausstellung in der Wiener Galerie Nächst St. Stephan reichen. Im kurzen Zeitraum von knapp einem Jahr wird eine kaleidoskophafte Fülle von Einfällen verwirklicht, die sich mit dem Betrachterverhalten, seiner Einstellung zum Gebotenen auseinandersetzt. Schults frühe Demonstrationen und Hinweise sind wie eine Schule des Rezipienten zu verstehen und auch als solche konzipiert. Gegenständliches wird dem Beschauer geboten, Verbales wird seiner Aufnahmefähigkeit anheimgestellt. Trotzdem verstellt die Akkumulation der Dinge, das Environmenthafte des Gebotenen, den Blick. Die einzelnen Hinweise, ob es sich nun um die 200 Ytongsockel mit Papier handelt, die bei „sub art" in einem Münchener U-Bahnhof 1968 zu sehen waren, oder um die auf dem Galerieboden ausgelegten, mit Steinen beschwerten Science-Fiction-Romane in der Galerie Nächst St. Stephan, deren Trivialcharakter den Betrachter einstimmt und zu den nachfolgenden Aktionen der Destruktion veranlaßt, immer geht es vorrangig um das Problem einer vom Macher Schult forciert vorgetragenen Bewußtseinsbildung des Rezipienten.

Dieses vertiefende Hinwenden zur vorliegenden Arbeit, es ist als Einsehen in die bekannten, geläufigen, abrufbaren Vorgaben zu verstehen, beinhaltet einen determinierbaren Problemhintergrund, den es zu erkennen gilt. Der Anlaß der Reaktionen, die zum Zerstörungsakt führen, ist gemessen an den sich daraus dann letztlich ergebenden Einsichten geringfügig. Das Erkennen setzt trotz der Spontanhandlungen, der als Abwehrreaktionen zu verstehenden Zerstörung des Gebotenen, schon in den ersten Momenten einer Begegnung mit der Komposition ein. Und es ist ganz sicherlich eine Folge dieses Erkennens, wenn der eigentliche Destruktionsakt als eine apotropäische Handlung empfunden wird. Durch das Zerstören des Vorhandenen soll Schlimmeres verhindert werden. Die Vernichtung der Bilder, sie werden in ihrer optischen Eindringlichkeit und wohl auch wegen ihrer perfekten Inszenierung als unerträgliche Momente des nicht mehr Ausweichenkönnens empfunden, soll von den falsch verstandenen, einer weiteren Verarbeitung kaum noch zugänglichen Denkstrukturen des Trivialen befreien. Schult macht es möglich, daß Ballast abgeworfen werden kann, daß es dem Betrachter gelingt, sich auch innerlich von Dingen und Erfahrungen zu lösen, die ihn unbewußt schon lange belastet haben.

Deswegen können seine Hinweise für jeden Einzelnen wie eine endlich mögliche Klärung schon lange anstehender Probleme verstanden werden. Die Hilfestellungen, die dabei auftreten, sind in der konsequenten Gesetzmäßigkeit des künstlerischen Handelns zu vermuten. Gerade bei so divergenten Arbeitsfestlegungen, die das schöpferische Erstellen einer Situation mit ihrer nachfolgenden Destruktion kombinieren, läßt sich, so paradox es dem ersten Eindruck nach auch scheinen mag, eine wichtige These formulieren. Die Rezeption ist mit den Arbeitserfahrungen des Kunstmachers identisch. Als Reaktion des Betrachters werden nur solche Erfahrungen freigelegt, die der Macher schon vor dem Realisieren seiner Arbeit verarbeitet hat. Seine eigene Reflektion, charakterisierbar mit einem Aufarbeiten präartifizieller Überlegungen, fließt in die analytische Beobachtung ein, wird auch in das Handlungsmuster integriert. An einigen weiteren Beispielen lassen sich diese Ansätze einer Beobachtung deutlich ablesen. Sowohl bei der „Materialshow" in der Tiefgarage der Kölner Ladenstadt, als auch in der für den Münchner Karnevalszug konzipierten Aktion „König des Konsums" fließt der direkte Verweis auf die aufzudeckenden Zustände in eine auf das Publikum bezogene und nur durch das Publikum realisierbare Aktivität ein. Der Wert des Zeigens wird durch den in beiden Fällen betonten Wert einer aktiven Beteiligung, einer breitgestreuten Erfahrungsbereitschaft gesteigert. Einer Erfahrungsbereitschaft allerdings, die mit dem Gezeigten ganz bewußt nicht zur Deckung gebracht werden konnte. Galt dies schon für die Oktober 68 in Köln stattfindende Materialshow, die zu einem Zeitpunkt inszeniert wird, zu dem gerade in der Domstadt am Rhein eine recht intensive Umfeldaufarbeitung einsetzt, so gilt es in noch stärkerem Maße auch für München, obwohl der lustige Anlaß es anders erwarten ließe. Der Faschingszug zum unerwarteten decouvrierenden Erlebnis umstrukturiert, hatte eine kaum vorplanbare Wirkung.

Beide Ereignisse gegenüberzustellen hat einen durchaus einleuchtenden Grund. Was nämlich im ersten Moment wie ein Vergleich von Extrempositionen anmuten mag, die schon deswegen miteinander kaum etwas zu tun haben, weil sie, abgesehen von den intendierten Anlässen der Ereignisse, auch auf ein völlig verschiedenes Konsumentenverhalten abgestimmt sind, erweist sich bei genauerem Betrachten als ein Anfang neuer ikonographischer Festlegungen. Sowohl die Abfolge, als auch die Motive sind unter ganz speziellen Gesichtspunkten zu verstehen. Schult unternimmt den geglückten Versuch, auf eine laute, spektakuläre Aktion eine leise, fast verhalten stille Demonstration folgen zu lassen. Das dabei zum ersten Mal eingesetzte Motiv, es sollte in einer ganzen Reihe von späteren Vorhaben seine Fortsetzung finden, muß schon wegen seiner unerwarteten Abwandlung den Betrachter unmittelbar berühren. **Was der Macher durch die drastischen Mutationen eines fast ikonenhaften Gebrauchsgegenstandes beabsichtigte, blieb nicht aus.** Des Publikums liebstes Kind, das Auto, schien in so absurder, aufreizender Weise sinnlos zweckentfremdet, daß Gegenreaktionen förmlich provoziert wurden. Das Kölner Auto hat seine Präsentation im Kunstkontext nicht überlebt. Die im Münchener Faschingszug mitfahrenden „Prunkwagen" hatten ein endgültiges Einstellen dieser Volksbelustigung zur Folge. Schuld traf Schult. Er, der den Münchnern nichts anderes vorführte, als eine zeitgemäße persiflierende Ironie im Sinne von Karl Valentin, immerhin ein Humorreservat, auf das die Isarmetropole mit Stolz verweist, traf auf empörende Ablehnung. Der „König des Konsums", drei Wagen mit verschiedensten sich verschränkenden Hinweisen, wie Zeitungsmakulatur, Schrott, etc., erregten schon deswegen Aufsehen, weil sich die visualisierten Mitteilungen gegen die vorgeprägte Betrachtererwartung richteten. Was bleibt, was mental in der Erinnerung weiterverarbeitet werden kann und sozusagen als Erfahrungskonserve auf Abruf zur Verfügung steht, sind fragmentarische Eindrücke. Deswegen war der Hinweis so zutreffend. Deswegen folgen auf den „König des Konsums" im Abstand von wenigen Monaten die „Flughafensituation", die „Kunstsimulator" genannte Computersituation und die beiden Papiersituationen „Schackstraße" bzw. „Galerie K 235 Köln". Schon die angeführte Reihenfolge, sie entspricht ganz exakt der zeitlichen Abfolge, soll als determinierender Hinweis verstanden werden. Das sich verflüchtigende Wort, symbolisiert durch die Methapher des Tatortes – Jürgen Claus, Elke Koska und HA Schult lesen auf dem Flughafen von Schleißheim Fragmenttexte und verbrennen die Vorlagen –, wird in der Folge für kurze Momente fixiert und für den Betrachter aufbereitet. In der „Schackstraße", die einen Kunstprozeß auslöste und im Gerichtssaal mit einer wohlvorbereiteten Performance von HA Schult endete, ist es dem überraschten Betrachter anheimgestellt, aus der nutzlos gewordenen Makulatur seinen Nutzen zu ziehen. In der Galerie K 235 Köln gilt, trotz der veränderten Situation, die man ja als einen den Betrachter einstimmenden Verweis bezeichnen könnte, dasselbe. Das bewußte Sagen und Zeigen einfacher Zustände wird wichtig, gerät immer mehr in den Ideenkreis des Machers. Eberhard Roters hat die daraus resultierenden Lehren recht einsichtig formuliert (Anm. 3). „Kunst unterscheidet sich insofern grundsätzlich von Wissenschaft, als sie nicht dazu da ist, Zusammenhänge und deren Entstehungsursachen reduktiv nachzuweisen, sondern dazu, Zusammenhänge induktiv evident zu machen, d. h. handgreiflich und anschaulich darzustellen. Sie hat, ex origine den Sinn, auf jeweils akute Probleme unserer Existenz aufmerksam zu machen und diese ins offensichtliche Bewußtsein zu transportieren. HA Schult der erkannt hat, daß unsere durch Reizüberflutung abgestumpfte Wahrnehmungsfähigkeit und Vorstellungskraft kaum noch in der Lage ist, auf sensibel gesetzte Signale zu reagieren, bedient sich dazu drastischer Mittel."

Einen nicht unwichtigen Stellenwert nimmt bei einer solchen Manifestation die in der Galerie Lüpke getroffene Festlegung ein. Als HA Schult und Jürgen Claus am 5. Mai 1969 ihren „Kunstsimulator" vorstellen, eine Computeridee, die dann nicht weiter verfolgt wurde, formuliert Schult den für die Interpretation seiner weiteren Arbeiten bemerkenswert statementhaften Satz: **„Situationen sind Kontaktauslöser".** Wie wichtig solche Kontaktauslöser sind, unter welchen Aspekten man sie zu sehen hat, zeigte schon wenige Monate später die am 5. September 1969 im Schloß Morsbroich, Leverkusen, eröffnete Ausstellung. Das dort Gebotene verwies in seiner ganzen Konzeption, in der ungewohnten Darbietung einer fremden Museumslandschaft, den Besucher in eine neue Situation, die er erst langsam begreifen mußte, die er sich, entgegen dem sonst im Museum Gebotenen, aktiv anzueignen hatte. Aktiv im doppelten Sinne. Sowohl das veränderte Umfeld der Kunst und ihrer Sprache galt es zu beurteilen, als auch die Mitteilung der Dinge selbst. Das scheinbar leere Museum, das zum Experimentierfeld umgewandelt worden war und dadurch den die Räume mit einer bestimmten Erwartungshaltung betretenden Besucher schockierte, war nur dann ein Ort innovativer Rezeption, wenn der Übertrag auf das scheinbar Unwesentliche gelöst werden konnte. Die sich verändernden biokinetischen Kulturen wollten in einem möglichst breiten Spektrum von assoziativ analytischen Betrachtungsweisen gesehen werden. Das zu Sagende und zu Zeigende konnte nur derjenige in seiner ganzen Tragweite abschätzen, der sich die Mühe machte, den angestrebten facettierten Erscheinungsformen nachzuspüren. Zeit und Raum als Demonstrativum hatten eine erste Manifestation erfahren. Eine Manifestation, der sich Schult in Zukunft noch öfter bedienen sollte. Denn auch die Biokinetik mit ihren für den Macher so wichtigen Folgen ist eine Themeneinkreisung, die durch immer neue situationsbezogene Hinweise ihre eigentliche Funktion der Aufdeckung erfährt. So gesehen ist das biokinetische Experiment von Leverkusen, dessen Ausgang unvorhersehbar war, dessen Erkenntniswert auch vom Initiator und seinem Helfer Günter Saree nicht festgelegt werden konnte, auch für Schult ein Schlüsselerlebnis. Der gelungene Versuch, die Umwelteinflüsse sichtbar zu machen, die unsichtbaren Gefahren einer immer weiter fortschreitenden Überindustrialisierung so schlagkräftig zu dokumentieren und zu visualisieren, konnte für die weitere Arbeit nicht ohne Folgen bleiben. In einer Reihe von Untersuchungen, die trotz der Divergenz des Ortes und der jeweils intendierten Absichten eine gemeinsame Idee verfolgen, hat sich dieses aufdeckende Verfahren einer bewußt innovativen Lenkung des Betrachters manifestiert. Das Spektrum der dabei verwendeten Hinweise im Übertrag reicht vom „Konsumbrunnen" in Köln (verbotenes Projekt für die Ausstellung in der Kölner Kunsthalle; Titel der Veranstaltung „Jetzt") bis zum biokinetischen Glashaus bei der von der Kölner Kunsthalle veranstalteten Ausstellung „Projekt '74" und schließt das dazwischen liegende Projekt „Biokinetische Landschaft mit Soldat", das auf der documenta 5 gezeigt wurde mit ein. Von immer gleichen Ausgangspunkten einer geistigen Situation werden, in Umkehrung des einmal Erkannten, differenzierte Einblicke in einen unaufhaltsam fortschreitenden Mechanismus der sich progressiv verhaltenden Bedingungsveränderungen unserer Umwelt geboten. Bedingungsveränderungen, die sich auch auf die innerartifiziellen Strukturen auswirken. Was als eine Demonstration sich verändernder Kunstsituationen begann, die den betont prozessualen Charakter ihres Vorhabens in den Vordergrund stellte, endet in einer intensiven Bewußtmachung von Umwelt determinierenden Fakten. Dem Erschrecken vor der Auflösung traditionell künstlerischer Vorstellungen folgt das Erschrecken vor den unsichtbaren Kräften, die eine Umstrukturierung und Mutation des Gebotenen überhaupt erst bewirken. Aus der Konstruktion des Sichtbaren entwickelt sich die Konstruktion des Verborgenen.

Die Theorie der Schultschen Biokinetik, die sich von der Utopie einer nur im Moment noch nicht denkbaren Endzeitsituation leiten läßt und daher zu demonstrativ überzogenen Metabildern einer endlich unbehausten Landschaft findet, ist von den Objektbildern und Bildobjekten nicht zu trennen. Die an den konzeptuellen Prozeßarbeiten zu beobachtenden Strukturen progressiver Zerstörung boten ihre Rückübersetzung in den statischen Bereich des Bildnerischen förmlich an. Der für einen kurzen Moment der Bildfindung angehaltene Prozeß der Zerstörung erlaubt tiefere Einblicke in den Mechanismus unserer Zeit, als man es bei einer nur oberflächlichen Überlegung vermuten möchte. Dem Demonstrativum des Allgemeinen können, durch das Fixieren auf bestimmte Bildvorstellungen, Werte des Spezifischen beigegeben werden. Jene ganz offensichtlich beabsichtigten Allgemeinbeschreibungen, die in den bildnerischen Demonstrativvorhaben übergeordnete Mitteilungswerte signalisieren, werden in den Rückübersetzungen zu symbolhaft punktuellen Fixierungen, möglicher, vorstellbarer Endzeitsituationen. Die an der Realität der Biokinetik assoziierten Festlegungen verdeutlichen den Moment einer verschränkten, durch die Vielzahl der technischen, industriellen Einrichtungen und Produkte bedingten Evolution, einer kaum noch zu vermeidenden Verdrängung der Natur. Wer diese beschreibenden Motivanalysen interpretieren will, wird auch eine den Sachverhalt interpretierende Behauptung aufstellen müssen, die das Verhältnis zwischen Produktion und Rezeption im erklärenden Sinne erläutert. Sie nämlich, die Rezeption, die sonst meist ohne Vorgaben erfolgen kann und den Betrachter zur innovativen Bildaufnahme veranlaßt, ist bei diesen Bildobjekten Schults mit der Arbeitserfahrung des Kunstmachers identisch. Sicht und Übertrag sind kongruent. Sie bestimmen den Mitteilungs- bzw. Interpretationsablauf. Die Welt wird als Erscheinungsbild begriffen, dessen Aneignung als ein Akt der individuellen Interpretation in den Bildobjekten seinen Niederschlag findet. Wieder muß auf Jens Christian Jensen hingewiesen werden, der sich in seinem Text ausführlich mit dem Phänomen der schöpferischen Innovation dieser Arbeiten beschäftigt (Anm. 4), denn gerade aus seiner Interpretation läßt sich diese umkehrende Verdeutlichung der Dinge entwickeln. „HA Schult, der sich gern ‚der Macher' nennt, erfährt sich selbst im Machen und läßt sich in das Gemachte ein, indem er in das unbewegte Bild der Kästen seine Lebenskraft investiert. Wenn man das weiß, erkennt man in ihnen geronnenen Lebensextrakt, das erstarrte Destillat erschöpfender schöpferischer Tätigkeit. Die Detailbesessenheit, die an diesen Objektbildern frappiert, ist Lebensbesessenheit. Alles soll so sein wie in Wirklichkeit, alles vor Leben strotzen. Das läßt sich nur erreichen, wenn der Macher selbst alles, was er sieht, empfindet, was er hört, in seine Arbeit hineinpreßt. Und dies ist es ja, was den Macher zum Künstler macht."

Eine eingehende, interpretierende Überlegung derartiger Feststellungen führt den Betrachter unmittelbar in die Problematik jener Schultschen Überlegungen ein, die den essentiellen Teil der Bildobjekte betreffen. Das durch den Künstler Visualisierte, und das bezieht sich, wenn wir es generell bedenken, auch auf den Fragenkomplex medialer und aktionistischer Tätigkeit, wird durch zwei sich ergänzende Fragen zu klären sein. Ist das Gesehene Wirklichkeit? Ist die Wirklichkeit das Gesehene? Der daraus resultierende Erkenntnisprozeß beinhaltet eine überlegenswerte Folgerung. Die eigentliche Innovation erfolgt bei HA Schult in der Demonstration vom Vorschein einer existenten Wirklichkeit und im Abbildhaften einer denkbaren Endzeitsituation. Das Hier und Jetzt, von den meisten Beobachtern nur unter Vorbehalt einer zurechtrückenden, verschönenden Sicht gesehen, wird einem Überall und Zukünftigen gleichgesetzt. Diese scheinbare Umkehrung von Fakten, die dem Rezipienten noch nicht als gültige Situationsbeschreibung geläufig sind, macht den eigentlichen Aussagewert aus. Der betont analytische Blick des Produzenten verändert den additiven Erfahrungsstandpunkt des Rezipienten. Das — Nochnicht — wird von einem — Bald-nicht mehr — überlagert. Doch eben diese Fakten sind es, die sich für eine entschlüsselnde, decouvrierende Bezugsdeutung der Objekte ansetzen lassen. Die Verschränkung der einzelnen Kunstäußerungen, die in allen Fällen der Aussage gleichen **Momente einer aufdeckenden Synthese von realen Gegebenheiten und unrealen Vorgriffen, beschreiben eine Vorwegnahme möglicher Erfahrungen.**

In diesen Kontext eines bewußten Rückgriffes auf vier Jahre zuvor gesammelte Erfahrungen, die ersten Bildobjekte entstehen 1972, stellt auch Jürgen Schilling seine Deutung der Schultschen Kompositionen, die er zu Recht als eine innovative Rückerinnerung deutet. (Anm. 5) „Die Objektkästen, die Schult erst Jahre später herzustellen begann, geben die in Leverkusen gewonnenen Erfahrungen wieder." (Anm. 6). Erfahrungen, die schon damals, als sie vor einem interessierten Publikum ausgebreitet wurden und als vorläufiges Resümee einer Kette von eigenkünstlerischen Erfahrungen zu gelten hatten, ihren Niederschlag in den verschiedensten medialen Ebenen fanden. Sowohl der die Ausstellung begleitende Katalog „Biokinetische Situationen" (Anm. 7), als auch der das demonstrative Vorhaben im Sinne einer Umweltanalyse beschreibende Film „Pilze im Schloß" (Anm. 8), beschäftigen sich in einer arbeitstypischen Weise mit den zu vermittelnden Realbildern. Schult will nicht die Einzeldemonstration, das Hic et Hunc einer Ausstellung mit engagierten Vorhaben vorführen. Er will, durch das Vorführen des bis dahin eingeschlagenen Weges, durch die Hinweise auf Verbindungselemente, die seine momentane Arbeit mit den vorhergehenden Untersuchungen verknüpfen, den so wichtigen Themenkomplex möglichst einsichtig und hinterfragbar darstellen. Mit einer bis dahin in der Kunstszene ungewohnt kompromißlosen Zielsicherheit strebt er eine ganz eindeutige Stellungnahme zum Problemkreis an. In dieser Zusammenschau des ereignishaften Prozesses, die mit dem Terminus einer konzentrischen Themenaufbereitung beschrieben werden könnte, kommt HA Schult das Verdienst zu, einer der konsequentesten und zeitlich gesehen frühesten Themenanalytiker zu sein. Keiner seiner Zeitgenossen hat die Ursachen am Unbehagen gegenüber unserer Umwelt so einsichtig formuliert. Keiner die möglichen Folgen in so eindrucksstarken Bildern und Aktionen umgesetzt. Da er die eigenen Erfahrungen mit den Rezeptionsgewohnheiten des Betrachters rückkoppelt und dadurch ein unmittelbares Verstehenkönnen evoziert, gelingt es ihm, einen Direktbezug, ohne den sonst notwendigen Umweg einer interpretierenden Deutung, herzustellen. Einen Direktbezug, den man auch als ein sehr massives Anprangern unseres allzu selbstverständlich gewordenen, sorglosen Lebensverhaltens bezeichnen könnte. Das durch die Kunst vermittelte Beispiel ist als eine vom Betrachter jederzeit wiederholbare, abrufbare Alltagssituation zu verstehen. Überzogen formuliert könnte durchaus von einer, vom Kunstmacher gewollten, direkten Umkehrung seiner demonstrativen Ereignisse gesprochen werden. Unsere Handlungen, unsere alltäglichen, unreflektierten Gewohnheiten sind es, die einen Teil des Kunstwerkes ausmachen.

Es entspricht dem Prinzip der Verklammerung von zeitbedingten Themenvorstellungen, wenn neben dem Komplex der Biokinetik, der sich weit in die siebziger Jahre hinein verfolgen läßt, ein zweites großes Thema aufgegriffen wird. Ein Thema, das mit den vorgeführten Mutationen mykologischer Demonstrativa im ursächlichen Zusammenhang steht und auf die vorhergehenden Untersuchungen unmittelbar bezogen werden muß. Dieser zweite große Themenkomplex beschäftigt sich mit dem Auto. Mit seiner Funktion und Bedeutung, mit seinem Gebrauchs- und Kultwert, mit der scheinbaren Aura, von der es als Prestigeobjekt unserer Wohlstandsgesellschaft umgeben ist. Mit diesem Themenkreis, der als eine überaus wichtige zeitspezifische Auseinandersetzung bezeichnet werden darf, gelingt Schult ein ungeahnter, für die Ikonographiediskussion unseres Jahrhunderts wichtiger Durchbruch. Seine auf das Auto bezogenen Aktionen sind wie Planspiele aufgebaut. Sie verfolgen das Thema in den verschiedensten Variationen und müssen, will man sie richtig verstehen, als eine Arbeit gesehen werden, die man als echtes Konzept in Progreß bezeichnen könnte. Zwar ist jede einzelne Aktion eine in sich völlig abgeschlossene Arbeit, die nach einer vorher präzise festgelegten Strategie abläuft, und schon von ihrer Dramaturgie her als eine innovative Verdeutlichung der zu zeigenden Fakten gilt. Dennoch wird der innere Sinnzusammenhang dem Betrachter bzw. Beobachter erst dann deutlich, wenn er die einzelnen Aktionsabläufe mit ihren oft spektakulären Umständen miteinander vergleicht und den beabsichtigten Sinnzusammenhang zur Deckung zu bringen versucht. Schult geht in diesen seinen Aktionen ganz sicherlich von der These aus, daß sich das persönliche Verhalten des Rezipienten schon in dem Moment zu ändern beginnt, in dem er sich in ein vorgegebenes Rollenspiel zu begeben hat. Seine jeweilige Einstellung zum Gezeigten wird von den ihm gebotenen Anhaltspunkten einer Identifikationsmöglichkeit bestimmt. Sie wird ihn, je nachdem ob es sich um ein passives Beobachtungsverhalten handelt, oder ob es um die gebotene Möglichkeit und das Freisetzen einer eigenen Aktivität geht, zum Rollentausch förmlich zwingen. Aus dem distanzierten, das Vorführen des Kunstprozesses genießenden Beobachter wird der auf seine eigenen Entscheidungen angewiesene, das Geschehen aktiv bestimmende, kritische Teilnehmer. Diese Diskrepanz führt zur Revision der Verhaltensmuster. Sie hat eine unausbleibbare Reflektion der inneren Einstellungen gegenüber der Kunst zur Folge. Was beim Beobachten der einzelnen Aktionen nur bruchstückhaft verarbeitet werden kann, wird in der mental möglichen Rückkoppelung von Erinnerungswerten zu einem Gesamtbild ergänzt. HA Schult hat in zwei unmittelbar aufeinander bezogenen Aktionen den Beweis für diese verschränkende Rezeptionsthese angetreten. 1970 bei seiner Aktion „20 000 km" und 1971 in der vom Publikum zu realisierenden Aktion „Die Stadtstraße" wird konsequent und ohne Einschränkung die Situation einer auf den Rezeptionsprozeß ausgerichteten Demonstration untersucht. Bei der Aktion „20 000 km", sie findet im Zeitraum von zwanzig Tagen statt, beginnt am 16./17. Oktober mit der Fahrt von München nach Hamburg und endet am 5. November mit einer Live-Übertragung der Einfahrt in das Fernsehstudio München-Unterföhring (Anm. 9), wird bis an die Grenzen des gerade noch Möglichen der Prozeß eines symbolisch zu verstehenden Verschleißprozesses demonstriert. Eines Verschleißprozesses, dem wir zwar alle unterworfen sind, dessen Bedeutung wir uns aber nur dann in seiner ganzen Tragweite bewußt werden, wenn er uns am Beispiel einer Extremsituation begegnet. Schult wählte für seine Aktion ein beispielhaftes Motto. Seine Rallye durch Deutschland, „Eine Aktion die ein Land einbezieht", war den geläufigen Alltagssituationen entsprechend auf unmittelbare Realitätsanalysen ausgerichtet. Auf Realitätsanalysen, die jedermann verstehen konnte, da die Fakten der vorgeführten Erfahrungen, der wohlbekannten Alltagssituationen, die der Rezipient aus Gewöhnung kaum noch registriert, plötzlich als zentraler Diskussionsgegenstand zu gelten hatten. Unmittelbare Lebenssituationen wurden zum Kunstwerk erhoben. Das Leben, wie wir es erfahren und mehr oder weniger bewältigen, sollte reflektiert werden. Schult, der diese seine Aktion bewußt bis an die Grenzen des Vorführbaren ausdehnte und beinahe bis zur totalen Erschöpfung durchführte, wollte zweifelsohne als Hinweisgeber verstanden werden. Beispielhaft führte er Realität auf zwei Ebenen vor, wurde die reale Verschleißrallye mit dem Übertrag hinterfragender Begründungen kombiniert, die es zu entschlüsseln galt. Das Verhalten auf der Straße, durch tägliche Berichte in den Massenmedien dem Rezipienten jederzeit präsent, wurde das Verhalten im Leben in Parenthese gesetzt. Nicht die einzelnen Kombinationen kaleidoskophafter, sich ergebender Ereignisse waren wichtig, sondern deren Zusammenschau. Eine solche, bis ins kleinste Detail durchdachte, wohlorganisierte Materialschlacht, sollte den Beobachter aufmerken lassen, ihn zum Nachdenken zwingen. Eine vieldeutige Metapher zu verdeutlichen und fast lexigrafisch darzustellen, diese mehrschichtig assoziative Wortkombination mit auratischem Charakter — das Auto als — schlagartig zu verdeutlichen, das war es, was sich HA Schult vorgenommen hatte. Wie sehr gerade diese Absichten als eine Rückkoppelung auf ursächliche, miteinander untrennbar verwobene Zusammenhänge zu verstehen sind, beschreibt Jürgen Schilling in seiner Aktionismusanalyse (Anm. 10).

„Niemand hat zuvor diese Thematik so massiv angerührt und durch spektakulär aufgezogene Aktionen, die allgemein Echo fanden, ins Licht der Öffentlichkeit gerückt."

War die Aktion „20 000 km" noch eine Demonstration, die viele nützliche Diskussionen auslöste und in ihrer Dramaturgie der aneinandergereihten Ereignisse den Beobachter zu nachdenkenden Überlegungen förmlich zwang, so kippt dieses, vom Macher auch bewußt angestrebte reflektierend analytische Verhalten bei der drei Tage dauernden „Stadtstraße" in Köln in sein Gegenteil um (16., 17., 18. Oktober 1971). Durch die Aktivierung des Rezipienten, durch den programmatisch angestrebten und immer wieder betonten Rollentausch — „Machen Sie mit. Sie machen die Aktion" — will Schult eine Situation provozieren, in der die notwendige Entscheidung nicht mehr auf intellektueller Ebene erfolgen kann, sondern im direkten Handeln. Dabei kommt es, wie nicht anders zu erwarten, zu einer entscheidenden Diskrepanz. Der Beobachter verhält sich in der Rolle des Akteurs plötzlich anders. Er scheint seine überlegenden, den Sachverhalt klärenden Analysen zu vergessen. Vor die Entscheidung gestellt, selbst handeln zu müssen, verfällt er in übertriebene, überzogene Selbstbestätigungsgesten, verliert er jede kritische Distanz. Die Aktion, in Köln realisiert und als Beitrag für die Münsteraner Ausstellung „Verkehrskultur" konzipiert, geht im besonderen Maße auf soziologische Phänomena ein. Sie untersucht mit analytischem Anspruch das Rollenverhalten, bezieht in diese Konzeption aber auch jene Erfahrungen ein, die Schult in seinen vorhergehenden Autodemonstrationen gewinnen konnte. Dabei sind die Erinnerungen an das Automonument 1968 in der Tiefgarage der Kölner Ladenstadt ebenso wichtig, wie die am 9. Mai 1970 in Monschau stattfindende Aktion „Touristen, Touristen". Bei dieser Beschreibungsaktion, die sich mit dem Alibikunstbetrieb eines beliebten Ausflugortes in der Eifel auseinandersetzt (Anm. 11), wird dem Rezipienten das Auto als visueller Erlebnisort zum ersten Mal vorgestellt, wird die Benutzbarkeit des Autos demonstriert. Schult zeigt, wie durch den Gebrauch und das immer gleiche Abfahren einer festgelegten Strecke, Eindrücke gewonnen und verarbeitet werden können, wie man einen Gebrauchsgegenstand sinnvoll umfunktionieren kann. Trotzdem bleibt auch dieser so wohlüberlegte Hinweis ohne Echo. Sobald der Beobachter aufgefordert ist, mit Eigeninitiative zu handeln, kippt mögliche Einsicht in ihr Gegenteil um. Der in der „Verkehrskultur" abgedruckte Bericht (Anm. 12) kann eine solche Behauptung nur bestätigen. „Die Auswertung dieser Aktion ergab, daß etliche Autofahrer angesichts der Autos, die ihnen nicht gehörten, sehr extreme Verhaltensweisen an den Tag legten. Der eine etwa wurde in der Kölner Innenstadt von der Polizei gestellt, als sein Fahrzeug die Geschwindigkeit von 150 Stundenkilometern gerade überschritten hatte, der andere fuhr den Wagen an den Rhein, stieg aus, erklomm das Dach des Autos und trampelte anschließend darauf herum."

Das Fazit, das HA Schult aus diesen diametral angelegten Demonstrationen zieht, schlägt sich in einem bis heute unrealisierten Konzept nieder. Für die documenta 5 entsteht, neben der ausgeführten bereits besprochenen Arbeit, ein Entwurf, in dem die Nutzanwendung der bis dahin einzeln vorgeführten Erfahrungen und Hinweise in einem, als geschlossener Komplex gedachten Kunsttourprogramm vorgeführt werden sollte. Die als Ergänzung zur documenta gedachte Aktion, man könnte sie als eine Kunsttheorie im Dialog charakterisieren, geht schon in der Planung von einem additiven Verfahren aus. Alle von Schult erarbeiteten Hinweise sollen zu einem gemeinsamen Erlebnisraum zusammengefaßt werden. Zu einem Erlebnisraum, der den Ausstellungsraum einer konzipierten Veranstaltung sprengt, ihn zu alltäglichen, wenn auch ungewöhnlichen Situationen hin erweitert. Wer sich in „Das biokinetische Haus Kassel" begibt, wird unentrinnbar zum Gefangenen seiner selbst. Er, der eben noch seiner freien Entscheidung folgte, der den Willen hatte, sich mit dem Phänomen Kunst auseinanderzusetzen, muß sich, laut Konzept, plötzlich und ohne Alternativmöglichkeiten, den Gesetzen der Kunst beugen. Seine Handlungen, seine Entscheidungen werden von einem vorgeschriebenen Ablauf diktiert. Symbolhaft legt HA Schult Einzelsituationen fest, die, im übertragenen Sinne gedeutet, sowohl den Mechanismus einer der größten und wichtigsten europäischen Kunstausstellungen beschreiben, als auch jene innerartifiziellen Gesetzmäßigkeiten, die wir aus Bequemlichkeitsgründen nur allzugerne verdrängen. Schults fiktiver Reiseplan ist eine einsichtsvolle Demonstration wichtiger Rezeptionsabfolgen (Anm. 13). Derartige Bilder eines Projektes, das den bezeichnenden Untertitel „Archäologische Reise in die Gegenwart" hatte, wenden sich gegen das unreflektiert pseudoästhetische Kunstverständnis unserer Gegenwart, wenden sich gegen den schönen Schein, der auch in sogenannten Avantgardeveranstaltungen zu finden ist. Nicht die meditative Stille musealer Veranstaltungen soll den Betrachter zum Nachdenken zwingen, sondern die laut lärmende, im Zusammenhang mit künstlerischem Tun fast unerträgliche Präsenz unserer Gegenwart. Es geht, eine Leitidee von HA Schult, die in dem Projekt „Kunsttouristen" überaus deutlich verbalisiert wird, um den Verdrängungsmechanismus, mit dem wir eine Abkapselung ästhetischer Bereiche betreiben. Es geht um die radikale Auflösung jeder Aura, die den Zugang zum Gesagten und Gezeigten verwehrt. Es geht um die jederzeit nachzuvollziehende Wiederholbarkeit des Vorgeführten. Das dabei angestrebte Fazit der vom Rezipienten nachzuvollziehenden Überlegungen, sie müssen ebenso unabhängig von den konzeptuell festgelegten Demonstrationen gesehen werden, wie der auslösende Hinweis selbst, soll sich in einer direkten Reflektion der jeweiligen Realitätsebenen manifestieren. Über den Umweg des scheinbar Absurden, über den Umweg von angeblich realitätsfernen Situationen, sie sind nur deswegen dem Blickwinkel des Beobachters entrückt, weil sie einer ständig präsenten Alltagssituation entsprechen und deswegen nicht mehr registriert werden, wird die unmittelbare Umgebung, das Hier und Heute, dem Beobachter verdeutlicht. Nach dem erdachten, wohlfunktionierenden Prinzip, daß Glaubhaftes umso glaubhafter wirkt, je unglaubhafter es vorgetragen wird, versucht Schult unsere leider nur allzuoft verschliffenen Sehgewohnheiten zu aktivieren. Das gelenkte Hinsehen und Erkennen wird zum artifiziellen Prinzip erhoben. Dabei spielt es keine Rolle, ob das vom Künstler ausgedachte Beispiel in Wirklichkeit erfahren werden kann, oder ob es nur als eine konzeptuelle, geistig zu verarbeitende Anregung, als ein mentales Denkmodell zu verstehen ist. In beiden Fällen wird der Hinweis ein nicht unwichtiges innovatives Element beinhalten, das den Rezipienten als ein wichtiger, die Zusammenhänge verdeutlichender Anhaltspunkt, vorgegeben wird. Schults Untertitel dieses Konzeptes, er wird in den späteren Aktionen und Demonstrationen immer wieder Verwendung finden und gilt selbst bei der in diesem Jahr stattfindenden **„Ruhr-Welt"** als eine, zumindest die Ereigniswoche aufschlüsselnde Metapher, hat programmatische Bedeutung, ist als wichtige zeitaufschlüsselnde Synthese zu werten.

Mit dem Thema „Eine archäologische Reise in die Gegenwart" wendet sich der Macher und Hinweisgeber HA Schult gegen jene zeitkonservierenden Bestrebungen, die unter der zusammenfassenden Bezeichnung „Spurensicherung" bekannt geworden sind. Der retrospektiven Einstellung innerhalb der bildenden Kunst setzt Schult eine futurologische Untersuchung entgegen, die von Jetztsituationen ausgeht und sie auf ihre zeitspezifischen Werte hin untersucht. Schults Archäologie der Gegenwart ist eine klare Absage an die spekulativ empfundenen Kunsttheorien der Strukturalisten. Nur das Hier und Jetzt gilt. Das mag als These gesehen überzogen anmuten, das mag einer auf Evolution ausgerichteten Deutung zu widersprechen scheinen, wird aber in dem Moment als ein richtiger Standpunkt zu orten sein, in dem man zu den rein intellektuellen Festlegungen einer solchen Standpunktorientierung die Praxis einer in die Gegenwart eingebetteten Kunstproduktion addiert. Nur das Interesse an den noch sammel- und überprüfbaren Fakten kann ein vertiefendes Verständnis gegenüber den die Aussage bestimmenden Zeitfaktoren evozieren. Die ausgestellte Zeit, zu verstehen als ein vielschichtiges, alle Lebensbereiche beinhaltendes Phänomen, ist das eigentliche Determinantium jeder künstlerischen Äußerung. Nur dieses Hic et Nunc kann als ein Schlüssel zur allgemeinen Kunstrezeption gewertet werden.

Zwei Jahre nach dem fiktiven Versuch einer Archäologie der Gegenwart realisiert Schult seine erste große Demonstration. Im Museum Folkwang Essen wird in einer Einraumausstellung (Anm. 14) das exakte Spiegelbild unserer Zeit installiert, wird der Alltag als Exponat zur Diskussion gestellt. Dieses Environment, das durch das Zusammentragen von Fundstücken zustande kam, die der Macher Schult auf seiner Reise durchs Revier fand, hatte eine ungeahnte Wirkung. Die vom 1. 3. bis 31. 3. 1974 dauernde Veranstaltung, die vom Oberbegriff einer in das Leben permanent eingreifenden Dramaturgie ausgeht und diese mit den verschiedensten Situationsüberlegungen wie Zufall, Alltag, Raum etc.

konfrontiert, stellt eine für den Betrachter wichtige Frage. Sie untersucht, trotz oder gerade wegen der Abwesenheit des Menschen, die Bedingungen menschlicher Existenz. Parabelhaft wird die von HA Schult beschriebene Unwirtlichkeit der Dinge einer Unwirtlichkeit menschlicher Lebensbedingungen gleichgesetzt. „HA Schult wird den das Museum umgebenden Lebensraum bereisen und Dinge des Alltags, welche beispielhaft sind für die Region des Ruhrgebietes, aus ihrem alltäglichen Bezugskreis herausnehmen, um sie auf der Erde des von ihm zu gestaltenden Raumes neu zu interpretieren. Die Gegenstände und ihre Dramaturgie sollen uns auf die Spur der Menschen führen, welche sie benutzt haben und mit ihnen gelebt haben." (Anm. 15) Essens Kaleidoskop der Dinge, das sich, um auf eine ganz wichtige Querverbindung hinzuweisen, in den Bildobjekten dieser Zeit zu einer fast unfaßbaren visionären Horrorsituation verdichtet und zu Umstrukturierungen formaler wie inhaltlicher Natur geführt hat – Plastizität und Raum nehmen zu, die fiktiven Hinweise der frühen Beispiele werden zurückgedrängt, real vorstellbare Kompositionserfindungen treten in den Vordergrund –, hat für nachfolgende Arbeiten eine wichtige Signalwirkung. Sie geben den eigentlichen Anstoß zu jenen generellen Überlegungen, die man als einen gezielten Hinweis auf die inhumanen Konditionen unseres Lebensraumes ansehen könnte, rücken immer mehr in den Vordergrund des künstlerischen Interesses. Dabei ist der Anlaß zu solchem Tun in jener langen Vorbereitungszeit zu vermuten, in der Schult umsichtig und systematisch das Umfeld seiner vorgefaßten Mitteilungen abtastet. Wenn um 1974 der antithetische Charakter seiner Arbeiten besonders durchbricht, wenn die bis dato verwandten Begriffbestimmungen Umwelt nun plötzlich einer Unwelt gleichgesetzt werden, dann schließt sich ein Kreis von Gedankengängen, die von allem Anfang an auf eine derartige ideelle Konfrontation ausgerichtet waren. Dieses langsame Wachsen einer Ideenvorstellung entspricht der Arbeitsmethode des Machers, der durch das Verwobensein der beabsichtigten Hinweise den Betrachter zu zentraler Rezeption führen möchte. Ist mit dem statementhaften Satz „... uns auf die Spur des Menschen führen ..." erstmals ein Direktverweis gegeben, so kann die weitere Beschreibung und Bearbeitung des Themas nicht ausbleiben.

Mit fast logischer Konsequenz folgt auf das Essener Environment das Stuttgarter Bühnenbild. Am 26. 6. 1974 hatte im Kuppelsaal des Württembergischen Kunstvereins Becketts Stück „Glückliche Tage" Premiere. Dem hoffnungslosen Inhalt des Stückes, das um eine menschliche Endzeitsituation kreist, entsprach die Dekoration. Müll und Torf. Abfall menschlichen Konsums und symbolträchtige staubige Erde sollten den Rezipienten einstimmen, ihn zu reflektierendem Nachdenken zwingen. Der Ausweglosigkeit des Stückes entsprach die Ausweglosigkeit der vorgegebenen Situation. Doch gerade eine solche Metapher, die von der These ausgeht, daß zwischen dem im Theater Vorgeführten und der Realität des Lebens keine wesentlichen einschneidenden Grenzen gezogen werden können, stieß in der Rezeption auf heftige Ablehnung. Schult hat diese Einstellung mit dem Aufsehen und Empörung auslösenden Satz beschrieben: „Im Grunde ist es denkbar, daß jedes Stück in einer solchen Umgebung aufgeführt wird." Schult, der in all seinen Aktivitäten auf den Moment der Inszenierung deutlich hingewiesen hat, fand dort, wo man am ehesten eine einsichtsvolle Beurteilung seiner Arbeit erwarten könnte, wo man das Verständnis für seine hinweisenden Aktivitäten eigentlich voraussetzen müßte, kein Verständnis. Es entspricht unserer bürgerlichen Kunstrezeption, daß es gerade die Kunstvermittler waren, die den so wichtigen Hinweis zwar erkannten, ihn aber nicht zu deuten wußten. Stellt z. B. Wolfgang Ignee in seiner Rezension die Behauptung auf: „So mußte es wohl zwangsläufig zu dieser Begegnung mit der Kunst kommen. Daß der Partner Schult heißt, ist dabei eher zufällig" (Anm. 16) — dann ist dies schon von der Sache und wohl auch von der Interpretation her gesehen völlig widersinnig. Denn gerade die inhaltliche Affinität ist es, die zum Stuttgarter Bühnenrepertoire geführt hat. Das als „Theater wie nie zuvor" angekündigte Stück sollte Distanzen auflösen, sollte zu unvermittelten Identifikationsmöglichkeiten Anlaß geben und als programmatische Orientierungshilfe verstanden werden. Es geht von der These aus, daß sich das Zwischenspielverhalten durch die zwingenden Gegebenheiten des Ortes auch auf die Zuschauer überträgt. Der Schrott, der Schultsche Müll, den Dieter Schnabel dabei so, fast möchte man sagen, unqualifiziert polemisch angreift, „Wären die Württembergischen Staatstheater gleich auf einen der Württembergischen Auffüllplätze ausgewichen und hätte man HA Schult dort den Schutt sortieren lassen, dann hätte die Landeshauptstadt ihr Freilichtspektakel gehabt und das ganze Spektakel wäre wenigstens noch originell gewesen" (Anm. 17) — übernimmt dabei eine einstimmende, zugleich aber auch direkt hinweisende Funktion. Seine örtliche Austauschbarkeit zu überlegen ist absurd, soll doch gerade durch die Bindung an eine vorbestimmte Gegebenheit ein wohlüberlegtes Demonstrativum angewandt werden. Ein Demonstrativum der unvorbereiteten Konfrontation. Schult geht zu Recht von der These aus, daß die interpretierende Reflexion um so größer sein wird, je distanzierter das zu Vergleichende visualisiert wird. Nur wenn es gelingt, den Rezipienten unvorbereitet anzutreffen, seine vorgefaßten Meinungsbilder aufzubrechen, wird man ihn zu einem erkennenden Verhalten führen können. Eben diese Absicht führte zu den Stuttgarter Ereignissen. Eben diese unvorbereitete Konfrontation mit dem Alltäglichen in unerwarteter Umgebung mußte auch die eingeplanten Konfliktsituationen auslösen, deren Bewältigung dem Rezipienten als Lehrstück aufgegeben war. In Umkehrung eines traditionellen Prinzips der beobachtenden Überlegungen sollte die Aufforderung sich in der vorgegebenen Situation zurechtzufinden, den Betrachter an ein Stück Wirklichkeit erinnern, das er nur allzugerne verdrängt. Die unvermuteten Realitätseinbrüche, die Ausweglosigkeit der Situation hatte ein Erkennen der für gewöhnlich nur gefiltert wahrgenommenen artifiziellen Sprachwerte zur Folge. Die durch den bewußt gewählten Werbeslogan — „Theater wie nie zuvor" — erzeugte sensationslüsterne Neugier schlug in eine, fast könnte man sagen, depressive Niedergeschlagenheit um. Da eine abschirmende Distanz zum Vorgeführten nicht mehr möglich war, konnte die Destruktion der vorgeführten Bilder kaum sublimiert werden. Der einmal gewonnene Eindruck blieb, auch wenn man ihn durch polemische Ablehnung zu verdrängen suchte, in seinen Grundstimmungen erhalten.

Dem beschreibenden Situationsverfahren solcher Entdeckungen, die mit dem überaus wichtigen Faktor einer Rezipientenneugierde operieren, ist Schult in seinen folgenden Aktionen treu geblieben. Bewußt stellt er die Sensation oder das, was vom breiten Publikum als solche erachtet wird, in den Dienst seiner aufklärenden Absichten. Bewußt baut er spektakuläre Ereignisse in seine Hinweise ein, weil gerade durch das sensationelle Demonstrativum die eigentliche Absicht, dieses Entdecken einer ganz alltäglichen Situation, leichter demonstriert werden kann. Seine Theatererfahrungen, die einer Zeittendenz entsprechen und in den verschiedensten Variationen von Rudkin (Anm. 18) bis Peter Turrini (Anm. 19) durchgespielt wurden, dienen ihm dabei als innovativer Denkanstoß. Er bemächtigt sich der Gesetze des Theaters, um gerade durch das dem Leben entrückte Medium etwas zum Leben auszudrücken, Eingriffe darzustellen, die den Prozeß eines nachträglichen Zurechtfindens beschleunigen sollen. So wählt HA Schult für seine erste zusammenfassende Retrospektive, die das Lenbachhaus in München zeigte, eine überaus publikumswirksame Methode, durch die es ihm gelingt, Besucherschichten zu erreichen, die sonst dem Museum fernbleiben. Doch das, was sie zu sehen gekommen waren, war so plaziert, daß vorerst ein Gang durch die Ausstellung angetreten werden mußte, und damit auch eine Kenntnisnahme der Exponate verbunden war. Für diese Ausstellung, die in der Zeit vom 15. November 1974 bis 5. Januar 1975 gezeigt wurde, hatte Schult ein Beckenbauerporträt zusammengetragen. Doch auch dieser Konsummüll der Beckenbauers, museal aufbereitet und in Auswahl in einer Vitrine ausgestellt, wurde von der Interpretation gründlich mißverstanden. Die Person Beckenbauer, das bewußt und mit voller Absicht gewählte Idol der Nation, verstellte den Blick auf das eigentliche Anliegen. Dem Macher Schult, der für diese Ausstellung das ganze Repertoire seiner Arbeiten zusammengetragen hatte, der in einer Reihe von Situationsrekonstruktionen auf das Kontinuum seiner beispielhaften Aktionen aufmerksam machen wollte — u. a. verwies eine Rekonstruktion der Schackstraßensituation auf diese schon früh begonnenen, progressiv sich fortsetzenden Hinweise — stand eine einengende Kunstkritik im Wege. Was als eine wichtige Demonstration eines immer mehr sich zuspitzenden Problemkreises gedacht war, und in der die Ausstellung begleitenden Katalogzeitung „Unwelt" (Anm. 20) auch deutlich formuliert wurde, scheint durch ein absichtlich mißverstandenes Exponat überlagert. Beckenbauers Müll war als Beispiel gedacht. Als Beispiel für ein ganz generell zu sehendes Problem, das es im Übertrag zu lösen galt. Dieser Hinweis auf die Wegwerfgesellschaft, in der wir leben, löste die meisten Fehldeutungen aus.

Äußerte sich der unmittelbar Betroffene noch abwartend, vorsichtig mit dem Vermerk „Ich bin mehr ein romantischer Typ, mir liegt die abstrakte Kunst nicht so" (Anm. 21), so fügte seine Frau Brigitte ein dementierendes „Bei uns zu Hause gab es schon drei Wochen lang keinen Rosenstrauß" hinzu. Die Massenmedien versuchten das Problem dadurch zu lösen, daß sie sich auf das Sensationelle des Exponats beschränkten, es unter falschen Aspekten analysierten und dadurch die notwendigen Vergleiche und das abschätzende Abwägen der Gewichtigkeit bewußt vernachlässigten. Weder Konrad Weidenheim noch Hans Jürgen Jendral, um nur zwei Beispiele zu nennen, machten sich die Mühe einer ernsten Vermittlung der intendierten Absichten. Sie betreiben Kritik an einer die Ausstellungsabsichten eigentlich nur begleitenden Aktion und unterstellen der Veranstaltung unlautere Werbemethoden. So verschieden beide Texte sind, man kann sie miteinander vergleichen. Mit der Absicht geschrieben, den Leser und Kunstkonsumenten zu irritieren, verweisen die Autoren auf Fakten, die sich bei genauerer Analyse gegen ihre eigenen Urheber wenden. Da nur Teilaspekte reflektiert werden, kommt es zwangsläufig zu falschen Rückschlüssen. So zweifelt Weidenheim (Anm. 22) in seinem fast als Politikum zu wertenden Beitrag die Kontinuität der Schultschen Demonstrationen an. „Das nun gerade erreicht Schult nicht. Der Transport von herumliegendem Banalmaterial und seine Zurschaustellung im Lenbachhaus bewirken keinen ‚neuen Blickwinkel' und sind keine Konfrontation, sondern höchstens einer der Werbe-Gags, die mit dem Ungewöhnlichen reizen möchten." Jendral (Anm. 23) dagegen versucht den Tatbestand in einer ironisierenden Glosse zu verharmlosen. „... und wir waren übereinstimmend der Meinung, dieses Ereignis füge sich nahtlos in die Kette der bedeutendsten Weltdaten ein: Schöpfung, Erfindung der Gänsezucht in Ägypten, Cäsars Treffen mit Cleopatra, Aufenthalt in Gauting, Französische Revolution, Coubertins Geburtstag, Eröffnung des Münchener Verkehrsverbandes, Beckenbauers Abfall im Lenbachhaus." Deutlich wendet sich die Rezeption gegen jene Mechanismen, die in der Arbeit Schults einen wichtigen Stellenwert beanspruchen.

Die Werbung im Dienste der Kunst, die Schult immer wieder gekonnt und virtuos einsetzt, bricht in ein bis heute sorgsam gehütetes Refugium ein, scheint die geforderte Stille der Musen zu stören. Diese Frage nach den Mitteln ist es, die, traditionell gesehen, die eigentlichen Diskussionen auslöst und unweigerlich zu Aversionen zu führen scheint. Gerade diese Frage nach den Mitteln klärt den Sachverhalt der von Schult beabsichtigten Umstrukturierungen der Rezeptionsverhältnisse auf. Der Bezug zur Kunst, zu den vorgeführten visuellen Bildern, soll immer mehr auf Umwegen stattfinden. Auf Umwegen, die von festen Gegebenheiten, von einprägsamen Leitbildern ausgehen und den didaktischen Wert einer Situationsveränderung für kurze Zeit in den Mittelpunkt der demonstrativen Untersuchungen rücken.

Es entspricht dem ikonographischen Denken Schults, wenn in den jüngsten großen Aktionen, bei welchen er ganz bewußt und zielsicher Orte allgemeiner Vertrautheit in seine Aktionen einbezieht, die Zeichensprache seiner Hinweise mit einem betonten Symbolcharakter kombiniert wird. Die verhältnismäßig einfachen Sprachbilder der Frühzeit, auch sie waren schon auf einen betonten Aufbruch eingefahrener, traditioneller Seherfahrungen ausgerichtet, beginnen sich kompakt zu verdichten. Es kommt zu vielschichtigen Überlagerungen, zu möglichen Betrachtungsweisen auf verschiedenen Ebenen, wobei die topographischen Festlegungen des Tatortes, die wir als generelle Erinnerungswerte gespeichert haben, mit dem plötzlichen Erkennen einer absichtlich veränderten Situation abwechseln.

In seiner Aktion „Venezia vive" hat sich der Macher eingehend mit solchen Fragen auseinandergesetzt. Die Nacht-und-Nebel-Aktion, die den Markusplatz in Venedig veränderte, ihn zu einem Ort der Gegenwartsreflektion machte, zielte darauf ab, die Faktoren Raum, Zeit, Leben, Vergänglichkeit zu visualisieren und im medialen Bereich zu dokumentieren. Neben der eigentlichen Aktion, die am späten Abend des 10. März 1976 beginnt und bis zum Mittag des darauffolgenden Tages dauert, beginnt sich die Idee des Dokumentarischen, des konservierten Ereignisses durchzusetzen. (Eine Parallele zu einem solchen Arbeitsverfahren ist der Konsumbaum, denn auch bei dieser Aktion, vom 3. bis 7. Juni im Wolfsburger Schloßpark veranstaltet, war das eigentliche Ergebnis das vom ZDF ausgestrahlte Fernsehbild.) Der durch Foto bzw. Film bekanntgemachte Tatort sollte dem Rezipienten vorgestellt werden. Diese Absicht hat ganz sicherlich ein reflektierendes Bildbetrachten zur Folge, zwingt zu genauerem Hinsehen, zu intensiverem Aufarbeiten. Alle ablenkenden Momente, die eine live erlebte Aktion mitbestimmen können, da ja nicht nur das Ereignis selbst vom Rezipienten aufgenommen wird, sondern auch die spezifische, den Ort der Handlung charakterisierende Stimmung, sind bei einem solchen Tun ausgeklammert. Es geht um das Verdeutlichen eines Direktbezuges. Eines Direktbezuges, der jede von Emotionen und Einstimmung belastete Deutung ausklammern will. Aus diesem Grunde wählte Schult diese gefilterte Art der Vermittlung. Aus diesem Grund entschloß er sich, das Ereignis durch ein einziges Foto weltweit bekannt zu machen. „Entscheidend ist, daß diese Aktion durch eine einzige Fotoaussage sein weltweites Publikum finden wird. In letzter Konsequenz ist die Aktion ‚Die zum Stillstand gebrachte Zeit' ausschließlich dieses Foto." (Anm. 24) Eine derartige Reduktion wird man nur dann richtig deuten, wenn sie unter den Aspekten eines vergleichenden Betrachterverhaltens gesehen wird. Das veränderte Bild des Markusplatzes, das einen vertrauten Erinnerungswert zerstört, ihn durch seine signalhafte Wirkung förmlich unterwandert, löst Reaktionen aus. Reaktionen die mit Fragen gekoppelt sind, deren Lösung den Betrachter schon wegen der ungewöhnlichen Situation, mit der er bildlich konfrontiert wird, zu interessieren beginnt. Eine Definition, die ursprünglich skeptisch deskriptiv gemeint war, analysiert den Tatbestand ganz genau. „Schult verschmutzt die Umwelt, um gerade durch diese Umweltverschmutzung auf das Problem der Umweltverschmutzung aufmerksam zu machen." Überlegt man diese Behauptung etwas näher, so wird man sehr bald den Demonstrationsabsichten auf die Spur kommen. Es geht um das Aufbrechen von Klischeevorstellungen, die den Blick auf das Wesentliche verstellen. Es geht um das richtige Zur-Diskussion-stellen einer Problematik, die uns alle angeht. Und es geht ganz eindeutig um eine Komprimierung von Aussagen, die in der Gegenwart nur noch im Übertrag verstanden werden können. Der Markusplatz, knöcheltief mit Zeitungen bedeckt, ist wie eine symbolische Zeichensetzung zu lesen, beinhaltet schon aus Gründen seines stadtbeherrschenden topographischen Stellenwertes den Verweis auf das vieldeutig Environmenthafte dieser Aktion. Bedingt durch den Assoziationswert des gewählten Ortes wird der eigentliche Ort des Geschehens mit der Stadt gleichgesetzt, kommt es zu indirekten, überaus wichtigen Identifizierungen. Das klassische Venedigbild, durch häufige Berichte in den Massenmedien schon fast zum Topos einer Endzeitsituation abgestempelt, wird von einer neuen Deutung überlagert, die sich weit mehr mit den strukturellen Verschleißerscheinungen unserer Gegenwart auseinandersetzt, als jedes herkömmliche Feature dies tun könnte.

Wer den Stellenwert und die Bedeutung des in Venedig verwandten Materiales kennt, wer sich die Situationen vergegenwärtigt, in welcher Zeitungsmakulatur als Demonstrativum angewandt wurde, wird ohne größere Schwierigkeiten den gesteigerten Symbolwert der eingesetzten Mittel erkennen. Denn nicht nur der Vergänglichkeitswert des angewandten Materials wird demonstrativ und einprägsam vorgeführt, sondern auch die auf den Ort des Geschehens bezogenen Fakten. Die bewußt gewählte Metapher der Konsumliteratur, die Schult gerne mit dem Terminus „Saat unserer Zeit" apostrophiert, wird im Sinne einer vieldeutigen, metasprachlichen Mitteilung eingesetzt. Geht man von der Überlegung aus, daß eine vertraute Situation durch ihre deutlich sichtbare Veränderung, durch das ungewohnte Bild, das uns unvorbereitet begegnet, den Betrachter plötzlich aufmerken läßt, ihn zu näherem registrierenden Hinsehen förmlich zwingt, so kann vom Beispiel der Venedigaktion eine bemerkenswerte Umstrukturierung der Schultschen Mitteilungen abgeleitet werden. Standen bislang die Auswirkungen zum Themenkreis Umwelt im Vordergrund der künstlerischen Untersuchungen, so beginnt mit dem Markusplatzprojekt eine vertiefte Erforschung der Ursachen. In keiner anderen Aktion hat sich Schult durch die symbolhafte Anwendung des Materials so eindeutig zum Stellenwert der Massenmedien geäußert. In keiner anderen Aktion werden so viele sich verschränkende Fragen aufgeworfen und zur Diskussion gestellt. Mit den Reizworten Venedig — Markusplatz — Saat unserer Zeit wird ganz eindeutig das allgemeine Vorstellungsbild eines geographischen Ortes charakterisiert. Was wir von der Lagunenstadt wissen und an Vorstellungen gespeichert haben, beruht nur zum geringsten Teil auf eigenen Erfahrungen. Es sind die vorgeprägten, die vermittelten Bilder, die Schult anzweifeln und in Frage stellen möchte. Es sind die falsch verstandenen Wertmaßstäbe, die decouvriert werden sollen. Um dies völlig eindeutig zu demonstrieren, kann man sich keinen besseren Ort denken. Deswegen wählte Schult auch einen den Sachverhalt umkehrenden Titel: Venedig lebt.

Unter ähnlichen Aspekten sollte man auch das Medienobjekt für die documenta 6 beurteilen. Denn auch „Crash", für die Eröffnungsaktion geplant und als eingefrorene Live-Übertragung am 25. Juni, 22 Uhr im Sockelgeschoß des Herkules hoch über Kassel auf 10 Monitoren gespielt, hat einen tiefgreifenden symbolhaften Realitätsbezug. (Die Aktion wurde am 24. Juni 1977, 8:00 am über EBU Satellit nach Europa gesendet und direkt live in die Tagesschau des NDR eingespielt; 13 Uhr MEZ.) Schon die Wahl des Ortes, mit der im Titel angesprochenen Widmung „Crash — A monument for USA" und dem intendierten Motto „New York — das Venedig des kommenden Jahrhunderts", läßt verschränkende Rückschlüsse zu. Wieder wird eine Situation ausgewählt, die unter zwei verschiedenen Gesichtspunkten gesehen werden kann. Wieder wird das Idealbild einer Stadt, mit seinem, den Sachverhalt umkehrenden Gegenbild konfrontiert. Wieder geht es um Rückschlüsse, die das optisch vorgeführte Geschehen vermittelt. Nicht von ungefähr beginnt das Geschehen über den Wolkenkratzern von Manhattan und endet auf den Müllfeldern von Staten Island. Auch New York, das sonst keinerlei Parallelen zu Venedig hat, muß unter denselben Gesichtspunkten gesehen werden. Es wird als Beispiel für eine übergeordnete Parabel eingesetzt. Es wird zum Markenzeichen einer „inszenierten Katastrophe". Schult nannte sein Vorhaben „eine Show-Parabel über den Zerstörungstrieb des Menschen" und wollte diese Definition sicherlich ganz allgemein, als eine seine jüngsten Arbeiten charakterisierende Absicht verstanden wissen. Eine Absicht, die durch das Betonen des Destruktiven zur Aufdeckung der wahren Sachverhalte beitragen möchte. Wie schon in Venedig, werden auch in New York bekannte Vorstellungsebenen untersucht. Vorstellungsebenen, die einer breiten Konsumentenschicht geläufig sind, die einem allgemeinen, gängigen Sprach- und Mitteilungswert entsprechen. Bezogen auf den Ort des Geschehens wird eine archetypische Situation, wird das aus der Welt des Comic bekannte „Crash" auf seinen Mitteilungsgehalt überprüft. Auf einen Mitteilungsgehalt, den wir zu kennen meinen, der aber, wenn man ihn nur richtig interpretiert, wesentlich mehr an assoziativen Bildern beinhaltet, als es dem ersten Anschein nach der Fall zu sein scheint. „Crash ist das Schlüsselwort unserer Generation. ... Was in dem folgenden Projekt realisiert werden soll, ist nichts weiter als eines jener Bilder in Szene zu setzen, welches den Bild-Konsumenten der Welt seit nun mehr zwei Generationen milliardenfach zum alsbaldigen Bildverzehr vorgesetzt wird, nämlich die Comic-Situation ‚Crash'. Das Crash der zusammenstoßenden Autos von Batman, das Crash des abstürzenden Flugzeugs von Superman, das Crash bei den Einschüssen der Kriegscomics aller Länder" (Anm. 25). Alles in dieser Aktion ist auf eine Endsituation zugeschnitten. Auf einen dramaturgischen Höhepunkt, der in dem Moment beginnt, in dem das schwarze Flugzeug sich den Müllfeldern von Staten Island nähert und zum Absturz gebracht wird. Wenn dann mit dem Einsatz der Cats, jenen riesigen Planierraupen, die das Alltagsbild von Staten Island beherrschen, auch das Flugzeug zum Konsummüll unserer Zeit wird, ist das beabsichtigte Demonstrativum kaum noch zu übersehen. Die Frage nach den tradierbaren Erinnerungswerten wird dem Betrachter durch den brutalen Eingriff in eine eben noch zu funktionieren scheinende Realwelt demonstriert. Die Destruktion wird zum Beweis einer auf zukünftige Erscheinungsbilder ausgerichteten Deutung. Die „Archäologie der Gegenwart" folgt anderen Gesetzen als wir sie gemeinhin assoziieren. Was bleibt, was überlebt, hat mit konservierendem Erhalten nichts mehr zu tun. Die Müllhalden, sie nehmen in unserer mentalen Alltagswelt nur einen geringen Stellenwert ein, sind höchstens das Problem von einigen wenigen Experten, die sich aus beruflichen Gründen mit ihrer Existenz auseinandersetzen müssen, werden zum zentralen Ort des Geschehens.

Mit einem solchen Tun versucht HA Schult in Folgerichtigkeit seiner Gesamtüberlegungen, die Diskussion auf einen Problemkreis zu lenken, der uns alle angeht. Der Konsummüll als Metapher unseres Jahrhunderts wird auf eindrucksvolle, jederzeit hinterfragbare Schlüsselerlebnisse reduziert, deren Aufbau und demonstrativer Hinweis den Betrachter zum reflektierenden Nachdenken anregt. Wenn Schult bei diesen Vorhaben in den letzten beiden Aktionen auf die Vermittlungsmöglichkeiten der Medien zurückgreift, wenn er nur noch das konservierende Foto oder das per Satellit übermittelte Ereignis zur Analyse anbietet, dann erfolgt dieser bewußte Verweis auf eine gerichtete Rezeption unter ganz spezifischen Gesichtspunkten. Die interpretierenden Überlegungen, die Aufnahme des

vorgeführten Geschehens, sollen in jenen Bereichen einsetzen, mit welchen wir täglich konfrontiert werden. Wie man gerade durch die Massenmedien derartige, auf Erkenntnisse ausgerichtete Botschaften transportieren kann, hat Schult in seinen beiden groß angelegten Aktionen bewiesen. Schon in Venedig, deutlicher aber noch in New York, erfolgt die zu analysierende Mitteilung durch eine bewußte Umkehrung gewohnter Bilder, wird der erwarteten Bildinformation Umkehrung gewohnter Situationsbeschreibungen gegenübergestellt.

In Venedig ist es die plötzlich veränderte Vedute des Markusplatzes, die zur Revision unserer Sehgewohnheiten auffordert, bei „Crash" das jäh eintretende black out eines fast harmlos beginnenden Rundfluges, den der Kunstmacher nicht ohne den Sachverhalt umkehrende Absicht in seinem Konzept mit den Reizworten vom „alten Künstlertraum" beschreibt. Und war auf der Piazza di San Marco, gemessen an der Vielzahl der das Ereignis rezipierenden Bildbetrachter, wenigstens einem kleinen Kreis von Rezipienten noch die Möglichkeit geboten, sich aktiv am Geschehen zu beteiligen, wovon die Venezianer trotz der erst zu später Abendstunde beginnenden Aktion auch reichlich Gebrauch machten, so klammert das New York-Ereignis jeden direkten Eingriff von allen Anfang an aus.

Die vermittelten Inhalte können nur noch per Bildkonserve abgerufen werden. Nur der, das Ereignis dokumentierende Film, bzw. die neunzehnteilige Fotosequenz — eine Fotosequenz gleichen Umfanges entstand auch über die Aktion „Venezia vive" — sind der einzig gültige Hinweis. Ein Hinweis allerdings, dem die Bedeutung echten Beweismaterials zukommt, der als ein die Tatbestände beschreibende Dokumentation gelesen werden will. Welche Rolle dabei die Zeit und ihre doppelschichtige Bedeutung spielt, findet sich im Flugblatt zur documenta 6 ausführlich beschrieben. „Die Auseinandersetzung mit dem Phänomen Zeit ist der Leitgedanke der Real-Zeit-Aktion CRASH. Das minutenkurze Crash-Ereignis, auf welches mehr als ein Jahr hingearbeitet wurde, ist Auslöser einer Assoziationskette. An ihr reihen sich Momentaufnahmen aus Comic-Elementen, Nachrichtensendungen, Kriegsberichterstattungen, Werbe-Features, Kampfsportereignissen, PR-Veranstaltungen zu eingefrorener Zeit. Dieses Erlebnis-Zeit-Knäuel zu entwirren und in eine visuelle Form zu bringen, hat sich die Aktion Crash zur Aufgabe gemacht" (Anm. 26).

Dieser auf vielen Ebenen erfolgende Hinweis, der sich in kaleidoskophaften Bildern zu immer neuen Verschränkungen einer das Phänomen Zeit aufschlüsselnden Standpunktorientierung fügt, hat determinierenden Charakter und wirkt sich auf die weiteren Untersuchungen Schults aus. Jene Gedankenverbindungen, die mit der Saat unserer Zeit beginnen und unweigerlich zu Verweisen auf eine fast historisch bedingte Entwicklung führen müssen, bewirken eine immer mehr auf die landschaftlichen Gegebenheiten bezugnehmende Themenvermittlung. Beispielhaft wählt Schult die begriffsbestimmende Situation, die bekannten, topographisch zu ortenden Festlegungen, um seine Umweltdefinitionen zu verdeutlichen. Das Studium des Bekannten, Geläufigen, der alltäglichen Umwelt soll den Betrachter zu Direktvergleichen, zu auflistenden Gegenüberstellungen veranlassen. Er wird aufgefordert, sein eigenes Bild der Situation mit den vom Künstler punktuell ausgewählten Hinweisen zu vergleichen und aus den sich dabei ergebenden Gegenüberstellungen zu eigenen Beurteilungen zu finden. Immer mehr rückt das soziologische Umfeld in den Vordergrund der Untersuchungen, immer deutlicher wird die Gesamtsituation, die Berücksichtigung der Lebensbereiche in ihrer Totalität als Beweismaterial herangezogen. Nicht nur die Auswirkungen sollen dem Rezipienten beispielhaft demonstriert werden, sondern auch deren Ursachen.

Die von HA Schult spätestens 1974 begonnenen archäologischen Umfelduntersuchungen zur Gegenwart finden eine neue Definition, sollen als eine weit ausholende Arbeit verstanden werden, die alle Lebensbereiche einschließt. Der zum Vergleich aufgeforderte Betrachter soll das totale Erleben in seine Betrachtungen einbeziehen, soll sich zu immer wieder entstehenden Revisionen seiner Vorstellungsbilder veranlaßt sehen. Unter solchen Aspekten betrachtet schließt die ein ganzes geschlossenes Landschaftsbild einbeziehende Aktion „Ruhr-Welt" direkt an die neuen Dimensionen der New Yorker Erfahrungen an. Die in den Städten Dortmund, Mülheim, Bergkamen, Duisburg, Gelsenkirchen, Bochum, Essen stattfindende Veranstaltung wird als ein „umfeldbezogener Ereignisgarten" begriffen. Als ein Ereignisgarten, der durch die Addition der jeweiligen Situationen und Demonstrativa als eine permanent sich ergänzende Kette von Streiflichtern einer übergeordneten, gemeinsamen Leitidee gesehen werden muß.

„Im Monat August/September 1978 wird die Idee einer Aktionsfolge realisiert, in deren Verlauf in verschiedenen Städten des Ruhrgebiets visuelle Ereignisse inszeniert werden. Diese Ereignisse sollen sich jeweils mit einer spezifisch regionalen Situation der Arbeitswelt und der Freizeitwelt auseinandersetzen, um dann gemeinsam betrachtet einander ergänzend, eine umfassende Interpretation des Ruhrgebietes zu ergeben. Ein zeitgenössisches Portrait des Ruhrgebietes unter Benutzung verschiedener künstlerischer Medien der Gegenwart soll entstehen. Die entwickelte Idee besteht darin, das Museum als Startbasis zu betrachten zu einer archäologischen Reise in die Umwelt-Gegenwart des Reviers. Das Ruhrgebiet als totales Environment, mit Einblicken in sein soziales Umfeld, als umweltbezogenen Ereignisgarten gilt es darzustellen" (Anm. 27).

Das jeweils Typische des in seiner Unwiederholbarkeit einmaligen Ortes fügt sich durch ein verschränkendes Ineinandergreifen zu einer gemeinsamen, durch die angesprochenen Tatbestände vergleichbaren Situation. Eine Großraumlandschaft wird zum Studienobjekt. Ihre auf die Besichtigung des Tatortes ausgerichtete Demonstrativwirkung grenzt einen Lebensbereich ein, der als eines der dichtest besiedelten Gebiete Europas zu gelten hat. Die Gesetzmäßigkeit einer solchen Kulturlandschaft aufzuschlüsseln, den soziologischen und sozialpolitischen Gegebenheiten auf die Spur zu kommen, ist die erklärte Absicht dieser künstlerischen Monumentalarbeit. Drei jeweils in sich geschlossene Ausstellungen begleiten das aktionistische Vorhaben. Sie, die neben dem intendierten Aktualitätsbezug den so überaus notwendigen retrospektiven Aspekt nicht ausklammern, sind das erklärende, die Ideen auflistende Demonstrativum. Aufeinander bezogen, in didaktischer Verknüpfung, stellen drei Museen jeweils Teilaspekte der Schultschen Arbeit vor. Beschäftigt sich das Museum am Ostwall in Dortmund unter dem Titel „Die Aktion und ihre Bilder" mit den Environments, Bildobjekten, Aktionsprotokollen und Fotos des bisher vorliegenden Oeuvres, so sollen „Die Blumen der Zivilisation" — sie werden vom Städtischen Museum Mülheim vorgestellt — eine vertiefende überleitende Einsicht bieten. Die Entwicklungsgeschichte mit ihren Sichtfestlegungen und ikonologischen Hinweisen wird durch den engagiert vorgetragenen Jetztstandpunkt ergänzt. Und schließlich zeigt die Kommunale Galerie der Stadt Bergkamen den notwendigen ergänzenden theoretischen Teil. Unter dem Titel „Reaktion auf Aktion" werden jene Dokumente der Rezeption und Diskussion vorgestellt, die zur Interpretation der Theorien des Machers überaus wichtig sind.

„Die Blumen der Zivilisation", als Ausstellung in zwei verschiedenen Abschnitten konzipiert, sind ebenso als analytische Aufgliederung der bisher geleisteten Arbeit zu verstehen, die sich mit der übertragenen Idee der landschaftlich gestalteten Umwelt auseinandersetzt, als auch als eine Direktaufnahme und Darstellung von Situationen, die dem Macher bei seiner vorbereitenden Arbeit im Revier begegneten. Gartensituationen in einer Ausstellung zu konfrontieren, sie den schon geschaffenen grafischen Arbeiten gegenüberzustellen, um daraus eine didaktische

Lehre zu Situationsbeschreibungen abzuleiten, muß als eine Idee charakterisiert werden, die einsichtsvolle Konfrontationen erlaubt. Denn mehr noch als in den Bildobjekten wird in der Grafik die fiktive Landschaftssituation in den Vordergrund gerückt. Eine Landschaftssituation, die durch das angewandte Prinzip der in der Grafik dominierenden, fast im kollagierenden Sinne beschreibenden Fakten sehr zu gartenähnlichen Beschreibungen tendiert. Zu Gärten allerdings, die unbrauchbar geworden sind, die sich einer nutzbringenden Bearbeitung zu entziehen scheinen, da jedes denkbare Leben aus ihnen gewichen zu sein scheint. Überwuchert von den Insignien unserer Zeit, angefüllt mit unbrauchbarem Konsummüll, mit verbrauchten Waren, deren noch zu ortende Markenzeichen uns eher wie eine letzte Warnung begegnen, als eine Aufforderung zu weiterem fröhlichen Verbrauch, finden sich vor den Augen des Rezipienten Zeichen unserer Zeit ausgebreitet, die konsequent auf eine unwiederbringliche vergangene Ära hinweisen. Auf eine verlorene Zeit, die zu suchen und konservieren zu wollen, sich nicht mehr lohnt, weil die Gegebenheiten sich so radikal verändert haben. Das einzige was noch zu tun bleibt, scheint eine Analyse des Jetztstandpunktes zu sein, ein sich Zurechtfinden mit den Gegebenheiten. Das mag als deutender Hinweis paradox klingen, fast wie ein Widerspruch zu manchen schon angedeuteten Interpretationen, wird aber in dem Moment einsichtig und als Deutungshilfe verständlich, in dem man auf das Arbeitsverfahren der Schultschen Grafik etwas näher eingeht. In keiner anderen seiner künstlerischen Äußerungen verwendet der Macher das Foto als tertium comparationis so häufig als in der Grafik. Nirgendwo sonst werden die unverkennbaren Merkmale einer engagiert vorgetragenen dokumentarischen Fotografie so exakt eingesetzt als dort, wo es mit dem Foto und durch das Foto gilt bezogene Gegenpositionen einsichtig und deutlich zu machen. Dem Eigenspezifischen einer sich extrem hoffnungslos gebenden Situationsbeschreibung werden die Werte der erfahrbaren Istsituation gegenübergestellt. Und eben dieses Prinzip einer ausgewogenen Kontrapostsituation ist es, das ein vergleichendes, die noch verbleibenden Möglichkeiten austarierendes und gegenseitig abwägendes Betrachterverhalten evoziert. Da die Grafik einen verhältnismäßig leichten Zugang zum artifiziell Gesagten ermöglicht — sie operiert sowohl im kompositionellen Sinne wie auch in der Farbgebung mit geläufigen, leicht verständlichen Sprachwerten — wendet Schult seine didaktischen, aufschlüsselnden Hinweise gerade in der Mülheimer Veranstaltung an. Er will einen der wichtigen Aufbrüche zu reflektierendem Verhalten dort erzielen, wo für die meisten Betrachter noch eigenpersönliche Stellungnahmen und Bezugspunkte vorhanden sind. Nur aus diesem Grunde werden dem vorhandenen grafischen Oeuvre die Belege einer landschaftlich bedingten, von der spezifischen Sicht eines fast seismografisch reagierenden Kunstmachers geprägten Auflistungen geografischer Gegebenheiten gegenübergestellt.

Die Foto-Dokumentation und der für die Edition des Siedlungsverbandes Ruhrkohlenbezirk konzipierte Grafikzyklus „Fabriken und Gärten" zeigen deutlicher als jede weitausholende Beschreibung dies tun könnte die Methodik eines auf die topographischen Situationen bezogenen Arbeitsverfahrens. Sie sind das Ergebnis eines langen Weges, einer fortwährenden Suche nach den richtigen, zutreffenden Mitteln der Mitteilung. Einer Mitteilung, die sich — und gerade dies wird in den letzten Arbeiten Schults immer deutlicher, den spezifischen Positionen, den konzentrisch eingekreisten Analysen einer Umfeldforschung zuwendet. Was gesagt und gezeigt werden soll, was als Übertrag einer generell typischen Mitteilung dem Rezipienten eindringlich verdeutlicht wird, ist in erster Linie das Ergebnis und die persönliche Stellungnahme einer gründlichen, langen Erforschung des als Demonstrativum ausgewählten Lebensraumes. Eines Lebensraumes, dessen Bedingungen studiert und erkannt sein wollen, bevor sie in die metasprachlichen Mitteilungen der Kunst übersetzt werden. Dies mag die durchwegs lange Vorbereitungszeit erklären, die HA Schult für seine letzten großen Aktionen brauchte. Wer die Topographie der Handlungsorte beschreiben will, wird erstmals ihr Eingebettetsein in das geografische, soziologische, sozialpolitische Umfeld studieren müssen. Erst wenn es gelingt eine Antwort auf die aus diesem Vorhaben sich ergebenden Fragen zu finden, kann in einem zweiten Schritt der Versuch einer aufschlüsselnden, interpretierenden Formulierung möglicher Antworten unternommen werden. Dies galt schon für Venedig und New York, dies gilt in ganz besonderem Maße für das Vorhaben „RuhrWelt", das neben den nun vorliegenden Ergebnissen auch noch einen Rückbezug beinhaltet, den es aufzuarbeiten galt. Wenn HA Schult mit Elke Koska im März dieses Jahres das Revier bereiste und vor Ort seine Aufnahmen machte, die sich, umgesetzt und verarbeitet in den „Blumen der Zivilisation" wiederfinden, dann war dieses Erforschen einer weitverstreuten topographischen Situation keineswegs die erste Auseinandersetzung mit der Thematik. Nur der Anlaß dieser Materialsammlung war eine primäre Handlung. Das Thema als solches, das so tiefgreifende analytische Aufschlüsse über die Situation der Menschen im Revier erlaubt, mag schon bei den Arbeiten zur Veranstaltung im Essener Folkwangmuseum aufgefallen sein. Denn schon damals war das eigentliche Ereignis auf die Ebene einer landschaftsspezifischen Untersuchung transponiert. Schon 1974 sind es die Situationen unmittelbarer menschlicher Lebensbereiche, die ins Museum geholt werden, die dem Betrachter als ein erschreckendes, realitätsnahes Lehrstück beggnen. Unter solchen Aspekten gesehen ist es gerade der oft schon belächelte und abqualifizierte Schrebergarten, der dem Rezipienten wie ein letztes Refugium individueller Lebensformen erscheinen muß. Gerade diese Schrebergärten des Reviers aber, die den Menschen in seiner privaten Atmosphäre zeigen und wie ein Traum von einem längst vergangenen Schaubild deutscher Innerlichkeit anmuten, möchte Schult als eine zum Nachdenken auffordernde Parabel sehen. Ihre topographische Lokalisation, ihr Eingebettetsein in eine Industrielandschaft ist es, was zum reflektierenden Nachdenken anregt. Überspitzt und in Abwandlung eines klassischen Zitates könnte man die Behauptung aufstellen, diese Schrebergärten sind eine kleine Welt, in der die große ihre Probe hält. Es wäre nicht der Macher Schult, der mit seinen punktuell ausgesuchten Hinweisen zu echter reflektierender Diskussion anregen möchte, stünde nicht auch bei diesen Hinweisen die kaputte Idylle im Vordergrund. Das ausgewählte Extrembeispiel, und eben nur dieses, hat eine den Problemkreis erklärende Wirkung.

Derartiges Tun, das mit so unweigerlich auftretenden Schockerlebnissen der Betrachter gekoppelt ist, wäre längst nicht mehr nötig, hätte man aus den Lehren des Machers, hätte man aus seinen Hinweisen und mahnenden Demonstrationen einen auch wie immer gearteten Nutzen gezogen. Doch gerade auf dieser Ebene, auf der man den zweiten Schritt einer die Thematik verarbeitenden Reflektion erwarten dürfte, fällt konservierendes Verharren auf alten Positionen auf. Wie sehr unsere bürgerliche Gesellschaft sich auch in jenen Bereichen, in welchen man es am allerwenigsten erwarten würde, auf einen falsch verstandenen stabilisierenden Kurs begeben hat, der noch geradezu mit zäher Verbissenheit und rührender Naivität verteidigt wird, beweisen die in Bergkamen zur Diskussion gestellten Dokumente. Unter dem Titel: „Reflektion auf Aktion" soll, und gerade dieses Vorhaben verdient es hervorgehoben zu werden, dem Besucher die Gelegenheit geboten werden, sich mit all jenen Reaktionen auseinanderzusetzen, die auf die Demonstrativhinweise folgten. Wenn in der für ihre Experimentierfreudigkeit bekannten Städtischen Galerie „Sohle 1" Materialien zum Oeuvre Schults angeboten werden, wenn diese Dokumentation ausdrücklich mit der auch heute noch notwendigen Diskussion gekoppelt ist, dann hat dieses Vorhaben gerade in einer Stadt, die zur Emanzipation des kunstinteressierten Bürgers viel beigetragen hat, einen herausragenden Stellenwert. Der Beitrag, den Schult für die Sohle 1 konzipierte, wird im höchsten Maße von didaktischen Absichten bestimmt. „Reaktion auf Aktion" ist nicht nur das vorliegende analytische Material, das nur allzuhäufig als mißverstandener Versuch einer sich vergeblich zur Wehr setzenden Kritik (oder würde man doch besser von Pseudokritik sprechen?) gedeutet werden muß, sondern auch die unabhängig von einer offiziellen Meinungsbildung erfolgte positive Auseinandersetzung mit dem Gebotenen.

Schult, und das gilt ganz besonders auch für die Ruhrgebietsanalyse dieses Sommers, zwingt zu Entscheidungen. Man kann sich mit dem Gebotenen nur dann auseinandersetzen, wenn man sich zu einer Stellungnahme durchringt, wenn man das Vorgeführte entweder gutheißt oder ablehnt. Ein interesseloses Wohlgefallen, heute schon wieder möglich und in weiten Bereichen einer Pseudoavantgarde auch zu beobachten, klammern seine Arbeiten von vornherein aus. Das Gesamtoeuvre des Machers ist so angelegt, daß es von der Gesellschaft nicht assimiliert werden kann. Die Schultschen Demonstrationen, ob sie nun als Aktion, Environment, Ausstellung oder als Bildobjekt formuliert werden, entziehen sich einer Vereinnahmung durch den Rezipienten, können nur als Denkanstoß, als demonstrierende Sichterweiterung verstanden werden. Das macht ihre innovative, verändernde Wirkung aus. Wer einen Hinweis in sich aufgenommen hat, sei es nun aktiv, als das Geschehen unmittelbar Betrachtender, oder passiv, als ein nur per Bildkonserve Informierter, wird sich dem Erfahrenen nicht entziehen können, wird in die Rolle eines weiterverarbeitenden Interpreten gedrängt. Der Denkanstoß und Hinweis wird in jedem Falle vom Macher ausgehen. Die selbstproduzierten Bilder und konstruiert erdachten Situationen aber, die den Rezipienten zum Produzenten machen, die ihm dank des einmal gewährten Einblickes in den Mechanismus eines unaufhaltsam scheinenden Destruktionsablaufes immer weiter beschäftigen, sind das erwartete und wohl auch positiv einzuschätzende Resultat. Schult macht aus Beobachtern unmittelbar Beteiligte. Dies macht den aufdeckenden Stellenwert seiner Arbeiten aus. Nur eine gemeinsame Sicht, ein übereinstimmender Blickwinkel kann, bezogen auf die zentrale Absicht dieser Hinweise, noch Schlimmeres verhindern.

Derartige Intentionen liegen auch der „Ruhr-Tour" zugrunde, die als besonderes Ereignis innerhalb der Aktion zu gelten hat. Geplant als: „Eine archäologische Reise ins Jetzt der Ruhrlandschaft mit HA Schult" wird diese Demonstration das Geschehen authentisch aufschlüsseln. „Ein fahrendes Kunstwerk berührt Revierorte, durchquert Revierlandschaften, macht Station." (Der Ruhr-Tour-Bus besteht als Transportmittel und mitreisender Garten.) Ein fahrendes Kunstwerk wird zum unmittelbaren Erlebnisort einer sich immer mehr verdichtenden komplexen Situationsanalyse, die das Spezifische der ausgewählten Ereignisorte mit dem Allgemeinen einer zu durchquerenden Landschaft verbindet. Kunstsituationen und ungefilterte Alltagswelt werden als Einheit begriffen, sind durch die Konzeption des Vorhabens untrennbar miteinander verknüpft. Dabei beanspruchen die neben den drei Ausstellungen installierten Environments einen erklärenden, das Geschehen untereinander verbindenden Stellenwert.

„Die Fabrik", „Der Garten", „Das Medienhaus", jeweils für neun Tage installiert und auch außerhalb der Ruhr-Tour dem Betrachter zugänglich, sind verbindende Elemente eines Großraumgefüges, das es in seinen Lebensbedingungen zu studieren gilt. Gedacht als normale Bilder unserer Alltagswelt, unserer unscheinbaren wenig spektakulären Umgebung, sind es gerade diese anvisierten Fixpunkte der Demonstration, die einen erhellenden, die Umwelt im erklärenden Sinne erläuternden Charakter haben. Für kurze Zeit herausgehoben aus ihrem Alltagsdasein, zeigen die Environments ein Stück realen Lebens, das nur deswegen so unwahrscheinlich, so unglaubwürdig entfremdet anmutet, weil es die Gegebenheiten unter einem ungewöhnlichen Blickwinkel zeigt. Die stillgelegte Fabrik, in der „die Arbeitsvergangenheit akustisch in die Gegenwart transportiert" wird, das Medienhaus, bei dem plötzlich auf Monitoren im Vorgarten die Live-Übertragung seines Innenlebens sichtbar wird — „Ein Haus stülpt sein Inneres nach außen" — und „Die Saat unserer Zeit", die den mit Konsumliteratur angefüllten Schwebebahnwaggon für die Dauer seines Mitreisens unbenutzbar macht, das alles sind visualisierte Hinweise, die uns in abgewandelter Form zwar täglich begegnen, die wir aber unter normalen Umständen wegen unserer verschliffenen Sehgewohnheiten höchstens sporadisch wahrzunehmen gewohnt sind. Es bedarf des abrupten Eingriffs, es bedarf der spektakulären Verdeutlichung, um eine Landschaft zu charakterisieren, die in ihrem Gesamtgefüge einer komplexen Lebenssituation zur Diskussion gestellt werden soll. Die Aktion „Ruhr-Welt" ist, darauf wurde schon hingewiesen, ganz sicherlich ein Lehrstück. Ein Lehrstück, das man aus der Tradition und engagierten Ambition der Schultschen Hinweise verstehen kann. Ein Lehrstück aber auch, das über die punktuellen Untersuchungen weit hinausgeht und sich ganz allgemein auch mit der Situation, mit dem Hier und Heute einer an den topographischen Ort gebundenen Lebensbeschreibung befassen möchte. Den Bewohnern einer urbanen Großraumlandschaft soll ihre typische Situation vorgeführt werden, um sie zu bewußterem Lebensverhalten anzuregen. Das Ruhrgebiet, das man für gewöhnlich nur von Extrempositionen her kennt, in dem ein sorgfältiges, fast ängstliches Separieren der verschiedensten Lebensbereiche wie Arbeitswelt, Freizeit, kulturelles Engagement so besonders auffällt, wird als eine in eben diesen Bereichen nicht zu trennende Einheit dargestellt. Nicht zuletzt aus diesem Grunde stehen am Anfang bzw. Ende der Ruhr-Tour zwei Finali auf dem Programm, die wie ein Statement im Kontrapost zu deuten sind. Wenn sich am Abend des 16. September 1978 der Vorhang im Gelsenkirchener Musiktheater hebt und auf der Bühne die Uraufführung „Das Stück heißt die Arbeit, sein Autor ist unsere Zeit" in Szene geht, wenn am letzten Tag der Ruhr-Tour diese in einem Fußballstadion mit der Aktion „Der Flug der Worte ins Revier" ihr Ende findet, dann werden gerade durch diese Aktivitäten zwei Hinweise geboten, die das Gesamtkonzept einsichtig und deskriptiv umreißen. Der tägliche Produktionsprozeß auf der Bühne, das Kunstmanifest auf der Anzeigentafel eines Fußballstadions dürfen als offene Erklärung gewertet werden. Als eine Erklärung, die Trennbereiche zugunsten einer geschlossenen Darstellung aufheben möchte. Der Text, den Brieftauben, die in Holland starten und ins Revier einfliegen, als einzelne Worte transportieren, läßt sich wie eine Erklärung lesen. Als eine dechiffrierende Absage an jede von der Gesellschaft vereinnahmte Kunst. Er manifestiert jene strengen Prinzipien einer sozialpolitisch engagierten Umweltanalyse, die Schult zu einem für unsere Alltagsproblematik so wichtigen Hinweisgeber gemacht hat. „Kunst kann keine Politik machen. Kunst kann keine Chemie machen. Kunst kann keine Medizin machen. Kunst kann keinen Krieg machen. Aber der Betrachter von Kunst macht Politik. Macht Chemie. Macht Medizin. Macht Krieg. Kunst hat die Aufgabe, mit all ihren Mitteln dem Betrachter vor Augen zu führen, was er da macht. Gute Kunst macht das." (Anm. 28)

Anm. 1
Jens Christian Jensen,
Katalogbeitrag in „Die Welt in der wir atmen"
Kunsthalle Kiel, 1974
Anm. 2
Gerd Winkler,
„Die Biologie im Zeugenstand
Der Macher HA Schult und die kaputte Idylle"
in: Kunstwetterlage,
Belser Verlag, Stuttgart 1973, p. 144—149

Anm. 3
Eberhard Roters,
Kunstforum international,
Mainz, Nr. 4/5, 1973

Anm. 4
Jens Christian Jensen,
op. cit.

Anm. 5
Jürgen Schilling,
„Aktionskunst
Eine Darstellung ihrer Genesis
und Erscheinungsformen",
Inaugural-Dissertation,
Fachbereich Neuere Deutsche Literatur
und Kunstwissenschaft,
Philipps-Universität Marburg/L.,
Marburg 1977,
(Die Zitate wurden dem Manuskript
entnommen, die Buchfassung liegt nun vor.)
„Aktionskunst
Identität von Kunst und Leben"
Eine Dokumentation,
Reihe Bucher Report, Luzern 1978,

Anm. 6
Jürgen Schilling,
op. cit. p. 365

Anm. 7
HA Schult,
„Biokinetische Situationen"
HA Schult im Schloß Morsbroich,
Städtisches Museum Leverkusen,
Leverkusen 1969, o. p.

Anm. 8
Hans Scheugl / Ernst Schmidt Jr.,
Eine Subgeschichte des Films,
Lexikon des Avantgarde-, Experimental-
und Undergroundfilms.
Edition Suhrkamp 477, 1. Bd.,
Frankfurt 1974, p. 362

Anm. 9
Zum Ablauf und den bei dieser Aktion
wichtigen Ereignissen
vgl.
HA Schult
„Die Schult Frage",
Art is Life,
Aktion 20 000 km,
Verlag M. DuMont Schauberg,
Köln 1971

Anm. 10
Jürgen Schilling,
op. cit. p. 363

Anm. 11
„Aktionsraum 1
oder 57 Blindenhunde"
1 Jahr Aktionsraum 1 kostet 150 000 DM.
1 Blindenhund kostet 2600 DM,
München 1971, p. 134—135

Anm. 12
HA Schult,
Die Stadtstraße,
in: Klaus Honnef,
„Verkehrskultur"
Prozesse, Aktionen, Demonstrationen Bd. 1,
Verlag Aurel Bongers,
Recklinghausen 1972, p. 84—87

Anm. 13
Das genaue Konzept des hier nur
auszugsweise wiedergegebenen Textes
findet sich in
Karin Thomas,
„Kunst-Praxis heute
Eine Dokumentation der aktuellen Ästhetik"
DuMont Aktuell,
Köln 1972, p. 194—199

Anm. 14
„Künstler im Museum"
Morales, HA Schult, Konitz, Anatol,
Kuwayama, Sandback, Uecker,
Einraum 74,
Museum Folkwang,
Essen 1974, o. p.

Anm. 15
vgl. Konzept zum Environment,
Flugblatt,
Hrsg. Elke Koska,
sowie Kat. Essen, op. cit.

Anm. 16
Wolfgang Ignee,
Endspiel auf dem Schrottberg,
Becketts „Glückliche Tage" in Stuttgart,
Kölner Stadtanzeiger,
Köln, Freitag, 28. Juni 1974

Anm. 17
Dieter Schnabel,
„Glückliche Tage" auf dem Schutt,
Ein zweifelhaftes Staatstheaterereignis
im Stuttgarter Kunstgebäude,
Heilbronner Stimme,
Heilbronn, 1. Juli 1974

Anm. 18
Rudkin,
Vor der Nacht,
Die Aufführung im Wuppertaler
Schauspielhaus deckte sich zumindest in der
visualisierten Erdsituation (auch in Wuppertal
wurde Torf verwandt) mit den Schultschen
Intentionen. Allerdings wurde in Wuppertal
die Trennung zwischen Bühne und
Zuschauerraum noch streng eingehalten.

Anm. 19
Peter Turrini,
„Rozznjogd",
Rattenjagd,
Ein Theaterstück nach Motiven
von Willard Manus,
Originale und hochdeutsche Fassung,
Manuskriptausgabe im Theaterverlag
Universal Edition,
Wien 1971
W. G. Cassel,
Programm-Manuskript zur Aufführung,
Vereinigte Städtische Bühnen
Krefeld-Mönchengladbach,
6 Blatt o. p., Krefeld 1971

Anm. 20
Katalogzeitung
„Unwelt"
Eine Zeitung zur Ausstellung Unwelt,
Eine Kunstausstellung die jeden angeht,
Städtische Galerie im Lenbachhaus,
München 1974. 4 Blatt o. p.

Anm. 21
Der Spiegel,
Personalien,
Spiegel Nr. 48, 28. Jg., 25. November 1974,
Hamburg

Anm. 22
Konrad Weidenheim,
„Die Müllabfuhr im Lenbachhaus?"
Eine Ausstellung von Schults Markenartikeln,
Bayernkurier, 14. 12. 1974

Anm. 23
Hans Jürgen Jendral,
„Epochale Müll-Entdeckung",
Süddeutsche Zeitung, 16. 12. 1974
München 1974

Anm. 24
HA Schult
„Venezia vive"
Venedig lebt
3 Konzepte, 3 Progetti 1975/76,
Hrsg. HA Schult, Elke Koska,
Typoskript zum Projekt,
München, p. 8

Anm. 25
HA Schult
„CRASH"
Eine Aktion von HA Schult,
Konzept der New York Aktion,
Hrsg. HA Schult, Elke Koska,
Typoskript zum Projekt,
München, o. p.

Anm. 26
Flugblatt zur documenta,
„CRASH"
Eine Aktion von HA Schult
auf der documenta 6 live über Satellit,
25. Juni 1977
Hrsg. Elke Koska, o. O.

Anm. 27
HA Schult
„Ruhr-Welt"
Eine archäologische Reise ins Jetzt der
Ruhrlandschaft, Dortmund, Essen, Mülheim,
Bergkamen, Duisburg, Gelsenkirchen,
Bochum,
Konzept der Ruhr-Tour, II. Fassung
Hrsg. HA Schult, Elke Koska
Typoskript zum Projekt,
Walda 1978

Anm. 28
Katalogzeitung „Unwelt"
op. cit. p. 1

PROJEKTE

1968 PUBART

4 stunden farbe
4 stunden licht
4 stunden film
4 stunden ton
4 stunden luft
4 stunden fleisch

eindrücke, permanent 4 stunden:	zelträumlichkeit davor dunkel-hell-zone einlaß erfolgt durch eine lichtlose schleuse, auf welche übergangslos eine starke direktbestrahlung durch scheinwerfer erfolgt
mobile stadt	zwei fließbänder laufen einanderentgegengesetzt, große behälter sind damit zu befördern, sie sind mit wichtigen sich auf die mobile stadt beziehenden texten beschriftet, das publikum wird einbezogen
boxring	4 akteure kämpfen bis zum bitteren ende, jeder treffer löst projektionen in der kuppel des zeltes aus, neue, frische akteure springen ein
spiegel	je zwei akteure tragen fünf große spiegel durch das publikum
farbe	wird in großen mengen von 4 akteuren von einer platt- form in der zeltkuppel auf das publikum gegossen, eine große durchsichtige folie fängt jedoch die farbe (BLAU) im letzten augenblick auf
haufen	ein riesiger kunststoffhaufen liegt auf dem boden, das publikum wird einbezogen
kennedy	ein neger bewegt sich auf einem laufsteg & ruft in ein mikrofon:"ich bin ein berliner"
ereignisfläche	strahlend hell ausgeleuchtete fläche in der mitte geteilt, eine hälfte weiß, die andere hälfte dicht andicht mit 200 stühlen verstellt, monotoner lautsprecher warnt publikum vor dem betreten der weißen fläche, droht mit drastischen maßnahmen

HA Schult
jochen ufer
jürgen claus
thomas schamoni
heinz heinrich
werner schulz
jakob kuffner
costa pinheiro
ulrich herzog
ägidius geißelmann
karlheinz hein
kurt b. petzuch
werner schreib
& Sie

4 stunden bewegung in neuen erlebniszonen

4 stunden farbmaterial
4 stunden lichtmaterial
4 stunden filmmaterial
4 stunden tonmaterial
4 stunden luftmaterial
4 stunden fleischmaterial

rollen	10 leere kabelrollen stehen unmotiviert im raum, das publikum wird miteinbezogen
windzone	flugzeugmotor mit abgesichertem propeller und durch das publikum führendem abgasschlauch errichtet eine luftwand
redner	zwei fahrzeuge mit hydraulisch zu hebender plattform, auf den plattformen befinden sich zwei redner, der eine hält einen 4-stunden-vortrag über politische wissenschaften, der andere handelt die überlebenschancen des publikums ab
brunnen	zwei brunnen, der eine enthält eine grüne wohlschmeckende flüssigkeit, der andere eine rote, sie sind von einem wulst farbigen eßbaren materials eingefaßt
leuchtturm	kreisende scheinwerfer in der zeltkuppel gekoppelt mit kreisendem, parolen der zukunft verkündenden lautsprecher
absperrgitter	errichten scheinräume und scheinwege und führen zu scheinzielen, welche durch permanentprojektionen wirklich erscheinen
texte	werden durch lautsprecher verkündet und von oben in großen mengen vervielfältigt auf das publikum abgeworfen
projektionsfläche 1	große konkave projektionsfläche, mit senkrechtstreifen, projektor hinter der fläche projiziert durch öffnung in der fläche auf eine kugel, welche wiederum waagerechte streifen auf die fläche projiziert
projektionsfläche 2	große plane projektionsfläche, sportliche ereignisse, wahrscheinlich direktübertragung

NUR 8.10.68
EINlaß ab 19 uhr
AUF der wies'n
IM zelt

1969

"Der Bildungstrieb der Stoffe"

Spur.

Alle Räume.
Die Spur führt hindurch. Ohne Unterbrechung.
Verschiedene Nährsubstanzen. Verschiedenfarbig
geimpft. Von Raum zu Raum springende Farben.

Raum.

Eine Bodenzone. Ein Laufsteg führt quadratisch
drumherum. Nährsubstanzen werden aufgetragen.
Mit Farbkulturen geimpft. Nur indirektes Licht,
unterhalb des Laufsteges installiert.
Verborgene Tonquellen.

Landschaft.

Den Raum füllt die biokinetische Landschaft.
Ein Weg führt hindurch. Materialien:
Plastikfolie, geknüllt, ergibt die Form.
Nährsubstanzen werden aufgetragen. Dann
Farbkulturen. Ergebnis: ein permanentes
Wechselspiel der Farben. Über Stunden. Tage.
Wochen. Die Dauer der Ausstellung. Verborgene
Tonquellen flüstern einen "Biokinetischen Roman".

1970

HAUS

Innen:

Das gesamte Haus wird mit Nährsubstanz eingestrichen. Alle Räume. Alle Verzierungen. Alle Türstöcke. Das Parkett. Der Kamin.

Außen:

Das gesamte Haus wird mit Nährsubstanz eingestrichen. Alle Mauervorsprünge. Alle Verzierungen. Der Balkon. Die Terrasse. Der Schornstein. Die Fernsehantenne.

Und dann:

wird das Haus geimpft. Mit Bakterien. Schleimpilzen. Schlauchpilzen.
Und dann:
wird dieses Haus leben.

1970

WALD

Der Baum wird mit Nährsubstanz eingestrichen.
Jeder Ast. Jedes Astloch. Jede Spalte.
Dann: wird er geimpft.
Mit einer blauvioletten Bakterienkultur.
Er wird atmen. Und: er wird blühen.
Bei jeder Temperatur.
"Der Baum, der im Winter blüht".
Biokinetisch.
Viele
Bäume
werden
so behandelt. Ein Wald. Blau. Lila. Blutorange.
Die Farben werden von einem Baum zum
anderen springen.
Im Schnee.

1970

PLANET

Das Erdschiff. Gefüllt mit Nährsubstanz.
Los.
Los.
Los zum Planeten. Nebelt ihn ein:den Planeten.
Mit Nahrung für ein blutorangefarbenes
Bakterienheer. Laßt Pilze auf ihm wachsen.
Kilometerhoch. Laßt diese Pilze platzen.
Laßt ihren Inhalt sich über den ganzen
Planeten gießen. Nahrung.
Nahrung.
Nahrung für die Augen.
Nahrung für die Sinne.
Und der Mensch?
Dann?
Ist Blutorange.

1970 DAS HAUS

TEXT:
Das Haus.Das Biokinetische Haus.
Das Biokinetische Haus auf dem
Friedrichsplatz der Stadt Kassel.
Das Biokinetische Haus,auf dessen
Oberfläche die Luft der Stadt
Kassel sichtbar gemacht wird.
Die Luft der Stadt Kassel,für die
jeder Bürger der Stadt Kassel
verantwortlich ist.
Die Luft,die uns alle umgibt.Noch.
Die von uns gemachte Luft.Noch.
Jetzt.
Eine Familie.Eine Familie wird das
Biokinetische Haus beziehen.
Die Alternativfamilie:Mutter,Väter,
Kinder.Fünf Kinder,neun Personen.
Und alles,was diese Familie erlebt
in diesem Haus,was sie macht in
diesem Haus,ihr Tagesablauf in
diesem Haus wird live übertragen.
Live;1:1:
aus dem Biokinetischen Haus in das
Offene Labor im Parterre des
Friedericianums.Livematerial 1:1
auf die Monitorwand des Offenen Labors.
Und:parallel wird Weltereignismaterial
gezeigt.Auf der Monitorwand des
Offenen Labors.
Vor der Monitorwand hat der
Motivforscher seinen Platz.Er analysiert
und wertet aus:das Verhalten der
Alternativfamilie,die Reaktionen der
Kunsttouristen auf das Verhalten der
Alternativfamilie.Jeder Kunsttourist der
documenta 5 kann über die Monitorwand
Kontakt zu der Alternativfamilie im
Biokinetischen Haus aufnehmen.Jeder
Kunsttourist der documenta 5 kann im
Offenen Labor Biokinetische Prozesse der
Gegenwart beobachten.Biokinetische
Prozesse,welche den Alltag des
Kunsttouristen in der nahen Zukunft
entscheidend beeinflussen werden.

ORT:
 Kassel/BRD.
TITEL:
 Das Biokinetische Haus.
ERSTELLUNGSTERMIN:
 28-6-72;12.00h.
DAUER:
 2.400 Stunden;1:1.
KONZEPTION:
 HA Schult.
BIOKINETISCHE REALISATION:
 Franz Simmersbach,Dr.rer.nat.
AUSWERTUNG
 Reinhard Schober,Dipl.Psychologe.
INFORMATION:
 Elke Koska.

Die Familie

CHRISTOPHER.
Geb.2.11.64.
In München/BRD.

ADRIAN.
Geb.6.9.39.
In Nußdorf/BRD.
Dipl.Ing.
Architekt.

PATRICK.
Geb.31.8.63.
In München/BRD.

JESSICA.
Geb.13.9.67.
In München/BRD.

FRANZ.
Geb.25.7.37.
In Erfurth/DDR.
Dipl.Chemiker,
Dr.rer.nat.

MANIE.
Geb.29.3.41.
In Los Angeles/USA.
Hausfrau.

EKKI.
Geb.5.2.40.
In Wien/Österreich.
Versicherungskaufmann,
Traveller.

BENJAMIN.
Geb.14.2.66.
In München/BRD.

SAMANTHA.
Geb.20.10.71.
In München/BRD.

1970

DIE FABRIK

DREI MONATE WIRD DER PRODUKTIONSPROZESS DER FABRIK
DEM PUBLIKUM SICHTBAR GEMACHT. DER WEG DES PUBLIKUMS
DURCH DIE FABRIK WIRD VON HA SCHULT ENTWICKELT.
EIN PRODUKTIONSLEITER UND HA SCHULT WERDEN DAS
PUBLIKUM TÄGLICH DURCH DIE FABRIK FÜHREN. DAS
PUBLIKUM WIRD ZEUGE DER DIALOGE ZWISCHEN DIESEM
PRODUKTIONSLEITER UND HA SCHULT. DAS PUBLIKUM
KANN IN DIESEN DIALOG EINGREIFEN.
TÄGLICH ZWEI DURCHLÄUFE.
AUFGEZEICHNET DURCH EIN TRAGBARES TONBANDGERÄT.
AUFGEZEICHNET VOM PUBLIKUM SELBST: MIT POLAROID-
KAMERAS.
DAS MATERIAL.
DAS MATERIAL DER FABRIKSITUATION WIRD TÄGLICH
AUSGEWERTET. VON HA SCHULT & SEINEM TEAM. BEREITS
AM NÄCHSTEN TAG IST ES DEM PUBLIKUM ZUGÄNGLICH.
NEUNZIG TAGE ENTSTEHEN.
DAS AUSSENSEITERPRODUKT.
NEUNZIG TAGE WIRD DIE FABRIK, ZUSÄTZLICH ZU IHREM
NORMALEN PRODUKTIONSPROZESS, EIN KUNSTPRODUKT
PRODUZIEREN. DEN FARBIGEN RAUCH. AUS DEN SCHORNSTEINEN
DER FABRIK WIRD ER IN DEN HIMMEL STEIGEN.
DIE ABSICHT.
DAS PUBLIKUM WIRD DIE FABRIKSITUATION MACHEN. WIRD
BESTANDTEIL EINER AKTION, DIE SICH FORTSETZEN WIRD
IM ALLTAG EIGENER FABRIKSITUATIONEN. DIE
FABRIKSITUATION WIRD DEM PUBLIKUM FRAGEN STELLEN,
DIE ES DANN IN DER REALITÄT ZU BEANTWORTEN GILT.

1971

DIE LEISE AGGRESSION

Ein Raum. In dem Raum ein Kochherd.
 Eine Nährsubstanz wird gekocht.
 Nahrung. Nahrung für ein Bakterienheer.
Und dann:
 wird an zwölf Stellen des Hauses diese Nahrung
 angesetzt. Und die Luft, die Luft der Stadt Kiel
 wird sichtbar. Sichtbar in vielen Farben.
 In den Farben vieler Bakterien.
Die leise Aggression, die von der Luft in der
 wir leben ausgeht, wird sich zu erkennen geben.
Die leise Aggression, die in fünf Jahren
 Kunstwerke zerfrißt, die fünf Jahrhunderte
 überdauert haben.
Die leise Aggression, die von den Schornsteinen
 herüberweht.
Die leise Aggression, die aus vielen Zapfsäulen
 fließt.
Über diese leise Aggression wird dann ganz laut
 gesprochen. Mit den Menschen aus Kiel.

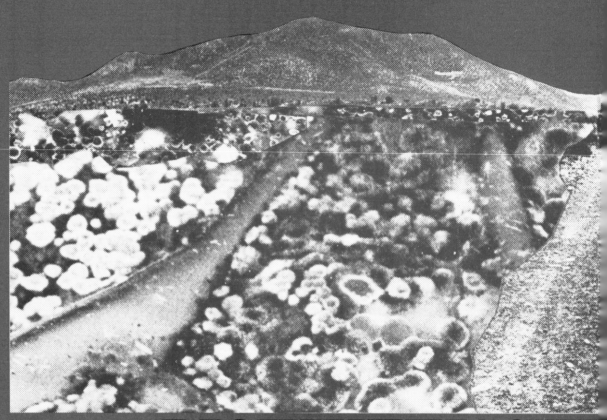

BIOKINETISCHE

HA Schult will eine Biokinetische
Plantage im rückwärtigen Bereich
des Tales von Foum Assaka
realisieren.
Der zukünftige Freiraumtourist wi
das Tal mit seinem Fahrzeug
durchqueren. Zu beiden Seiten
seiner Fahrtroute werden sich
kilometerweit die farbigen Felde
der Biokinetischen Plantage
erstrecken.
Nährsubstanzen werden durch ein

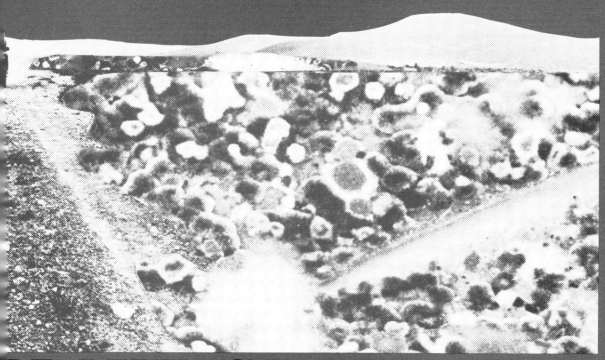

PLANTAGE

...laufsystem permanent aktiviert.
...hrung für die verschiedenfarbigen
...kterienkolonien. Durch den
...orenflug werden die Farbfelder
...einander in Korrespondenz treten.
...n Wechselspiel der Farben entsteht.
...ündlich. Täglich. Wöchentlich.
...natlich. Der Freiraumtourist wird
...i jeder Durchquerung des Tales mit
...ner neuen Situation konfrontiert.
... wird zum Beobachter einmaliger
...ologischer Umweltprozesse.

1971 TOURISTIK

1972. August 1972. 2.August 1972.
Zeit: 10.00h.
Ort: Das Biokinetische Haus.
　　　Kassel/BRD.
　　　Informationsraum,2.Stock.
Informationsgeber:"In weniger als
　　　zwei Stunden werden Sie
　　　starten.Sie erhalten jetzt
　　　Ihre Reiseausrüstung.Diese
　　　Reiseausrüstung besteht aus
　　　einem Maschinengewehr
　　　modernster Bauart.Aus einem
　　　Patronengürtel.Aus zwölf
　　　Biokinetischen Patronen.
　　　Aus einer Videogarnitur.
　　　Aus einem Funksprechgerät.
　　　Aus einer Proviantpackung.
　　　Aus einer Reiseapotheke.
　　　Aus einem Fallschirm.Bitte,
　　　lesen Sie die Gebrauchsanwei-
　　　sung für alle Ausrüstungs-
　　　gegenstände.Und jetzt:spielen
　　　Sie Ihre Videokassette ab.
　　　Jeder von Ihnen wird eine
　　　eigene Fassung über den
　　　Verlauf der bevorstehenden
　　　Reise sehen.Nutzen Sie die
　　　Zeit bis 12.00Uhr.Tauschen
　　　Sie die erhaltene Information
　　　untereinander aus."
Zeit: 12.00h.
Ort: Das Biokinetische Haus.
　　　Kassel/BRD.
　　　Vorplatz.

Informationsgeber:"Hier auf dem
　　　Platz stehen die Fahrzeuge der
　　　ersten Reiseetappe bereit.Für
　　　jeden Touristen eines der blut-
　　　orangefarbenen Autos.Sie erhalten
　　　jetzt den Schlüssel für Ihr Auto.
　　　13.50Uhr wird Ihr Flugzeug vom
　　　Rhein-Main-Flughafen starten.Bis
　　　dahin müssen Sie 190 Kilometer
　　　zurücklegen."
Zeit: 14.00h.
Ort: Jet.
Pilot:"Sehr geehrte Damen und Herren,
　　　wir freuen uns,Sie an Bord
　　　begrüßen zu dürfen.Bis zu Ihrem
　　　Absprung zeigen wir in unserem
　　　Bordkino die Aufzeichnung Ihrer
　　　Fahrt von Kassel zum Rhein-Main-
　　　Flughafen.Den Kommentar spricht
　　　Dr.Manfred Schreiber..."

Zeit: 15.00h(120min.später).
Ort: Jet.
Pilot:"Sie kennen die Gebrauchsanweisun
　　　für Ihre Waffe.Für Ihr Funksprech
　　　gerät.Und vor allem:für Ihren
　　　Fallschirm.Bitte:wenden Sie Ihre
　　　Kenntnisse an.Ich halte die not-
　　　wendige Fluggeschwindigkeit ein."
Zeit: 15.30h.
Ort: Das Zielgebiet.
Informationsgeber:"Bitte,versuchen Sie
　　　einen der blutorangefarbenen Jeep
　　　zu erreichen.Und:nehmen Sie dann

PROJEKT

Konzept einer archäologischen Reise in die Gegenwart.

wieder Funkkontakt zu uns auf..."
Bis dahin:RRRRRRRRRRit NPD-
Prominenz auf der Rednerliste.Mit
markigen Nationalparolen.Dieter
Hockenmeier berichtet:'Die Stoß-
richtung der rechten Sammlungs-
bewegung verdeutlicht das sogenannte
Manifest des deutschen Widerstandes-
- - kämpft mit uns und leistet
Widerstand gegen die Auslieferung
Deutschlands an den Weltkommunismus
- - und die Unterwerfung unseres
Vaterlandes unter den Willen des
Sowjetimperialismus.RRRRRRRRRRRRRRR
RRRRRRRRRRRRRRRRR
rrrrrrrrrgewillt sind,für eine
friedliche Zukunft zu arbeitendududu
deldeldummmmmmmmmich meine die
richtigen Sänger,die,die die
sogenannte ernste Musik pflegen.
Dann sind da die Schlagersänger,die,
die die sogenannte heitere Musik
pflegen.Zum Beispiel das Frühlings-
lied,das wir da vorhin angespielt
haben.Das Frühlings oder Herbstlied,
das danach gespielt wurde,war das
ruhig oder traurig? Wie würden Sie
die Kunst bezeichnen,die Sie
pflegen?' 'Ich würde das ganz kurz
und schlicht jetzt bezeichnen als
das fröhliche Singen.Ich habe mich
nicht festgelegt,auf eine bestimmte
Richtung,ich versuch all das zu
machen,was mir Spaß macht.RRRRRRRR.
rrrrrrrrr.

Zeit: 16.00h.
Ort: Jeep.
Informationsgeber:"Sie werden jetzt die
nächsten Stunden über die Touristen-
piste fahren.In Ihren blutorangefarbenen Touristenjeeps.Beachten Sie
die Touristenpistenbeschriftung.
Halten Sie Ihre Videogarnitur bereit.
Halten Sie Ihr Maschinengewehr bereit.
Griffbereit."Bis dahin:dudeldummfür
ihre Arbeit hat die Organisation fast
40 Millionen Mark veranschlagt.Den
größten Teil dieser Mittel beanspruchen der Ausbau und die Pflege
von 38 Soldatenfriedhöfen in
Europa.Das waren die Nachrichten
und ein Hinweisrrrrrrr.RRRRRRRRr.
rrrrrrrrr.

Zeit: 20.00h.
Ort: Kommunikationszentrum.
Die Touristenjeeps
erreichen das Kommu-
nikationszentrum.Die
Touristen beziehen ihre
Räume.Die Touristen
betreiben Hygiene.Die
Touristen nehmen Nahrung
zu sich.Die Touristen
treffen im Informations-
raum mit den Informations-
gebern zusammen.Die
Touristen benutzen die
Aggressionsräume des
Kommunikationszentrums.

2.TAG

Zeit: 8.00h.
Ort: Kommunikationszentrum.
Vorplatz.Start zur
Durchquerung der
Biokinetischen Plantage.
In den blutorangefarbenen
Touristenjeeps.
Süddeutsche Zeitung,20-5-70,
Wolfgang Längsfeld:"...Hier
wird nicht die Ästhetik des
Fortschritts zum Fetisch
erhoben,hier wird der
Bildungstrieb der Stoffe
zur nichtwissenschaftlichen,
nichtmystischen körperlichen
Umwelterfahrung..."
Rast in der 'Oase Psy-Point'.
Haus-Rucker-Co,5-7-71:
"...Punkt in der Wüste.
Schnittpunkt von Träumen
und Gedanken.Anfangspunkt
neuer Erkenntnis..."
Zeit: 13.30h.
Ort: Flughafen Casablanca.Abflug.
Informationsgeber:"_Fakten_...
über die vergangenen 22 Stunden"
Publik,Frankfurt,30-7-71,
HA Schult:"...Heute bin ich
nicht mehr isoliert.Ich sitze
in der Technik.Ich sitze in
der Wissenschaft.Ich sitze in
der Biologie.Ich sitze in der
Politik.Meine Bearbeitungs-
fläche:die Erde.Die Raum-
station.Der übernächste Planet.
Ich arbeite im großen Team.
Ich arbeite für Millionen
Kunstkonsumenten..."
Zeit: 16.50h(120min.später).
Ort: Rhein-Main-Flughafen.
Informationsgeber:"Ihre blutorange-
farbenen Autos stehen bereit.
Um 19.00Uhr erwartet Sie
Dr.Harald Szeemann vor dem
Haupteingang der Documenta-
Fünf..."
Zeit: 19.00h.
Ort: Friedericianum Haupteingang,
Kassel/BRD.
Kunsttouristen legen die
Waffe aus der Hand.
Kunsttouristen legen den
Patronengürtel ab.
Kunsttouristen benutzen
den Katalog.Kunsttouristen
verbringen die Nacht in
weichen Kunsttouristenbetten.
3.August 1972.August 1972.
1972.
Konzept: HA Schult. _HA Schult '71_
Buchungen: Karin Thomas,
DuMont Schauberg,
Köln/BRD.
Information: Elke Koska.
Zeit: 30-8-71.
Ort: München/BRD.

350

1974

KONSUMMAL

Aus einem synthetischen Grün heraus, auf einem künstlich aufgeschütteten Hügel, wachsen 1:1 zahlreiche Baumaschinen, ineinanderverkeilt. Aus ihren aufgerissenen Greifern quillt Zivilisationsschrott. Die technischen Silhouetten sind in tiefes Schwarz getaucht. Die Bewegung der Maschinen-Mutanten ist in Aggressivität zueinander erstarrt.

In formale Beziehung zur Gliederung des umgebenden Raumes wird das KONSUM-MAL beispielhaft für die sich immer mehr beschleunigende Konsum-Mutation unserer Zeit stehen.

Ort: Im Zentrum des Verkehrskreisels. Außenbereich der Bundesministerien für Justiz, Bildung und Wissenschaft, Bonn.
Detailplan Blatt Nr.11

1974 **RAUM—**

Schema der Assoziationsreihung

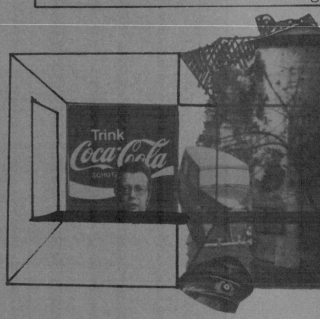

Raum 1
KONSUMSITUATION
Neu.Frisch.Bunt
Kaufen.Besitzen
MEHR SEIN.GELD.
Mein.Essen.
Trinken.Schön.
Viel.Mehr etc.

Raum 2
NEUNZEHN-
HUNDERTVIERZ
Damals.Verga
gen.Eltern.A
Unaktuell.
Wieder aktue
Wenig Farbe.
Grau.Braun e

ZEIT—RÄUME

Raum 3	Raum 4	Raum 5	Raum 6	
NEUNZEHN- HUNDERTSECHSZIG Heute.Bekannt. Wozu?Perfekt. Groß.Hoch. Gefährdet.In meiner Stadt? Ordnung etc.	NEUNZEHN- HUNDERTACHTZIG Reisen.Weite. Freiheit.Neu. Fremd.Fremde Sprachen.Erde. In Gefahr.Das Ende etc.	DIE LEISE AGGRESSION Jetzt. Kaputt. Zerstört. Häßlich. Angst. Zersetzung etc.	DIE LAUTE AGGRESSION Politik. Verbrechen Mord.Geld Attentat. Mafia. Olympiade	Realisationsvorstellung

1975

DAS SCHLUSSBILD DES FILMS WIRD AUF 90 MINUTEN GEDEHNT.
AUF BREITWAND ÜBERSPIELT.
IN EIN AUTOKINO AM STADTRAND VON PARIS PROJEZIERT.
DIE PLÄTZE BESETZT VON ENTLEERTEN AUTOWRACKS.
GEDEHNTE ZEIT FINDET SICH IN EINER ENTZEITETEN SITUATION.

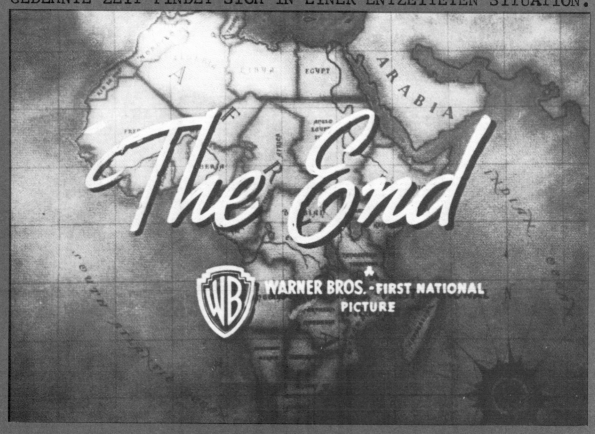

1977

MANHATTAN

Der Organisationsinformationstransportationsinterpretationsfilmaktionskunstmacher ist *nur eine Möglichkeit.*

TEXTE VON HAS.

1969

vorbei...

die menschen nannten es...art.das was da 1975 immer noch
flimmernden background abgab,früher,da fand man das wort KINETIK.
bewegung.mechanische bewegung.sich irgendwann immer wiederholend.
vielleicht beim 100.028 mal.vielleicht beim 100.000.000.098 mal.
irgendwann immer.farbig oder kontrastreich.schwarz oder weiss.
lila.schön war sie.diese kunstrichtung.LILASCHÖN.wohl anzusehen.
schmückte die wand über viele schöne empfangsdamen.als
original auf papier.auf leinwand.als preiswerter siebdruck auf
papier.als preiswerter siebdruck auf folie.auf glas.auf metall.
auf gummi.als multiple.aus papier.aus folie.aus glas.aus metall.
aus gummi.signiert oder unsigniert.HATTE GEWONNEN.wurde farb-
tabelle der grossen druckfarbenhersteller.wurde werbegeschenk.
out.out.out.out.out.out.out.out.
out.out.so schnell ging das.ein paar jahre seit 1932.seit 1962.
seit 1972.man ray.duchamps und mondrian.agam.graevenitz.leparc.

ab.ab.ab.ab.ins museum.zur strafe.weil sie nicht fähig waren
rechtzeitig in prozesse einzugreifen.produktionsprozesse.
bauprozesse.lichtprozesse.raumprozesse.weil sie immer noch das
endgültige suchten.DIE KUNST.sie perfektionierten.dass sie
heilig wurden.dass sie isoliert wurde.heilig.
so war das.da musste man rechtzeitig einsteigen.in den zug.
als künstler.als sammler.als spekulant.geld.geld:60.000.24.000.
30.000.120.000.111.000.220.000.44.000.82.000.65.000.72.000.
56.000.geld.
VORBEI.auch das.heute bin ich nicht mehr isoliert.kein
schauobjekt.kein hersteller von schauobjekten.ich sitze in der
technik.in der biologie.in der wissenschaft.IN DER POLITIK.
meine bearbeitungsfläche:die erde.die raumstation.der übernächste
planet.ich arbeite im grossen team.ich arbeite für millionen
kunstkonsumenten.dem sammler bleibt das dabeiseindürfen.
die erinnerungsplakette.die dokumentation.dem museum bleibt der
informationsraum.und 1970 machte ich noch BIOKINETIK.ich derselbe.

1970

DER MUTANT

Der Künstler der nächsten dreißig Jahre sieht anders aus. Immer wieder anders. Er ist ein Mutant. Er wird in der Maske des Architekten, des Technikers, des Kindergärtners, des Politikers, des Biologen, des Werbefachmanns auftreten. Paßt auf Menschen. Euer bester Freund kann ein Künstler sein.

1970

Das kaputte Museum. & Die HEILE WELT.

Richtig. Die Kunst drängt nach draußen. Hinein in die Heile Welt. Hinein in die Welt, in der Kunst bisher als Stimulanz mißbraucht wurde.
Kunst & Religion sind gleichen Ursprungs. Und wie die Religion Abstand zu wahren hat, halten die Kunstspekulanten Abstand zu ihrem Volk. Ihren Jüngern. Sie verbannen die Kunst in die heiligen Räume des Museums. Sie prägen die Zeremonie der Kunstbetrachtung. Die großen Händler sind die Hohen Priester der Kunst. Sie bilden Vermögen mit den von ihnen manipulierten Kreativarbeitern. Der normale Kunstbetrachter kann dann der augenblicklichen Zeremonie entsprechend im Museum den Kopf nach links oder rechts schiefhalten.
Das ist bekannt.
Ja.
Aber.
Jetzt will sie ausbrechen aus diesem Getto. Die Kunst. Auch auf die Gefahr hin, daß sie nicht mehr Kunst genannt wird. Sie will beim Hausbau vom Grundstein an dabeisein. Sie will bei der Städteplanung vom Konzept an dabeisein. Sie will bei der Landplanung von der ersten Saat an dabeisein. Sie will in Produktionsprozesse eindringen. Sie will in Beischlafprozesse eindringen.

Entscheidende Dinge sind in der Kunst passiert. Die verschiedensten Richtungen, wie Literatur, Malerei, Musik etc. sind einander nähergekommen. Viele künstlerische Projekte sind nur in großen Arbeitsteams realisierbar. Werden zur Zeit realisiert, Veranstaltungen, Happenings, Situationen oder wie immer man das nennen will, haben in großen Hallen, auf der Straße, in U-Bahnbaustellen ein breites Publikum ansprechen können. So hatte 1968 die Arbeit eines Kollektivs von 20 Künstlern, die *„sub art"*, in einem Münchner U-Bahnhof 18.000 Besucher in einer knappen Woche. Da stand der Fremdarbeiter neben der Hausfrau, der Museumsdirektor neben dem Studenten, Techniker, Schüler, Bankmenschen, Schauspieler, Büromenschen, Künstler. So halfen 1969 dem Verpackungskünstler *Christo* Hunderte beim Verpacken eines australischen Küstenstreifens. Tausende sahen zu. So wurden 1970 hundert Polizisten aufgeboten, um eine Aktion des Wieners *Nitsch* im Münchner Aktionsraum 1 garnicht erst stattfinden zu lassen. So wird in den Spalten der Boulevardzeitungen gegen Künstler polemisiert. So wird vor den Gerichten gegen Künstler prozessiert.

Gut so.

Die ersten Schritte sind getan, um Kunst in das Bewußtsein einer breiteren Öffentlichkeit zu bringen. Und gerade jetzt erhält das Museum seine Chance. Seine Räume als Startplatz zur Verfügung zu stellen. Als Experimentierfeld vor dem Schritt nach draußen. Als Informationszentrum für ein neues Publikum. Ohne Einengung der Gebiete. Über Literatur genau so informierend wie über Raumfahrt. Über Kunst genau wie über Antikunst. Über Links genau wie über Rechts. Über Stille genau wie über Lärm.

Eindringen. Eindringen.

Ja.

Zur Zeit sieht man diese künstlerischen Bemühungen noch als Eindringen. Bezeichnet den progressiven Künstler als Störenfried.

Er steht zwischen den Fronten. Happenings & Situationen, land-art & conceptional-art, Biokinetik & Projektkunst sind für den Kunsthandel uninteressant. Das Verkaufsvokabular ist für den Händler zu schwierig. Hier helfen nicht mehr die Worte von dem Grün, das gut zum Blau steht, von der Spannung zwischen den Flächen. Und: das Kunstpublikum hat man solange verdummt, daß jetzt viele Vorurteile zu beseitigen sind. Und: die Industrie, die Behörden, die Forschungsinstitute bekamen solange das Bild vom einseitigen Künstler vorgespielt, daß sie nicht bereit sind, ihn in ihre Arbeitsteams mitaufzunehmen. Schuld daran ist der Künstler selbst, der in Schwarz und Lila gekleidet mit dem Raben auf der Schulter, das Atelierfenster im Hintergrund für den Oeuvrekatalog posierte.

Der Künstler der nächsten dreißig Jahre sieht anders aus. Immer wieder anders. Er ist ein Mutant. Er wird in der Maske des Architekten, des Technikers, des Politikers, des Kindergärtners, des Biologen, des Werbefachmannes auftreten. Paßt auf. Menschen. Euer bester Freund kann ein Künstler sein. Vorsicht.

Der bisherige Künstler war lieb. Nett anzusehen. Der bisherige Künstler war böse. Böse anzusehen. Er war Alkoholiker. Süchtiger. Perverser. Spießer. Alles. Er durfte alles sein. Denn alles das hinderte, ihn zu denken. Aber nun, wo er anfängt zu denken, sind ganze Berufszweige in Frage gestellt. Der Akademieprofessor hält nicht mehr Schritt. Der Museumsdirektor ist zum Partner degradiert. Der Kritiker ist nicht mehr der Hohe Priester. Oh Gott. Der Künstler interpretiert sich selbst. Haltet ihn! Der Künstler bestimmt, was Kunst ist.

★

Wenn ein solches Experimentierzentrum dann einmal eine Ausstellung der Heilen Welt veranstaltet, dann wird es viel Wirbel geben.

★☆★

1970

PROFANE LITERATUR

"Wir hätten gerne gewußt,ob Sie für uns einen Job übernehmen wollen",sagte
 Dr.Metan zu HA Schult.März 1976.
HA Schult nickte.Wetten,daß die Abhörwanzen hinter der Kunststoffverkleidung
 der Großraumbüroanlage wöchentlich von Telesimens gewartet wurden? Dr.Metan
 trug den üblichen blutorangefarbenen Schutzanzug und schaute an seiner großen
 Pferdenase vorbei,HA Schult in die Augen.Man muß sich in der XC104 auskennen,
 um zu wissen,daß so ein Job verdammt hart sein kann.
"Sehen Sie da mal hinaus,lieber Schult,"Dr.Metan ließ die weiße Fensterblende
 hochfahren.Der Smog draußen war so dick,daß man keine zwei Straßen weit sehen
 konnte,und HA Schult schmeckte das alles noch in seiner Kehle.
"Drei Monate noch,dann brechen die Menschen auf der Straße zusammen." Dr.Metan
 ließ die Sichtblende wieder herunter.Er warf ein Foto zu HA Schult hinüber.
 Darauf war ein Ingenieur abgebildet,der neben einem Ding stand,das etwa sechzig
 Zentimeter hoch war und so aussah wie Marina City,nur dicker.Ein Zylinder,der
 aus Schichten von Metallzellen gebaut war.
"Das ist das Ding mit dem wir herumexperimentieren.Es ist sehr einfach.Es
 verbrennt Wasserstoff und Sauerstoff.Überhaupt keine Abgase.Es verwandelt
 den Wasserstoff und den Sauerstoff in Elektrizität und reines Wasser."
"Dann habt ihr es also",sagte HA Schult,"wo liegt also das Problem?"
"Es ist aus Platinelektroden hergestellt.Es verbrennt flüssigen Wasserstoff und
 flüssigen Sauerstoff.Das kostet etwa zehn Dollar pro Kilometer,wenn Sie so ein
 Ding in ihrem Fahrzeug haben.Jeder kann eine Brennstoffzelle herstellen.Aber
 niemand hat bisher eine wirklich billige und praktische hergestellt.Nur eine
 kleine Verbesserung und wir könnten es schaffen.Wir brauchen da einen Chemiker.
 Ja,und der sitzt da in Illinois,im westlichen Illinois bei KRK6.Ja,der hat
 diese kleine Verbesserung."
"Sie wollen also,daß ich mir den schnappe."
"Warten Sie,Schult.Glauben Sie nicht,daß wir etwas unter der Hand tun.Das ist
 natürlich völlig legal.Wir haben schon ziemlich große Fortschritte auf diesem
 Gebiet gemacht."
"Dann brauchen Sie ja den Jungen nicht unbedingt."
"Doch,doch."
"Und wenn er nicht mitkommen will?"
"Dann lassen Sie ihn da,aber tot."

DIE TESTFAHRT

An einem Freitag,den 16.10.1970,startet um 20.25h der blutorangefarbene Fahrer in seinem blutorangefarbenen Auto vor der Feldherrnhalle in München.An demselben Freitag starten um dieselbe Zeit viele tausend der verschiedenstfarbigen Fahrer in den verschiedenstfarbigen Autos.In den verschiedenst gelegenen Orten.Auf den verschiedensten Straßen.Strecken.Wegen.Und wenn der Tankwart sie fragt,warum sie vorbeikommen,haben sie die verschiedensten Gründe. Absichten.Ziele.
Sie fahren,weil sie eine wichtige Sache zu verkaufen haben.Sie ist zwar überholt,die wichtige Sache,es gibt eine neue wichtige Sache.Aber erst einmal fahren sie die Strecke für die alte wichtige Sache.Aber dann,dann fahren sie die Strecke für die neue wichtige Sache.Diese Testfahrer.
Oder:sie wollen genau dahin,wo sie letztes Mal gewesen sind und sich wohlfühlten.Weil sie da letztes Mal gewesen sind und sich wohlfühlten.Diese Test-Fahrer.
Gute Gründe.Zum Arbeitsplatz:gut.Zum Exerzierplatz:gut.Zum Fußballplatz:gut. Zum Genußplatz:gut.Oder:sie fahren,weil sie dahin wollen,wo sie einen größeren Gewinn erzielen,mit ihrer Arbeitskraft.Und die Arbeitskraft,die auf der Strecke bleibt,die wird abgezogen.Bei diesen Testfahrern.
Der blutorangefarbene Fahrer zum Tankwart:"Das ist so:ich werde noch öfter kommen.Ich mache nämlich eine Testfahrt.Für die Kunst,weißt Du.Ich bin Kunstmacher,und ich teste ob es nicht wichtiger ist für einen Kunstmacher,mit dem Auto zu fahren,anstatt Autos zu malen.Ich will mit den Leuten der verschiedensten Berufe zusammenarbeiten.Rechtzeitig.Ich will nicht warten bis sie mich hinzuziehen.Die rufen einen nämlich immer erst,wenn sie ihre Wände schmücken lassen wollen.Dann kann man aber nichts mehr an den Maßen der Wände ändern.Und gerade diese Wände bedrohen die Menschen.Und so ist es notwendig,daß ich diese Testfahrt mache.Denn dieses blutorangefarbene Auto ist ein Signal.Es signalisiert:da rührt sich einer.Durch die Zeitungen,den Rundfunk,das Fernsehen und natürlich durch mich erfahren die Leute dann warum und wozu ich mich rühre.Und das sollten wir alle tun:uns rühren.Rechtzeitig.Wir müssen gemeinsam feststellen, was notwendig ist.Nur was notwendig ist,ist schön.Nicht umgekehrt,wie immer noch Kollegen von mir glauben."
Während der blutorangefarbene Fahrer mit dem Tankwart spricht,schiebt sich hinter sein blutorangefarbenes Auto ein unauffällig lackierter Erlkönig.Ein von einer Automobilfabrik noch geheimgehaltenes Modell.Inkognito.Aber der blutorangefarbene Fahrer erkennt,daß es ein besonders interessantes Modell wird.Ein Schlager der Automobilsaison.Das Auto hat nämlich zwei geriffelte Zierleisten an beiden Seiten,links und rechts.Und:das Auto hat ovale Blinkleuchten statt runde wie das noch im Verkauf befindliche Modell sie hat.Aber beide,der Tankwart und der blutorangefarbene Fahrer,sehen auch,daß aus dem Auspuff unter gesunder Geräuschentwicklung,dieselben Farben herauskommen wie immer schon bei den Autos.Und der blutorangefarbene Fahrer fragt den Testfahrer des Erlkönigs, warum das Auto überhaupt noch einen Auspuff hat.Der aber gibt Gas und verschwindet,denn er hat von der Automobilfabrik den Auftrag,das Modell noch geheimzuhalten.Es besteht sonst die große Gefahr,daß eine andere Autofabrik noch rechtzeitig ein Auto mit drei geriffelten Zierleisten links und rechts und quadratischen Blinkleuchten baut.Und der Testfahrer des Erlkönigs braucht seinen Beruf.Dieser Testfahrer.

1970
«IN DIE FABRIK MUESSEN SIE GEHEN, SCHULT! WARUM TUN SIE DAS NICHT?»

HA S.:"Ich kenne die Fabrik schon gut.Von
Leverkusen.Da habe ich die 200 Ytongsockel
mit einem Nährboden eingestrichen.Und dann
wurden die Sockel 2 Wochen der Leverkusener
Luft ausgesetzt.Und alles,was dann auf diesen
Sockeln blühte,diese wunderschönen,wunderschön
farbigen Bakteriensteppen: sie waren die Fabrik.
 Ich werde 1971 eine Aktion machen,die mich
direkt in die Fabrik führt.Eine Fabriksituation.
Ich werde in die Fabrik gehen und dort arbeiten.
Und über diese Arbeit täglich berichten.Und
Protokoll führen über den Prozeß,den diese Arbeit
in mir auslösen wird.Und ich werde versuchen das
Material der Fabrik zu benutzen,um ihr zu ent-
kommen.
 Aber jetzt,da haben wir die Aktion 20.000 km in
Arbeit.Das ist eine Aktion für die Straße.Für das
Land.In Transit.Und ich begegne überall der Fabrik.
Vielen Fabriken.In den vielen Autos,die mir begeg-
nen.Die Tankstellen sind die Fabrik.Die Lastzüge
sind die Fabrik.Die Fabrik droht mit den bemalten
Seitenwänden der Lastwagen.Die Fabrik droht von
den Automaten in den Toiletten der Raststätten.
Die Fabrik signalisiert ihre Macht von der
blutorangefarbenen Blechhülle meines Konsumautos.
 Nein,ich muß garnicht in die Fabrik gehen.Ich
 sitze schon in ihr.Bewege mich in ihr.Begegne
 Fabrikgesichtern.Am Lenkrad des überholenden
 Autos.Am Lenkrad des überholten Autos.In der
 Raststätte.Am Buffet.Am Kiosk.Beim Ölnachkippen.
 Fabrikgesichter.Fabriknamen.Auf Silberpapier.
 Auf Goldpapier.Auf Blechbüchsen.Auf Kunststoff.
 Auf Karton.
 Die Gewalt der Fabrikgegenstände wird abgebildet.
Reproduziert.Zum gigantischen Denkmal verherrlicht.
Zum Cocacoladenkmal.Zum Persildenkmal.Zum Forddenk-
mal.Zum Freßdichwaschdichschminkdichsaufdichfahrdich-
riechdichputzdichliebdichvolldenkmal.Der Mensch
fährt mit seinem stinkenden,blinkenden Auto 60 km

weit, um in stinkenden, blinkenden Restaurants duftenden Kaffee, blumigen Wein, schäumendes Bier zu trinken. Scharf zu essen. Mild zu essen. Um dann in stinkenden, blinkenden Autos, vorbei an manöverspielenden Soldatenmenschen in die Gewalt der Architekten zurückzukriechen. In den abgesteckten Wohnclaim, in dem die Bomben von Vietnam in schönen Siebdruckfarben auf schöne aufblasbare Möbel fallen. Hindurch durch die Luft, die Menschen atmen. Die Luft, die Menschenköpfe so in allen Farben wunderschön aufleuchtend platzen läßt. Hindurch durch Menschenluft. Autoluft. Cocacolaluft. Benzinluft. Raketenluft. Tabakluft. Säureluft. Durch.

Kunsthistoriker graben heute die Vergangenheit aus, damit sie endlich an der Luft der Gegenwart, von dieser zerfressen werden kann.

Ich glaube, daß die Themen der heutigen Kunstmacher von dieser Luft mitbestimmt werden. Ich glaube nicht, daß man als heutiger Kunstmacher mit einem Material arbeiten soll, daß dem Kunstverbraucher vorheuchelt, es werde ihn überleben.

Ich glaube, daß ich als Kunstmacher heute informieren muß. Ich glaube, daß Kunst Information ist. Ich glaube, daß es zu dieser Information gehört, auf die Fabrik zu zeigen. Auf die Fabrik, deren Opfer wir alle sind. Die Erdfabrik. Die Mondfabrik. Die Mörderfabrik. Die Tablettenfabrik. Ich glaube, daß Kunst zeitbezogene Information ist. Die Rauchfabrik. Die Autofabrik. Die Unterhaltungsfabrik. Die Kunstfabrik. Die Liebesfabrik. Die Haßfabrik. Die Körperfabrik. Die Aggressionsfabrik. Die Lichtfabrik. Die Nebelfabrik. Die Wetterfabrik. Die Wolkenfabrik. Die Lesefabrik. Die Hörfabrik. Die Sprachfabrik. Die Eßfabrik. Die Atmungsfabrik. Die Trinkfabrik. Die Erstickungsfabrik. Die Lebensfabrik. Die Sterbefabrik. Die Siehhinfabrik. Die Hörhinfabrik. Die Seiglücklichfabrik. Die Fahrwegfabrik. Die Kommherfabrik. Die Machweiterfabrik. Die Haltedurchfabrik. Die Machdasselbefabrik. Die Haltihnfestfabrik. Die Tretihnfabrik. Die Reißihnfabrik. Die Schlagihnfabrik. Die Reißlöcherinihnfabrik. Die Fleischfabrik. Die Müllfabrik. Die Machmitfabrik.

Ich glaube, daß viele Kunstmacher in viele Fabriken gehen müssen. Ich glaube, daß viele Politikmacher in viele Fabriken gehen müssen. Ich glaube, daß viele Menschen aus vielen Fabriken herauslaufen müssen. Ich glaube, daß viele Menschen dann ihre Autos vor dem Fabriktor stehen lassen müssen."

1970

DER APPARAT, DAS IST DIE KUNST.

1973
LEBEN
UND STERBEN IM MUSEUM

Da wurden 1969 erstmals "Biokinetische Situationen" umfassend realisiert in allen neun Ausstellungsräumen des Städtischen Museums "Schloß Morsbroich" in Leverkusen. Dort ging das Publikum über einen grob zusammengezimmerten baugerüstähnlichen Laufsteg, durch die mit Strickornamenten bespielten Räume. Blickte hinab auf "Biokinetische Bodenformen", blickte hinauf auf "Biokinetische Landschaften" von bedrohlicher Schönheit, empfand das "Schöne Schaudern".
Entscheidend war daß die verschiedenen Räume des Schlosses sich während des 8-Tage-Ereignisses permanent veränderten. Da gab es den in gleißendes Licht tauchenden weißen Watteraum, in welchem sich ein roter Pilz langsam ausbreitete. Da gab es ganz am anderen Ende des Laufsteges den großen dunklen Tanzsaal, welcher fußhoch mit Wasser gefüllt war. Und in diesem Wasser lebten fototaktisch empfindliche Blaualgen, welche langsam auf die einzige, als Punkt auf das Wasser gerichtete Lichtquelle zukrochen. Am Höhepunkt ihres Lebens, unter der Lichtquelle, wurden sie kobaltblau, um dann langsam sterbend, von den lebendigeren Algen aus dem Licht und um Leben bedrängt zu werden. Eine leise Bewegung im Wasser begleitete diesen Weg der Blaualgen. Leben und Sterben in künstlerischer Totalinszenierung fand in einem Museum von heute statt, 1969.
Auf dem Weg vom extrem hellen Watteraum zum dunklen Algenraum überquerte der Besucher jene Bodenformen, auf welchen der Krieg der Mikroben tobte.
Die künstlerische Aufgabe bestand darin, den Museumsbesucher mit einer überzogenen Situation der nahen Zukunft zu konfrontieren. Entscheidend war, daß viele Menschen diese Ausstellung besuchten um mehr oder weniger Bestätigung ihrer mehr oder weniger ausgeprägten Umweltauffassung vorzufinden, und sich unerwartet im Museumsbereich mit Fragen ihrer Existenz konfrontiert sahen.

1974

Mehr als

Anläßlich der CONSTRUCTA '74 in Hannover, Europas größter Baufachmesse, präsentierte die Junior Galerie einem nach Hunderttausenden zählenden Messepublikum die Arbeit von HA Schult und Friedensreich Hundertwasser. HA Schult wandte sich mit folgendem Text an die Besucher:

„Es ist anzunehmen, daß viele von Ihnen zum ersten Mal mit meinen Umweltinterpretationen konfrontiert werden. Das ist gut so, denn ich bin davon überzeugt, daß eine wichtige Aufgabe des heutigen Kunstmachers darin besteht, mit seinem künstlerischen Anliegen ein möglichst breites Publikum anzusprechen. Sie wissen wahrscheinlich, daß es gegenwärtig in der aktuellen Kunstszene zwei schwergewichtige Pole gibt. Das eine ist eine Gruppe der ‚puren Kunst', der introvertierten esoterischen Kunst, welche sich bemüht, durch immer reduzierteres Arbeiten größtmögliche ästhetische Komprimierung zu erreichen. Das andere ist eine Kunst, welche die Realität unseres Lebens komprimiert erfassen will und Erlebnisstau visuell übersetzt. Diese Art von Kunst bemüht sich, Realität durch Realität darzustellen oder aber noch direkter, und damit komme ich zu meiner Arbeit, Realität komprimiert so zu überziehen, daß sie realer wird. Kunst als Realitätsextrakt, Instantrealität.

Einer der Vertreter der Kunst ‚Kunst pur' meinte vor kurzem, indem er sich über mangelndes Interesse über die von ihm propagierte Kunst beklagte, daß nur wenige Menschen ein ‚absolutes Auge' hätten, und daß nur ein Teil der Bevölkerung Erkenntnisse und Gefühle aus visuellen Erlebnissen gewinne. Kunst für Künstler also. Diese Haltung ist falsch, denn wo kämen Sie – beispielsweise als Architekten – hin, wenn Sie Architektur nur für Architekten machen würden. Sie machen Architektur für den Menschen. Genauso wird Kunst für den Menschen gemacht. Kunst als visuelle Aufbereitung der Zeit, in welcher die Menschen leben. ‚Die Welt in der wir leben und sterben' soll interpretiert werden.

In unserer Zeit gilt es, einem immer größer werdenden Teil der Bevölkerung klarzumachen, daß Erkenntnisse und Erfahrungen aus dem Labor des visuellen Bereiches mitentscheidend sind für zukünftiges Erleben, genauso wie unsere heutige Umwelt nicht denkbar wäre ohne verarbeitete Erfahrungswerte visuellen Schaffens. Die biokinetischen Bildobjekte, welche Sie hier sehen, sind Erfahrungsextrakt. Sie zeigen komprimierte Bildausschnitte von Erlebtem, ohne Menschen. Jedes der Objekte zeigt das, was der Mensch geschaffen hat, seine Spuren, das ‚Gemachte'. Es

Nur Kunst

sind erstarrte Handlungsabläufe, aus Alltäglichem ausgeklammert. Realität abgestorben, überschminkt und neu aufbereitet, und in diesem Überschminkten, Abgestorbenen gibt es noch Leben. Das Leben der Mikroorganismen in der biokinetischen Zone eines jeden Bildobjektes, welche sich langsam aufgrund von organischen Stoffwechselprozessen farblich verändert. Der Handlungsteil eines jeden Bildobjektes ist vergleichbar mit einer archäologischen Reise in die Gegenwart. Fundstücke führen weiter zurück zum Kern der Bildgeschichte, entwickeln sich zu Zeitspuren des Bildgeschehens. Die Bildausschnitte sind gebaut wie starre Kameraeinstellungen zu Filmen, etwa von John Ford oder Sam Peckinpah, von Michelangelo Antonioni oder Federico Fellini, von John Boorman oder Sergio Leone, aber sie geben dem Betrachter die Freiheit, in diesem ‚gebauten' Handlungsraum mit den Augen spazieren zu gehen, sich seinen Blickwinkel zu suchen, seinen Handlungsablauf in seiner Vorstellungswelt nachzuvollziehen. Diese Bildobjekte sind Startbasis zu Lebensstories, komprimiert auf beispielsweise das Format 1 × 1 m und 16 cm Tiefe.

Hier, so sehe ich das, hat die Bildende Kunst in unserer technologischen Zeit ihre Berechtigung als eine Kunst, welche den Zeitgeist seit den Höhlenmalereien der Eiszeit über Lebensgenerationen transportiert. Vor einem meiner Bildobjekte sagte ein Mann aus Essen, das sei seine Stadt. Vor demselben Bild sagte ein Mann aus Bad Godesberg, das sei seine Stadt. Vor demselben Bild sagte ein Mann aus Bochum, das sei seine Stadt. Vor demselben Bild sagte eine Frau aus Pittsburgh, das sei ihre Stadt. Das ist eine gute Interpretation meiner Arbeit, denn anders als beim Abbilden der Realität habe ich, wie ich anfangs sagte, mir zur Aufgabe gemacht, Realität realer zu machen, Realität so darzustellen, daß sie den Betrachter dichter berührt. Aber gleichzeitig bemühe ich mich in meinen Bildobjekten darum, diese Realität in Frage zu stellen, sie bedroht zu sehen. Das geschieht beispielsweise durch jene biokinetische Zone, Bestandteil eines jeden Bildobjektes, welche nahe Zukunftssituationen der Umwelt signalisiert. Heute gilt es für den Konsumbürger umzudenken, gilt es, sich seiner spezifischen Situation im Produktionsablauf, im Realisationsablauf und im Reflektionsablauf bewußter zu werden, sich neue Wertvorstellungen zu schaffen. Die entscheidenden Arbeiten der Literatur und der Bildenden Kunst des vergangenen Jahrzehnts haben uns darauf vorbereitet. Alternativen gilt es gemeinsam zu erarbeiten."

1975 1976 Zurück zur Natur?

Was ist eigentlich noch pervers?

Perversion beginnt nicht, so glaube ich, in den Betten oder auf den Bahnhofspissoirs, sondern vielmehr im kollektiven Konsumverhalten unserer Zeit. Perversion beginnt im Umgang mit den alltäglichen Dingen. Pervertierte Profitgier schlägt sich nieder in der optischen Präsenz heutiger Architekturschrottlandschaften, treibt seine Erfolgsblüten in den hinreißenden Heckpartien der Autokarosserien der sechziger Jahre, findet seine orgastischen Erfüllungen in den Lustgärten unserer Zeit: den Schrottplätzen an den Stadt- und Landschaftsperipherien. Perversion beginnt, wenn man Reinhard Mey mit dem Klavier auf den Autofriedhof stellt, wenn Charles Wilp Motive der nächsten Konsum-Saison auf den heutigen Schrottplätzen der Zivilisation aufspürt. Pervers ist das Bild eines sterbenden Konsumbürgers unter dem Coca-Cola-Signal in der Tagesschau, Bruchteile von Sekunden vor dem Auftritt des Karl-Heinz Köpcke.

So gesehen beginnt Perversion für mich beim anschließenden Lächeln des Karl-Heinz Köpcke, vielfarbig in der Tagesschau des Lebens.

Zurück zu welcher Natur? Zur Marlboro-Natur mit ihrem Geschmack nach Freiheit und Abenteuer. Zur Henkell-Trocken-Natur, welche uns die Welt von ihrer schönsten Seite zeigt. In die Natur der Schweppes-Gärten. In die Natur der Neuen Welt des Jim-Beam-Bourbon-Whiskeys. Zurück in eine Anerkannt-Exclusive-Natur. Zurück in eine exotische Natur der Maracuja-Tropic-Frucht. Zurück in eine Natur voll wilder exotischer Frische mit der wilden Frische von Limonen. Zurück in eine Natur, in der jede Frucht ihr Bestes gibt. Zurück in die Natur des großen Badeerlebens. Zurück in die Natur, aus der herzhaft und knackig die Kernigen von Wasa-Roggen-Bröd herübergrüßen. Zurück in die Kodak-Natur. Zurück in die Nivea-Natur. Zurück in die Langnese-Natur. Zurück in die VARTA-Super-Dry-Natur. Zurück in die Irish-Moos-Natur. Zurück mit der 500er, der 750er, der 1200er, Honda, BMW, Kawasaki. Dem GT, dem GXL, dem X1/9, dem tii, dem S 3,0. Dem TR 1 oder TR 7. Zurück zur Alternativ-Natur.

Sehr geehrte PLAYBOY-Reiseabteilung, seien Sie bitte so freundlich und teilen Sie mir umgehend mit, wo es Natur gibt, damit ich diese Natur aufsuchen kann. Ich kenne keine Natur und kann darum zur Frage, ob ich zurück zur Natur gehen würde, nur mit Nein antworten. Was im allgemeinen als ein „Weg zur Natur zurück" bezeichnet wird, ist die Überbrückung der Distanz von der nächsten Autobahnzufahrt, dem nächsten Anschlußflughafen, vielleicht auch noch dem nächsten Bahnhof. Natur heute findet sich wieder unter Luftfahrtstraßen, liegt über Umgehungsstraßen, blickt hinab auf Grenzstraßen. Natur heute ist ein kollektiv-verbrauchter Markenartikel, dessen Tube zweimal im Jahr von Neckermann und Touropa, von Scharnow und Hummel auf einen der letzten Rückstände ausgequetscht wird.

1976
DER KAPUTTE SCHUH & DIE HEILE WELT

oder der heile Schuh und die kaputte Welt

In den Konsumgärten unserer Zeit treibt der Schuh seine schönen Blüten. Umgeben von wildwuchernden Konsummutationen ist er ein Fingerabdruck bei der umweltbezogenen Spurensicherung auf der Fährte unserer Konsumträume.

Wie der Fingerabdruck die physische Präsenz des Menschen einkreist, sendet der Schuh Signale aus seiner sozialen Fauna. Der Schuh in den Konsumrekonstruktionen meiner Bildgeschichten ist Hauptdarsteller, seine Rolle ist schwer zu besetzen.

Wenn Karlheinz Nowald[1] beschreibt, wie die Ichprothese Auto seine Reifen in Müll und Schutt krallt, jenes Auto, welches immobil, zerkratzt, verdreckt, als Statussymbol immer noch seine fiktiven Besitzer in die Hierarchie der gesellschaftlichen Klassen einordnet, kommt man zu dem Schluß, daß der Schuh der Autoreifen des Menschen sei.

„Wer ist ein Kunstsammler? Wie sieht er aus? Woran erkennt man ihn? Was treibt ihn dazu, Kunst zu kaufen? Diese Fragen hat sich die Kunstwelt, schon zur Selbsterhaltung, immer wieder gestellt und immer nur mit Mutmaßungen beantworten können. Jetzt brachte es der Tip einer hübschen Galeristin auf dem Kölner Kunstmarkt ans Licht: Der Schuh verrät's.

Den Leuten, die durch ihre Koje nur durchlaufen, schenkt sie so wenig Blicke wie diese den Bildern.

Bleibt aber einer länger stehen, befingert gar das Objekt, guckt gar hinter das Bild, um hinter die Machart zu kommen, so mustert sie seine Schuhe. Sind sie abgetreten und vernachlässigt, so ist sein Interesse ‚rein geistiger Art'; gleich wird er kommen, sich nach Technik und Künstler erkundigen und dann mit bedeutendem Kopfnicken weitergehen. Sind der oder die, die vor dem Bild verweilend sinnen, hingegen wohlbeschuht, oder sind die Schuhe gar das auffälligste Kleidungs-, schon fast Schmuckstück, dann sammelt sich der Ausdruck der Galeristin zum Gespräch gleich wird der schöne Absatz sich umdrehen, die Spitze auf die Galeristin gerichtet sein, und fällt die Frage nach dem Preis sofort, ist es ein Kenner, kommen erst Technik und Künstler, dann heißt das für die Galeristin: jetzt erwärmen, später schüren, Feuer und Flamme vielleicht übers Jahr[2]."

Wichtige Kunst entsteht aus Opposition heraus. Aus Opposition zu kollektivem gesellschaftlichem Fehlverhalten entzündet sich die Arbeit des künstlerischen Einzelkämpfers durch die Reibung, welche seine Kunst an der Oberfläche bürgerlich angepaßter Betrachtungsweise erzeugt.

Was wird die ‚hübsche Galeristin' des Georg Jappe sagen, wenn vor ihr in ihrer Koje auf dem Kölner Kunstmarkt ein Paar Schuhe auftauchen, aus denen schmutzige Zehen herausschauen, Schuhe in Tarnfarbe, Schuhe mit sechs Absätzen, Schuhe mit Fernsehantennen, Schuhe mit Gras bewachsen, Schuhe von Kot verschmiert, Schuhe mit Blut bespritzt, Schuhe bis zum Kinn, Schuhe bis über die Augen, Schuhe bis über den Kopf?

Wenn man den Text, den ein deutscher Kunstkritiker als einen seiner ersten Feuilleton-Beiträge für eine deutsche Wochenzeitung verfaßte, gelesen hat, erinnert man sich voller Lust an die oppositionellen, vielfarbigen Schuhe des Ezra Pound, versteht man auf einmal ganz einfach, warum Jugendliche in bestimmten Altersphasen barfuß in Sandalen gehen und warum bestimmte kulturelle Gruppeninteressen sich durch den totalen Verzicht auf den Schuh ausdrücken. Oder aber man möchte den Schuh vereinfacht benutzen, dem Spießbürger in den Hintern zu treten. Gute Kunst tut das.

[1] Kat. Kunsthalle Kiel „Die Welt in der wir atmen" 1974, Dr. Karlheinz Nowald „Das Auto".
[2] DIE ZEIT, Hamburg, Nr. 48, 21. November 1975, Dr. Georg Jappe „Zeigt eure Schuh".

1977

FÜR DIE STADT...

```
Für   die   Stadt.
      Die   Stadt   ist      gegenwärtiges Labor für zukünftiges Erleben.
      Die   Stadt   ist      komprimierter Handlungsort für umweltbezogene Dramen der Jetztzeit.
      Die   Stadt   ist      kommunikativer Fluchtpunkt aus von Fernsehwellen überlagerten Lebensräumen.
      Die   Stadt   ist      komprimierter Zeitgeist.
      Die   Stadt   ist      Realität für Phantastische Utopien.
      Die   Stadt   ist      Umweltplastik, Totalenvironment, Endzeitsituation.
      Die   Stadt   ist      kollektiv erarbeitetes Abbild unseres Lebens.
      Die   Stadt   ist      Platz für Demonstrationen zukünftigen Lebens.
      Die   Stadt   ist      Stätte der Erfahrungen von Leben.
   Nicht   Stadt   statt    Leben, sondern Stadt ist Leben.
            Stadt   Planung  ist Lebens Planung.
   Ich bin  Stadt.  Mag      die Stadt München heißen oder Metropolis.
```

EIN DENKMAL FÜR LIP

»Ein Denkmal für LIP« ist der Titel. »Ein Denkmal fürs Fliegen« kann der Titel sein. »CRASH!« wäre ein Titel. CRASH!, wie jene Aktion heißt, in deren Verlauf am 25. Juni 1977 ein mit den Emblemen der Konsumwelt tätowiertes Flugzeug in das Bildquadrat einer blühenden Konsumwiese vor New York stürzen wird. Ein Denkmal: sich selbst verschlingend.

CRASH!: das Wort für Gewalt. Das Wort für gewaltige Gewalt-Träume in der Comic-Literatur seit drei Jahrzehnten.

LIP: Name einer französischen Uhrenfabrik, vertreten als Schriftzug an den mit Konsumikonen tätowierten Hauswänden. LIP: das Wort für eine gewaltige Gewalt-Anstrengung, den Besitz der Fabrik in die Hände der Arbeitenden zu legen. LIP: einem Traum, der in den endsechziger Jahren realisiert und in den mittelsiebziger Jahren zerstört wurde, ist das Bildobjekt gewidmet. Es ist das Modell eines Denkmals der Jetzt-Zeit. Der Ort des inhaltlichen Bildgeschehens ist Paris. Die Spuren des Verbrauchten, Gebrauchten, Geliebten und Gehaßten finden sich modellhaft in einer Welt neben der Welt. Die Spuren unserer Zeit, einer verbrauchenden, verbrauchten Zeit: im Zimmer über der quadratischen biokinetischen Zone. Der Eiffelturm, das Denkmal einer anderen Zeit, ist nur noch Poster an der Zimmerwand. Und der Traum vom Fliegen hat in der Lufthansa-Maschine sein plötzliches Ende gefunden.

Unabhängig davon, daß das Bildobjekt den hochfliegenden Träumen um die Firma LIP gewidmet ist, ist sein zentrales Thema: Fliegen — ein Untraum.

1977

Die zerstörte Bildvorstellung

Die "Dramaturgie der Zerstörung" als Inhalt meiner Kunst soll nicht heißen, daß diese Kunst, in ein anderes Medium transportiert, nicht überleben kann. Das Neue der heutigen Kunst sehe ich darin, daß durch Hinzunahme neuer Medien wie Film, Fernsehen und Fotografie, prozeßhafte Veränderungen sichtbar gemacht werden können und somit überleben.

In unserer Zeit, wo die Frage nach der Zukunft aus einem anderen Blickwinkel, als etwa im 16. Jahrhundert, beurteilt werden muß, besteht der Inhalt meiner Kunst darin, für die Jetzt-Zeit zu arbeiten. Kunst zu machen, die j e t z t etwas bewirkt. Eine Utopie anzustreben, die darin besteht, Keimzelle zu kollektiven Bewußtseinsveränderungen abzugeben. Darin mag man gerne den Anspruch um die "Ewigkeit der Kunst" neu definiert sehen.

Zur Technik meiner Bildobjekte muß gesagt werden, daß das Bild n i c h t z u r Z e r s t ö r u n g freigegeben ist. Sondern die Zerstörung findet in einem dramaturgisch zugewiesenen Platz, nämlich dem der Biokinetischen Zone s i c h t b a r statt. Die Zeitebene des beschleunigten Zerstörungsprozesses, im luftdicht abgeschlossenen Biokinetischen Teil des Bildes, wird dramaturgisch bewußt gegen die Zeitebene der erstarrten, noch einmal überschminkten End-Zeit-Situation des übrigen Bildteils gesetzt.

1978

Umwelt statt Unwelt Unwelt statt Umwelt Umwelt statt Unwelt
Unwelt statt Umwelt Umwelt statt Unwelt Unwelt statt Umwelt
Umwelt statt Unwelt Unwelt statt Umwelt Umwelt statt Unwelt
Unwelt statt Umwelt Umwelt statt Unwelt Unwelt statt Umwelt
Umwelt statt Unwelt Unwelt statt Umwelt Umwelt statt Unwelt
Unwelt statt Umwelt Umwelt statt Unwelt Unwelt statt Umwelt
Umwelt statt Unwelt Unwelt statt Umwelt Umwelt statt Unwelt
Unwelt statt Umwelt Umwelt statt Unwelt Unwelt statt Umwelt
Umwelt statt Unwelt Unwelt statt Umwelt Umwelt statt Unwelt
Unwelt statt Umwelt Umwelt statt Unwelt Unwelt statt Umwelt

Während sich alles so drehte, sah ich in mir die folgenden Bilder:

Der Himmel schon berührt vom Leuchten der Industrialisierung. Die Erde noch in Grün gehüllt.

Die Macht der Industrialisierung, die ohnmächtig macht. Ohnmächtige Silhouette.

Fluchtburgen der Freizeit-Industrialisierung. Organisch gewachsene Palmen als Fetisch der Blütenträume unseres Konsum-zeitalters.

Der pure Müll. Müll pur. Das Pure. Keimzelle gegenwärtigen Gedankenschrotts.

Dazwischen: die Reagenzgläser als biokinetische Zeitbomben. Manipulation, die aus der Petrischale kam.

Starre Kameraeinstellungen: von Träumen falscher Geborgenheit. Das Haus. Die Burg. Die Natur. Das Bauen als Ausdruck des Hoffens in einer Un-Natur.

Noch war es in mir. Und es wuchs weiter.
1961. 1962. 1963. 1964. 1965. 1966. 1967. 1968. 1969. 1970.
1971. 1972. 1973. 1974. 1975. 1976. 1977. 1978.

Jetzt sind es Bilder von draußen. Nicht weit von mir.

TEXTE ZU HAS.

1969
BIOLOGISCHE KUNSTFÜHRUNG

von Wolfgang Längsfeld

HA Schult lebt in München, er ist Künstler, aber er malt nicht, er schafft Situationen. Zusammen mit dem Filmer Ulrich Herzog und Günter Saree, die auch diesmal wieder zu seinem Team gehören, hat er vor kurzem hier in München an einem Sonntagmorgen die Schackstraße in eine Situation aus Altpapier, Fußmatten und auf die Fahrbahn gedruckten Buchstabenbändern verwandelt.

Nicht in München (wo auch?), sondern im progressiven und renommierten Schloß Morsbroich in Leverkusen wurde gestern Schults erste große Einzelausstellung eröffnet. Sie ist in mehrfacher Hinsicht ein bedeutendes und einmaliges Unternehmen. Schult hat nicht etwa, wie das gemeinhin üblich ist, zu Haus im Atelier fleißig Kunst hergestellt, die jetzt an den Wänden zu besichtigen wäre, er hat vielmehr zu Haus „lediglich" gedacht und dem Museum eine Idee angeboten. Rolf Wedewer war mutig genug, 20 000 DM in ein Projekt zu investieren, das vorbildlos ist, er wagte das bisher ziemlich einmalige Experiment, sein Museum zum Produzenten einer Ausstellung werden zu lassen.

Auf welche Situation trifft der Besucher? Zuerst wird er informiert: Er sieht Reagenzgläser mit Schimmelpilzen, mit bunten Bakterienkulturen und liest eine Fülle wissenschaftlicher Termini und Daten. Alles ist gesichert, er hat gleichermaßen noch festen Boden unter den Füßen. Gleichzeitig aber läuft ein Film über die Situation Schackstraße. Die Verunsicherung beginnt. Dann ein Raum mit Pilzkulturen im Kälteschlaf; auch eine sichere, wenig beunruhigende Sache, wenn nicht dabeistünde, daß die eingefrorenen Mikroorganismen in ein paar Tagen zum Leben erweckt werden. Dann ein Raum, der wieder halbwegs zur Kunst gehört; denn er evoziert Reflexionen in ästhetischen Kategorien. In einem Stuck- und Marmorkabinett stehen so, daß man gerade noch hindurchgehen kann, große, poröse Bausteine, überzogen, angefressen, befallen von bunten, langsam weiterwuchernden Pilzschichten.

Im ersten Stock beginnt dann das Abenteuer, das Prof. von Arx (er hat wohlwollend und gespannt die Kulturen samt Unschädlichkeitszertifikat geliefert) vom holländischen Centralbureau voor Schimmelcultures „eine einzige biologische Schweinerei" genannt hat: Über einen rohen Steg betritt man eine Suite von sechs Räumen — der erste gleißend hell, der letzte in dämmrigem Dunkel —, auf deren Böden sich teils gesteuert, teils wild die eigentliche Biokinetik vollzieht. Auf Nährböden aus Kartoffelpürree, Agar-Agar oder in 5 cm hohem Wasser wuchern von Wand zu Wand Bakterien und Mikropilze, bekämpfen sich merkwürdig gefärbte Schleimalgen, wandern giftgelbe Kulturen in andere Räume, breitet sich überriechender Verwesungsgeruch aus. Die Stadien, die Kombinationen, die Farben und Zustände verändern sich stündlich, und Leverkusens chemiegeschwängerte Luft sorgt für stets neue Überraschungen.

Gedanken über Kunst sind verdrängt. Man befindet sich in einer Science-Fiction-Welt. Am Ende der Ausstellung, in vier Wochen, werden Pilze und Bakterien alles überwuchert haben. Ich stelle mir vor, wie erst das Schloß, dann eines der größten Chemiezentren langsam von diesen Mikroorganismen überzogen und lahmgelegt werden, wie sie dann unaufhaltsam weiterwuchern und sich ausbreiten. Ich stelle mir vor, ein seltener Krankheitserreger, von einem Besucher eingeschleppt, findet in einer Ecke von Raum 5 eine Flora und ein Klima, das seine Vermehrung explosionsartig ansteigen läßt.

Schult gelingt es, die Existenz dieser uns ständig umgebenden, lebensnotwendigen und lebensbedrohenden Mikroorganismen außerhalb der sauberen Atmosphäre der Labors ganz sinnlich vorzuführen und sie in Bereiche zu ziehen, die unser Denken von der gewohnten Funktionalität weg in Bereiche phantastisch-ästhetischer Dimensionen lenkt. Wichtig bei allen Situationen von Schult ist, daß der Anstoß dazu von Dingen kommt, die wir nur in ihrer puren Funktionalität zu sehen und zu begreifen gewohnt sind. Haben wir sie einmal anders gesehen, werden wir auch in ihrer alltäglichen Erscheinungsform anders begreifen können.

Pop Art hat die Dinge des alltäglichen Lebens durch Hervorhebung, Vergrößerung, Isolation in ihrer ästhetischen und sozialen Qualität bewußt gemacht. Schult macht Prozesse sichtbar. Seine biokinetischen Situationen sehen jeden Tag anders aus. Er macht bewußt, er erweitert unser Bewußtsein von den Dingen und Vorgängen ohne uns die Freiheit der Wahl zwischen Denken und Träumen zu nehmen. Er macht uns sensibler. Er muß seine Ausstellung nach Ablauf ihrer Zeit töten, damit sie nicht erst das Schloß überwuchert, und dann . . .

1970
HURRA — ICH BIN EIN KUNSTWERK!

von Wolfgang Christlieb

Wer Ludwig XIV. gekannt hat — und es gibt ihrer viele, die sich gerne an ihn erinnern, wird zugeben, daß das „Lever", die tägliche Zeremonie des Aufstehens, bei ihm eine bedeutende Rolle spielte.

Ludwig XIV. hatte zu seinen Zeiten schon die Wichtigkeit der *Situation* erkannt. Er packte den kommenden Tag beim Schopf und prägte ihn im vornhinein durch die Situation der Betterhebung.

War er somit, das XX. Jahrhundert vorwegnehmend, der erste Situationskünstler von Rang, so kannte er auch die eminente Kraft der „Veränderung". Manchmal ließ er den Park von Versailles in violettem Licht erstrahlen, oder er veränderte den Boulevard St. Germain durch bunte Papierschnitzel.

Auch befahl er den Hofchargen ohne Ausnahme, sich morgens die Haare durchzukämmen und das „darin befindliche Ungeziefer aufzurütteln" — ein bisher wenig beachteter Ansatz unserer heutigen Biokinetik.

In all diesen Äußerungen erweist sich der Herrscher Frankreichs als avantgardistischer Vorläufer von Konzepten und Situationen, die erst in unseren Tagen durch HA Schult zur Reife gebracht wurden. Man kann daher HA Schult getrost als den Ludwig XV. der Situations- und Aktionskunst bezeichnen, als den Pascha der Biokinetik.

Um seinem „Lever" beizuwohnen, ist es zweckmäßig, sich an einem der Ziel- oder „Anfahrpunkte" seiner 20tägigen Deutschland-Rallye einzufinden, in denen er zu nächtigen beliebt. Die Entfaltung des HA-Schultschen Hofzeremoniells ist auch eine Situation, die man erlebt haben muß.

Gedacht, getan.

Mit Erwartung betrat ich den Münchner Kunstverein, freundlich empfangen vom diensttuenden Oberhofmeister Rainer Kallhardt. Wie eine schwebende Wasserlilie geleitete mich die erste Hofdame zum Lager des eben erwachten Souveräns im Reich der konzipierten Künste.

Seine Exzellenz geruhten, mir huldvollst zuzunicken. Man kann sich keinen leutseligeren Ton vorstellen, als wenn sich HA Schult mit zufälligen Besuchern unterhält, soferne diese nur wirkliches Interesse und Verständnis bekunden.

Exzellenz lagen noch mit einem pastellfarbenen Schlafanzug in den Daunen. Das Frühstück — übrigens durchaus bürgerlicher Zusammensetzung, mit Buttersemmeln als Hauptzerealie — wurde eben gereicht.

Ich erkundigte mich nach dem Befinden seiner Exzellenz, keine müßige Frage, hatte doch der Künstler in der Nacht zuvor den 4004ten Kilometer seiner auf 20 000 Kilometer veranschlagten Deutschland-Rallye zurückgelegt. Eine exakte Leistung, denn auf just 1000 Kilometer ist jeder Fahrtag veranschlagt.

Mit Stolz wies mir Elke Koska die säuberlich beschriebene Fahrtenschreiberscheibe des vierten Tages vor. Das Geschwindigkeitspegel verharrte durchaus in dem Bereich zwischen 80 und 120 km/st, für einen Citroën-Dyane sicherlich keine schlechte Leistung.

Das Tonbandprotokoll befand sich bereits im Gewahrsam des Reisemarschalls. Es stellt einen Wertgegenstand dar, gehört es doch zu dem Paket der Tagesprotokolle, die jetzt schon bei Zwirner in Köln auf 3000 Mark pro Stück veranschlagt werden.

Man erinnert sich, daß auch die Reisetagebücher Ludwigs XIV. zu beachtlichen Preisen gehandelt wurden. Doch welcher Unterschied in der technischen Ausarbeitung! Während damals die hinter der Staatskarosse zurückbleibenden Pferdeäpfel die einzige Dokumentation der erbrachten Fahrleistung darstellten, ist heute jeder Kolbenhub, jede Fahrsekunde unverlierbar aufgezeichnet. Das Tonband (ein besonders langsam laufender Typ) ist vom Start bis zur Ankunft ununterbrochen eingeschaltet, das sind täglich mindestens acht Stunden. Jede Bemerkung, jeder Husterer, jedes Straßengeräusch ist für alle Zeiten festgehalten. So insbesondere auch die Gespräche und die manchmal naiven Äußerungen der Umstehenden.

Wie Exzellenz bemerkten, ist die Idee der Rallye, und besonders die des hohen Fahrers persönlich, bereits Gemeingut vieler Untertanen in allen Gegenden der BRD. Immer wieder kommt es an Tankstellen oder Autobahneinfahrten zu spontanen Kundgebungen der Sympathie und des unbedingten Vertrauens. Mit seinem knallorangen Overall ist der hohe Fahrer auch kaum in dem Straßengewimmel zu verkennen. Tankwarte und Fernfahrer klopfen ihm vertraut auf die Schulter, sie kennen ihren „gelben Heini" schon. Die Rallye ist publik geworden.

„Nicht zuletzt dank der liebenswürdigen Publicity der Münchner ‚Abendzeitung'", läßt Exzellenz in diesem Augenblick huldvollst einfließen. Ich bin zu tief bewegt, um meiner inneren Erschütterung in diesem Augenblick Ausdruck zu verleihen. Ein Blick besagt hier mehr als alle Tonarten.

Doch nun ist die Stunde der Weiterfahrt herangekommen, das heißt, die Audienz ist beendet. Elke Koska gürtet den rasch Davoneilenden mit Sturzhelm und Mikrophon.

Es ist mir noch vergönnt, der hohen Abfahrt mit dem orange leuchtenden Citroën beizuwohnen. Exzellenz deuten noch auf das laufende Tonbandgerät und bemerken lächelnd: „Sie sind jetzt auch schon drauf!"

Wahrhaftig — ich hatte es vergessen!! Ich bin auf dem Tonband, also unverlierbarer Bestandteil eines Kunstwerks geworden!!! Das hätte ich nie gedacht. Hurra!

★

1973
KAPUTTE IDYLLE

von Eberhard Roters

HA Schults Brauen zuckten fast unmerklich, als ich anläßlich der Eröffnung seiner diesjährigen Ausstellung von Objekt-Bildern zum Thema 'Kaputte Idylle' in der Galerie Falazik seine Arbeiten mit dem Begriff der Alchimie in Verbindung setzte. Er stutzte, und ich bin ihm deshalb eine Erklärung schuldig.

Zunächst ist festzustellen, daß die derzeitigen Arbeiten HA Schults - seine minutiös gefertigten Müllkipplandschaftsmontagen en miniature - eine Synthese verkörpern, und zwar die Synthese zweier unterschiedlicher Komponenten seiner Arbeitsmethoden, - der demonstrativen und der meditativen.

Wenn Schult einige Tonnen Papier auf die Strasse kippen lässt, oder aber wenn er friedlich sein Agar-Agar kocht, dann dienen ihm diese beiden voneinander verschiedenen Verhaltensweisen als Ausgangspunkt für die Bipolarität eines künstlerischen Vorgehens, das dazu dient, von verschiedenen Seiten her einunddasselbe Ziel anzusteuern; nämlich das der Veranschaulichung von spezifischen Zusammenhängen zwischen den hybriden Produktions- und damit auch Wegwerfstrukturen unserer Zivilisation und der dadurch hervorgerufenen rapiden Veränderung unserer natürlichen Umwelt zum Schlechten.

Kunst unterscheidet sich insofern grundsätzlich von Wissenschaft, als sie nicht dazu da ist, Zusammenhänge und deren Entstehungsursachen reduktiv nachzuweisen, sondern dazu, Zusammenhänge induktiv evident zu machen, d.h., handgreiflich und anschaulich darzustellen. Sie hat ex origine den Sinn, auf jeweils akute Probleme unserer Existenz aufmerksam zu machen und diese ins öffentliche Bewußtsein zu rücken. Schult, der erkannt hat, daß unsere durch Reizüberflutung abgestumpfte Wahrnehmungsfähigkeit und Vorstellungskraft kaum noch in der Lage ist, auf sensibel gesetzte Signale zu reagieren, bedient sich dazu drastischer Mittel.

Die durch seine Initiative herbeigeführte Situation Schackstraße, durch die er vermittels des Abladens einer Unmenge von schwer zu beseitigendem Papier die Öffentlichkeit zum Nachdenken über die Folgen von Umweltverstopfung und Zivilisations-Abfall zum Nachdenken anzuregen suchte, glich daher einer kräftig geladenen Impfspritze, die ihre Injektionswirkung auf das gesellschaftliche Bewußtsein auch nicht verfehlt hat.

Die Environments der 'biokinetischen Landschaften' dahingegen, wie vor allem das im Museum Schloß Morsbroich, Leverkusen von 1969, sind weder von grundauf noch ausschließlich durch intellektuell gesteuerte Überlegungen Schults zur Allegorik umweltschützerischer und müllkulturkritischer Aufklärung entstanden, sondern Schult hatte, wie er mir selbst erzählte, aktive und ästhetisch-kreative Freude an der Entdeckung, daß sich die Erzeugung von Prozessen komplexer Farbverwandlung mithilfe organischen Kleinstgebilden, deren Substanzveränderung durch biologisch bedingte Faktoren gesteuert wird, herbeiführen und manipulieren lasse. Bakterien und Pilze als Farben, die sich selber pinseln; das ist die letzte aus der Argumentation des Informel gezogenen Konsequenz, die - wie jede letzte Konsequenz - die Argumentation zugleich ad absurdum führt.

Über die Prozedur des Kochens von Nährböden für Bakterien-Kulturen liegt - oberflächlich betrachtet - wohl ein Hauch von Alchimistenküche. Das meine ich aber nicht. Das, was ich meine, ist, insbesondere auf Schults gegenwärtigen aus der Synthese von demonstrativem und meditativem Vorgehen destillierten Objektbildern, folgendes:

Chemie ist, wie wir bereits in der Schule lernten, die Wissenschaft von den Stoffen und den Voraussetzungen für deren Umwandlung.

Andererseits ist der Haushalt der Natur logischerweise von vornherein ein Ganzes, dessen Quantum sich weder vermehren noch verringern läßt. Wird also innerhalb des Ganzen eine strukturelle Veränderung der stofflichen Qualitäten dadurch vorgenommen, daß bestimmte Qualitäten aus dem Substanzzusammenhang extrahiert werden, beispielsweise Schwefel, dann ändert sich innerhalb des Ganzen, da sich sein Quantum nicht ändern kann, notwendigerweise das qualitative Equilibrium. Wird das im großen Stil betrieben, dann entsteht auf der einen Seite Mangel, auf der anderen Überfluß, solcher an Giften etwa, die dem Haushalt in großen Mengen extrahiert worden sind, wie beispielsweise Unmengen von Schwefelsäure, mit denen keiner weiß, wohin, weil die Zauberformel dafür fehlt, die Substanzen per Rückverwandlung dorthin zu transportieren, wo sie hergenommen worden sind. Infolgedessen ist das Equilibrium des Gesamthaushalts auf unwiederbringliche Weise gestört, und es entstehen die Tonnagen der Wegwerfgifte. Der so beschriebene Vorgang entspricht ziemlich genau dem Produktionsprozeß der chemischen Großindustrie. Derart gewinnt die Angelegenheit moralische Dimensionen, denn sie betrifft Substanz und Existenz nicht nur unserer Gesellschaft, sondern der Bedingungen für Leben überhaupt.

Die wissenschaftliche Chemie und die chemische Großindustrie sind im Zeichen der wissenschaftlichen Aufklärung und im Zuge der industriellen Revolution aus der Alchimie herausgegangen. Beim Hören des Wortes Alchimie assoziieren wir heute die Vorstellung von einer mittelalterlichen Sekte weltabgekehrter Spinner. Im Unterschied zur Chemie galt die Alchimie vorzeiten nicht als Wissenschaft, sondern als Kunst, und zwar als eine Kunst von jahrtausendealter Tradition.

Daß uns der Zugang zum Verständnis dafür verloren gegangen ist, liegt hauptsächlich am Bilderreichtum einer verwickelten Metaphernsprache - einer ähnlich komplizierten übrigens wie die, deren sich heute die Kunst bedient. Führt man aber den Sinn des Gemeinten, der hinter den Bildern des Gesagten stand, auf seinen Kern zurück, dann wird offensichtlich, daß die Adepten, die das Arkanum suchten, einer Forderung zu gehorchen hatten, und zwar einer moralischen, derjenigen nämlich, daß Stoffumwandlungen nur dann — ohne das Equilibrium des Kräftehaushalts zu stören — vorgenommen werden dürften, wenn die Umwandlung ingestalt einer Läuterung erfolge, und daß nur derjenige in der Lage sein könne, die Läuterung - also die Substanzumwandlung zum Nutzen und nicht zum Schaden aller Existenz - vollziehen könne, der bestrebt sei, sich selbst zu läutern, das bedeutet, ständig die moralische Qualität seines Handelns zu überprüfen.

Neulich fuhr ich mit dem Bus über die Kölner Rheinbrücke. Mir gegenüber saßen zwei Herren. Der eine blickte durch das Busfenster aus zwanzig Metern Höhe auf den Rhein hinunter und sagte: 'Ich weiß nicht, was die Zeitungen immer zu schreiben haben. So dreckig sieht das Wasser doch gar nicht aus!' So etwas zu hören, treibt zur Verzweiflung. Bilder sind heute - wie Kunst seit je - Beschwörungsformeln.

Schult hält seine 'Kaputten Idyllen' der Verzweiflung entgegen. Der Glaube an den Fortschritt grimassiert im Rückspiegel des moralischen Zustands unserer derzeitigen Gesellschaft.

1974
KUNST UND LEBEN

von Jens Christian Jensen

1972 kaufte die Kunsthalle zu Kiel von HA Schult die "Biokinetik unter dem Kreuz", eines der ersten Objektbilder des Künstlers. Ein Jahr zuvor hatte die Gruppe SPOT in der Universität seine Dokumentation "20.000km" ausgestellt, die mit einer Aktion verbunden war. Jetzt machen wir eine große HA Schult-Ausstellung, und die Frage wird zu beantworten sein, warum wir das tun.
Seit Schult 1969 im Museum Schloß Morsbroich in Leverkusen seine "Biokinetischen Situationen" zeigte, hat er sich intensiv und in wechselnden Medien mit dem Thema "Umwelt" beschäftigt, und das in einer Weise, die Aufsehen erregt hat. Es setzte sich aus Erstaunen, Ärger, Kopfschütteln und Beifall zusammen und war die konzentrierte Antwort nicht nur von Kunstkritik, Fachleuten und Kunstinteressierten, sondern von einer ungewöhnlich breiten Schicht der Bevölkerung. Das liegt nicht nur daran, daß Schult den Mechanismus der Massenmedien souverän beherrscht wie kaum ein anderer Künstler der Bundesrepublik. Entscheidend ist, daß er auf drei Gleisen sein Problem vorträgt:
1. im Bereich der Kunst: Kästen, Graphik, Objekte für Galerien, Kunstsammler, Kunstvereine und Museen.
2. auf dem Gebiet der Massenmedien: Statements, Interviews, Dokumentationen für Film und Fernsehen, Hörfunk, Presse, Verleger, Buchhändler.
3. auf der 'Straße': Aktionen, die sich zumeist in der Öffentlichkeit abspielen und Themen aufgreifen, die alle angehen - Chemie, Auto und Verkehr, Müll, die Angst vor einer Zukunft, in der der vielzitierte 'blaue Himmel' endgültig erloschen sein wird.

Ich kenne keinen deutschen Künstler, der seine Aufgabe dermaßen umfassend begreift, keinen, der die Witterung für das besitzt, was unsere Gegenwart umtreibt. Bei Schult ist die Kluft geschlossen, die seit fast zweihundert Jahren zwischen Kunst und Öffentlichkeit klafft.
Nun haben wir also schon mehrere Gründe, seine Arbeiten in Kiel zu zeigen.
Sicherlich wird jetzt so mancher abfällig meinen, dieser Schult sei mediensüchtig, eine Managertype in der Kunst, der es angeblich schadet, wenn man sich zu offensichtlich darum kümmert, daß das auch 'ankommt', was man tut. Für das Kunstverständnis vieler gehört es zum künstlerischen Schaffen, daß es brotlos zu sein hat; der Künstler selbst soll sich möglichst bescheiden geben und sein Werk im Kämmerlein unbeeinflußt in stillen Stunden erarbeiten. Nun, Rubens zum Beispiel dachte darüber anders und Picasso ganz bestimmt auch. Den Namen Dali braucht man nur zu nennen, um in Erinnerung zu rufen, daß Kleverness und Selbstinszenierung keinen Rückschluß auf die Wichtigkeit dessen zuläßt, was von solchem Künstler gemacht worden ist.

Man wird nun auch die Frage stellen, die man heute immer wieder hört: ist das denn überhaupt Kunst, was dieser Schult macht?
Hierauf kann der Kunsthistoriker nur antworten: warum sollte es nicht Kunst sein? Erweitert sich

nicht unser Begriff von Kunst mit jedem Bild, jedem Stück Plastik, jedem Objekt, ja jedem Film und jedem Buch, das heute vor unsere Sinne tritt? (Das Gleiche gilt ja für jedes andere Gebiet unseres Lebens: in den Naturwissenschaften liegt diese Erweiterung dessen, was man einmal unter Chemie, Physik usw. verstand, auf der Hand.) Das, was Schult macht, wird also gewiß zur Kunst rechnen. Den Stellenwert wird man erst später beurteilen können. Sicher ist, daß seine Arbeit sich künstlerischer Techniken und Mittel bedient und daß er etwas zum Ausdruck bringt, was uns betrifft. Darin ist seine Arbeit wichtiger und brisanter als vieles, was heute fraglos als Kunst ausgegeben wird, nur weil es sich auf ältere Kunsttraditionen bezieht. Nicht jedes gerahmte Ölbild hat etwas mit Kunst zu tun, das lehrt ganz eindeutig die Kunstgeschichte.

Also lassen wir Schult unsere Begriffe erweitern, und machen wir

sern gewaschenen Publicrelation-Mann Schult, das nicht ins oberflächliche Bild passen will, das er manchmal von sich selbst entwirft. Er ist ein verbissener Arbeiter, der bis zur Erschöpfung seine Träume verwirklicht (denn sind es nicht Träume, Albträume, die er in seinen Arbeiten vergegenwärtigt?). Er wirft sich mit allem, was er hat und kann, in das, was er macht. Für ihn ist keine Werkstatt tätig, kein Adlatus hält ihm die Spritzpistole, keiner sammelt für ihn das Tausenderlei, das seine Schaubilder

berstend anfüllt. Alles macht er selbst, in allem hat er seine Finger; er atmet die giftigen Dämpfe seiner Farben, Fertigungsmittel und Chemikalien ein. Es gibt von ihm kein Stück, das er nicht von Anfang bis Ende selbst gemacht hätte. Auch seine Techniken sind Ergebnisse eigener Experimente. Das sieht man diesen Objektbildern nicht an, und doch ist es wichtig, das zu wissen: Schult identifiziert sich total mit dem, was er tut. Keiner, der ihn erlebte als er zwanzig Tage in seiner Citroën Dyane die 20.000 km abfuhr, wird vergessen, wie er am Rande des Zusammenbruchs mit unglaublicher Zähigkeit seine Idee verwirklichte, nämlich zu zeigen, unter welchem geistigen und seelischen Stress der heutige Mensch in der modernen Verkehrswelt steht.

So fällt bei Schult Kunst und Leben zusammen. Damit hat er für sich eine Fragestellung beantwortet, die seit dem Ende des 18. Jahrhunderts (Französische Revolution 1789) die Künstler oft bis zur Verzweiflung aufgeregt hat. In dem geschichtlichen Augenblick, als die Gesellschaft dem Künstler keine umfassenden Aufgaben mehr stellte, als ihn die industrielle Massengesellschaft als Sonderling ausstieß, der sonderliche Dinge machte, die man eigentlich zu nichts mehr gebrauchen konnte, flüchteten sich die Künstler in das Ethos ihrer genialen Außerordentlichkeit oder versuchten mit aller Kraft eine zwingende Verbindung zwischen Leben, zumindest ihrem Leben, und Kunst, zumindest ihrer Kunst, wiederzugewinnen. Die Romantiker um 1800 waren die ersten,

die diese Problematik traf, die so manchen von ihnen erschlug. Sie haben die Idee, Kunst und Leben müsse wieder ein Ganzes bilden, nicht nur erwogen, sondern auch zu verwirklichen versucht. Seitdem ist sie lebendig und findet heute, wo sich alle Fragen unerhört zuspitzen, radikale Antworten. Wenn sich Timm Ulrichs selbst als Kunstwerk apostrophiert, Yves Klein von nackten Körpern Farbabdrücke auf Leinwänden festhält, wenn Beuys seine Happenings mit und durch sich selbst zelebriert, Arnulf Rainer sein Gesicht im Foto aufzeichnet in immer anderen Verzerrungen, wenn Klaus Rinke das ABC von Gesten und Bewegungsabläufen demonstriert, dann sind das verschiedene Lösungen dieser alten Frage.

Schult, der sich gern 'Der Macher' nennt, erfährt sich selbst im Machen und läßt sich in das Gemachte ein, indem er in das unbewegte Bild der Kästen seine Lebenskraft investiert. Wenn man das weiß, erkennt man in ihnen geronnenen Lebensextrakt, das erstarrte Destillat erschöpfender schöpferischer Tätigkeit. Die Detailbesessenheit, die an diesen Objektbildern frappiert, ist Lebensbesessenheit. Alles soll so sein wie 'in Wirklichkeit', alles vor Leben strotzen. Das läßt sich nur erreichen, wenn der Macher selbst alles, was er sieht, empfindet, was er hört, alles, was er lebt in seine Arbeit hineinpreßt. Und dies ist es ja, was den Macher zum Künstler macht. Deshalb läßt sich die Kunsthalle zu Kiel mit diesem Schult ein. Meiner Überzeugung nach betrifft uns seine Botschaft.

Die Welt in der wir atmen.

von Karlheinz Nowald
1974

Der Müll.

Auf dem Müll landet der Abfall der Zivilisation. Im Verbrauchten, Entleerten, Verachteten und schließlich Weggeworfenen enthüllt sich die Distanz des Konsumenten zu dem Material, aus dem er lebt. Die Umwertung aller Werte. Ob es Fakt ist oder Dato, ob Henkel oder Persil, die leere Hülle der Packung schreit zwar inzwischen vergeblich - ist aber immer noch Werbeträger, stimulierend bis zum Vergehen und Vergessen.

In den Papierfetzen zumal steckt ein ungeheures Material: Konsumliteratur. Zeitungsartikel, Annoncen, Bilder, Illustriertenblätter. Sie erscheinen vor dem Tribunal der Geschichte. Die Zeit hat Spuren hinterlassen - die Zeitung, das Rasterfoto, die Schlagzeile. HA Schults erste wichtige Auseinandersetzung mit dem Müll war seine Situation Schackstraße. Ausgekippt an einem schönen Sonntagmorgen lag da plötzlich, isoliert, etwas auf der Straße: bedrucktes Papier, voller Nachrichten, gelesen und veraltet, voller Tagesgeschichte, die sich zu Zeitgeschichte summierte. Inzwischen überholt, unaktuell, weggesunken ins Vorbei. Literatur, deren Bruckstücke als Hieroglyphen eines künftigen Einst dem Bürger zu seinem Entsetzen vor der Nase lagen.

Es ist das gleiche Grundmaterial, aus dem HA Schult in seinen Objektbildern Geschichte destilliert. Zusammengefaßt und aufs jeweilige Zeit- und Sozialklima zugeschnitten - mitunter selbst auf Regional-Situationen - sind in ihm treffsichere Diagnosen jeweiligen Bewußtseins vorgelegt, die beim Betrachter - vermittelt durch das Phänomen der Stimmigkeit - Identifikation oder Ablehnung auslösen können. Das Problem ist, das jeweilige Statement so zu formen, daß es panoramatisch Bewußtseinslagen und -interessen erfaßt. Ästhetische Sensibilität richtet sich hier nicht auf beliebige Individualempfindlichkeiten, auf die ein beliebiger Betrachter sich einzustellen hätte, sondern auf verbindliche und prägend-geprägte Gruppenhaltungen.

Das Auto.

In seiner Kölner Materialshow von 1968 hatt HA Schult ein Auto zur Zertrümmerung freigegeben. In der Zerstörung wurde die Aggression gegen den Konsumfetisch Nr. 1 sichtbar. In der 20.000 km-Rallye hatte er das Auto zum Vehikel gemacht, an dem der Verschleiß des Menschen im selbstgeschaffenen fahrbaren Apparat und Käfig erkennbar wurde. In der Aktion "Die Stadtstraße" hatte er versucht, das Automobil als Indikator für die Chancen freiheitlichen und sozialen Verhaltens einzusetzen, ein Experiment, das ebenfalls in der Zerstörung einiger der zur Verfügung gestellten Wagen endete. Das entsprach nicht der offiziellen Geltung des Autos, das per Reklame-Bombardement immer wieder als Ich-Prothese einer be- und geschädigten Individualität verkauft wird, als die große Chance zur Freiheit, als Symbol von Mobilität, als Identifizierungsobjekt, in dem man mit rauschender Geschwindigkeit von Abenteuer zu Abenteuer jagt - nur Fliegen ist noch schöner.

In HA Schults Objektbildern krallt es seine Reifen in Müll und Schutt. Immobil, zerkratzt, verdreckt fungiert es hi als Statussymbol, das seine fiktiven Besitzer in die Hierarchie der gesellschaftlichen Klassen einordnet. Trotz seiner hohen Auflagen, trotz der daraus resultierenden relativen Anonymität enthält es Gruppenindividualität, durch die die Zusammenstellung der Wagen in den Objektbildern in ganz bestimmten Situationen, vor ganz bestimmten Architekturen, mit ganz bestimmten Konsumartikeln anfängt, Geschichten zu erzählen. Geschichten, die jeden Tag passiert sind, die jeden Tag passieren, die jeden Tag passieren werden.

Wer sich nicht auskennt in Autotypen, wer nicht weiß, welche Stars welche Marke und welchen Jahrgang bevorzugen, wem nicht bewußt ist, welche Macht das Image der Automarke hat, wer nicht durchschaut, wie es Individualitäten zu Standards bündelt, der kommt nicht klar mit HA Schults Inszenierungen. Erklärende Texte werden nicht geliefert. Die Spielregeln werden als bekannt vorausgesetzt. Dann beginnen die Gesichter der Automobile, die Kühlerfronten, die Geschichte ihrer Besitzer preiszugeben - auch als soziale Statements.

Die Biokinetik.

Sie ist eins von HA Schults Leitmotiven. Nicht von ungefähr hat er in der Chemiestadt Leverkusen, wo man permanent der Chemie und ihrem Geruch ausgeliefert ist, zum ersten Mal ein umfassendes biokinetisches Programm realisiert, das den Betrachter mit einer überzogenen Situation der nahen Zukunft konfrontierte. Beim Weg über biokinetische Bodenzonen auf rohem Baugerüst erlebte der Besucher nicht nur den schönen Ekelschauder beim Blick auf das durch Massierung sichtbar gemachte Leben von Mikroorganismen, die sonst unter der Sichtbarkeitsschwelle bleiben, er tat auch einen langen Blick auf künftige Probleme des Überlebens in einer Welt, deren Produktionsausstoß mit dem Ausstoß von Schadstoffen verbunden ist, die ihre verheerende Wirkung langsam aber unaufhaltsam tun. Mitten im Müll, an den Abstürzen der Abfallhalden gibt es in den Objektbildern die Seen und Lachen der biokinetischen Zonen, wo unter einer Isolierschicht Algen langsam und zäh ihr Leben führen. Temperatur- und Lichtwechsel verändern ihre Farben und zeigen, daß sie noch nicht abgestorben sind. Natürlich liegt in diesen Feinbewegungen auch ein Stück Farbkinetik, Reaktion auf die Situation der Kunstszene am Ende der 50er Jahre, als Yves Kleins monochrome Farbtafeln entstanden, die unbeweglich und unveränderlich als Dokumente Ewigkeit festhalten, während HA Schult gerade das bewegliche Bild interessierte, das sich veränderten Raum- und Klimasituationen anpaßte.

Die Utopie des sich mit der Gemütsverfassung und Denkhaltung des Menschen in seiner Nähe verwandelnden Bildes bleibt, vorläufig, Utopie. Stattdessen setzen die biokinetischen Zonen und Schimmelfelder in den Objektbildern die Erinnerung an die schwer und nur ungenau zu steuernden Prozesse in der Industriegesellschaft frei, machen sie gerade die Widerstände deutlich, die eine mit Dreck, Abfall, Gift vergewaltigte Natur zäh zu mobilisieren weiß. Die lauten Aggressionen des Lebens, die in der Benutzung des Autos in HA Schults Aktionen sichtbar gemacht wurden, haben in der leisen Aggression der Biokinetik ihr Pendant.

Der Himmel.

Die Wolken- und Himmels-Bilder der Romantik waren die ersten Vorboten der abstrakten Malerei. Die Himmel in HA Schults Objektbildern sind ihre Nachhut. Wie in der Romantik sind sie Stimmungsträger - aber nur unter anderem.

Keine Sonne, kein Mond, kein Stern. Tageszeiten sind nicht benennbar. Diese Zeitlosigkeit enthält als geschichtliche Situation: Weltuntergang. Mit Gold- und Silberlacken, mit Leuchtfarben bekommen diese Himmel ihren düsteren, schwülen, blutigen Glanz. Wie schwerer Orgelton dröhnen sie über der Szenerie der Landschaft, über menschenleerer, öder Gegend. Wie die Musik eines Super-Western. Was in HA Schults Himmel an tachistischen und Op-Art-Effekten eingearbeitet ist, reflektiert Endzeit, sinniert über die Kunstgeschichte der letzten 50 Jahre. Aber solche historischen Linien sind übergegangen in Inszenierung, die mit den Details der Gesamtkomposition gekoppelt ist. Der aus großer Entfernung schon sichtbare Farbklang schlägt den Grundton an, auf den die Situation gestimmt ist.

Der Glanz der Himmel, ihr funkelndes Leuchten, ihr brutal mit Effekten operierender Einsatz erzeugt eine Faszination, in der sich Schauder und Lust mischen. Glühend oder kalt über Industriecamps und Vorstandgegenden, über verlassenen Bungalows oder Biedermeiervillen sich ausbreitend, erhellt von den Lichtreklamen der City oder dem Feuer der Essen, verdunkelt von Qualm der Schlote, verbreiten sie Schrecken und Beklemmung. Unter ihnen kann nur das Entsetzliche geschehen.

Coca-Cola und der Tod durch Konsum.

In der Biokinetischen documenta-Landschaft posierte der Soldat neben einem Haufen leerer Coca Cola-Flaschen mit dem Gewehr in Anschlag.

Das Thema der Aggression - von Anfang an eines der zentralen Themen von HA Schults künstlerischer Arbeit und eines der am weitesten und differenziertesten behandelten dazu - wurde in dieser Situation durch einfache und schlagende Gegenüberstellung ins Spiel gebracht. Der Krieg geht schliesslich unter anderem auch um Absatzmärkte.
Coca Cola - ein Getränk wie kein anderes, dank Marken-Image. Spur auf dem Weg, den die amerikanische Kultur durch Zeit und Raum, von Kontinent zu Kontinent, von Land zu Land genommen hat. Bis nach Vietnam. Dabei wurde die Coca Cola-Flasche zum Leitfossil des Zeitalters. Bevor noch das Getränk ausser Kurs gekommen ist, bevor sein Rezept als Exklusiv-Tip aus Großmutters Küche zu Feinschmecker-Ehren kam, ist die alte Coca Cola-Flasche mit dem ins gebuckelte Glas eingegossenen Markenzeichen bereits Sammelobjekt; archäologisches Fundstück schon, während es noch kursiert.
Was hinter dem Konsum-Abfall in HA Schults Objektbildern liegt - und die Cola-Flasche wurde dafür nur als Beispiel herausgegriffen - ist ein Konsum-Imperialismus ohnegleichen und ohne Grenzen. Es ist ein Kampf, der um jeden Haushalt tobt, wo die Marke der Wasch- und Spülmaschine, das Signet des Wasch- und Spülmittels, der Namenszug auf dem Radio und Fernseher, dem Plattenspieler und Verstärker, der Schallplatte und dem Tonband, der Milch und der Butter und dem Brot, im Wäsche- und Kleidungsstück, unter der Sohle der Schuhe noch wie die Signatur eines Alten Meisters prangt als allgemeinverständliches Emblem, an dem Freunde und Feinde sich erkennen. Die leere Packung brüllt ihren Namen danach auf dem Müll.
Beugt man sich über HA Schults Objektbilder und legt die losen Stücke dieses Puzzles aus lauter ineinanderpassenden Teilen zusammen, dann bilden sich Muster, Figuren, Linien, die sich zu den Kapillaren eines unverwechselbaren Fingerabdrucks zusammenschieben. Verdichtete Wirklichkeit erscheint im raschen Blitz dieser Objektbilder. Wie mit blank gezogenem Messer steht die Gegenwart da. Konzentriert wie ätzende Säure spritzt die Einsicht hoch: noch 20 Jahre weiter so, dann sieht die Welt tatsächlich so aus. Die Welt in der wir atmen ist zum Ersticken.

1974

GUTEN ABEND — MEINE

... heute ist Freitag, der 26. April 1974. Vor einer Woche, also am 19. April, rückte ich meinen Zettelkasten zurecht, spannte ein Makulaturblatt in die Schreibmaschine und tippte ein paar Notizen herunter, um ein wenig Ordnung zu schaffen. Auch erleichtert man durch eine solche Tätigkeit sein Gewissen. Und so bin ich hier und kann sagen: An der Vorbereitung soll es nicht gelegen haben — wenn Sie nach 10 oder gar 12 Minuten erleichtert durchatmen, an die nächstbeste Kneipe denken und vielleicht meinen: Sogenannte Eröffnungsreden sind ein alter Hut, man sollte sie künftig lieber unter den Tisch fallen lassen! Aber: so leicht lasse ich mich nicht unter den Tisch fallen. An einem 26. April sagte Picasso: „Die Kunst ist stärker als ich. Sie macht mit mir, was sie will." So etwas kann man nicht im November sagen, das muß im Frühjahr gesagt werden. Könnte man das, fragte ich mich sofort, mit HA Schult in Verbindung bringen und vielleicht die kühne Behauptung in die Welt setzen: „Schult ist stärker als die Kunst. Er macht mit ihr, was er will!" — ?
Kaum ist Picasso tot, ließe sich flugs hinzusetzen, und schon haben sich die Zeiten ganz gewaltig geändert! Dieser gar nicht einmal so verwegene Gedankengang erfuhr eine jähe Unterbrechung, als ich anhand meiner penibel geführten Kartei herausfand, daß an einem 26. April Andy Warhol mit Mister Rutledge, einem kultur-, kunst- und lebensüberdrüssigen Menschen, ein sogenanntes Tischgespräch führte, welches in der lapidaren Feststellung eben jenes Herrn Rutledge kulminierte, daß dieser vorgab, sich jetzt — also an diesem 26. April 1958 — umzubringen. Den ungewöhnlichen Vorsatz holte Andy Warhol mit der Frage zurück auf den Boden der Realitäten, ob er denn die Uhr des Selbstmörders haben könne.
Leichen pflastern seinen Weg. So heißt bezeichnenderweise ein Western. Leichen liegen in der Regel immer unten. Warhol fing unten an. Amerika fängt unten an. Vieles in der Kunst fängt unten an. Wer oder was unten anfängt, steigt nach oben — derweil die Leichen unten liegen. Auch Picasso, über den ich ja schon gestiegen bin, liegt unten.

Mit Schult verhält sich das anders. Schult fängt oben an. Doch darauf komme ich gleich noch zurück!
Ich bin weder Astrologe noch Kunstwissenschaftler. Ich wurde aber doch das Staunen nicht los, als ich herausfand, daß Kurt Schwitters an einem 26. April den schönen und für die Kunst gewiß nicht außer Acht zu lassenden Satz schrieb: „In der Not wird der Teufel fett!"
Sofort war mir klar, sofort stand es vor mir: wie reizvoll, pikant, ja sensationell es sein könnte, aus den an diesem Datum stattgehabten Ereignissen eine Schult-Laudatio herauszudestillieren. Es würde mir, weiß Gott, leicht fallen, Ihnen zu suggerieren, daß Schult dieses heimtückische Datum für die Eröffnung seiner Bochumer Ausstellung bei Inge Baecker absichtlich gewählt hat, um mir die Einführung in diese Ausstellung zu erleichtern.
Wirklich? Entspräche das seinem — Schults — Charakter? Böswillige könnten natürlich sofort sagen, er habe diesen 26. April ganz absichtsvoll gewählt, damit ich ihn mit Picasso, Warhol und Kurt Schwitters in einem Atemzuge nenne und womöglich noch — ich habe es bei Picasso ja schon angedeutet — gewisse Parallelen ziehe! Im Falle Andy Warhol habe ich das an anderer Stelle, in einem Aufsatz zu und über HA Schult, schon einmal getan und etwa folgendes postuliert:
Nachdem Andy Warhol einige Jahre mit der Produktion von Schaufensterdekorationen, Bildwerken und Filmen zugebracht hatte, ließ er in seiner Factory andere und die Publicitymedien für sich arbeiten. HA Schult schlug den umgekehrten Weg ein. Er unterlief ein System, das selbst einem Warhol den Weg von unten nach oben aufzwang, und begann erst dann mit der Produktion von Objekten und Blättern, als er seinen Namen bekannt wie eine Markenware gemacht hatte. Was bis dahin niemandem plausibel erscheinen mochte, was sich allenfalls wie eine Satire auf die an ihrer Biographie schuftenden Künstler ausnahm, das erledigte Schult innerhalb von 20 Tagen mit einem superfrechen Streich: Mit seiner 20 Tage währenden „Aktion 20 000 km". Jeden Tag fuhr Schult mit einer Dy-

DAMEN UND HERREN...

ane zwischen München und Hamburg hin und her, kehrte buchstäblich im Vorbeifahren in neun Kunsthallen und Kunstvereinen ein. Sammelte auf diese Weise im Zeitraffer Daten für seine Künstlerbiographie, und er war oben, ohne auch nur ein einziges verkauf- und handelbares Objekt produziert zu haben. Seinen Weg pflastern nicht Leichen, sondern 20 000 hart heruntergefahrene Straßenkilometer.
Das wäre so etwas wie eine Brücke zur Einführung in diese Ausstellung. Was heißt: Einführung? Soll ich mich einführen? Knapp 176 groß, etwas untersetzt, Brillenträger, religions- aber nicht führerscheinlos, ein starker Freund der Künste. Oder: Soll ich Sie einführen?
Erwachsene, wohlerzogene, informierte Menschen, die in erster Hinsicht wohl hierher gekommen sind, um Schult zu sehen, um sich höchstselber ein Bild von dem zu machen, was an den Wänden hängt. Und: in was sollte ich mich oder Sie einführen? In die Ausstellung? Doch: da sind wir – Sie und ich – ja schon drin!
Ich könnte natürlich HA Schult einführen. Aber: der ist, habe ich mir berichten lassen, schon seit Mittwoch hier in Bochum und speziell in dieser Galerie zugange. Er ist also bereits bestens eingeführt. Trotzdem könnte ich ihn nochmals einführen. Doppelt hält immer besser!
Ich könnte diese Einführung zweiteilen. A – zur Person, und B – zur Sache etwas. – Sagen!
Schult schläft, wenn ich das anläßlich mehrerer Besuche in seiner Münchner Atelierwohnung richtig registriert habe, bis gegen 9 Uhr morgens. Er trinkt zum Frühstück Tee. Ich glaube auch zu wissen, daß er Rechtshänder ist, weil ich mehrere Male zugeschaut habe, wie er arbeitet. Mir ist nicht bekannt, daß er sich etwa schon eine Grabstätte auf dem Friedhof ausgesucht hätte. Hingegen weiß ich, was er mag und was er verabscheut, was er liebt und was er haßt. Daraus können Sie mühelos folgern, daß wir miteinander befreundet sind. Bei dieser Freundschaft ist es so, daß wir wegen eines Fußballspiels 20 Minuten lang miteinander telefonieren. Bei dieser Freundschaft ist es so, daß ich von ihm profitiere, wenn wir zusammensitzen, ein Bier trinken. Schult ist dabei immer mit einem Bein vorn in der Zukunft, bei Plänen, Projekten. Dabei fällt mir ein, daß ich Ihnen unbedingt sagen muß, daß das, was er macht, sehr viel mit Arbeit zu tun hat. Dasselbe hat bei einer Eröffnungsrede einmal Heinz Mack von Günther Uecker gesagt. Und es ist das Einfachste und zugleich Schönste, was ich je einen Künstler über einen Kollegen habe sagen hören.
Der Optimismus bei Schult ist keinem Verschleiß unterworfen. Vielleicht sind deshalb seine Arbeiten auch schön. Die Ästhetik hat da immer noch die Oberhand.
Die Schönheit des Häßlichen – das wäre ein brauchbarer Titel für diese Ausstellung. Die kaputte Idylle – diesen Titel hat ein anderer (ich glaube sogar: Schult selber) geprägt. Was eine Idylle ist – das wissen wir ja zur Genüge! Auch wer niemals eine Zeile von Jean Paul gelesen hat, kann sich darunter einiges vorstellen. Es gibt schließlich auch die Idylle der Campingplätze oder der Hochöfen im Ruhrgebiet.
Sie sehen: ich komme bereits von der Person zu den Dingen.
Eine Einführung – das habe ich heute morgen in aller Frühe, also am 26. April 74 – notiert – soll die Kunstwerke genießbarer machen. Man richtet sie schön für das Publikum zurecht, interpretiert dieses und jenes hinein, greift – wie im Falle HA Schult – auf die verschmutzte Umwelt und auf den Müll zurück – und folgert daraus: Noch einige Jahre so weiter, und die Welt sieht tatsächlich so aus, wie sie Schult heute sieht.
Die Realität der Kunst gehorcht eben anderen Gesetzen als die Realität des Lebens. Und eines Tages hat dann das Leben die Kunst eingeholt.
Diese beiden Sätze habe ich hier im Manuskript unterstrichen.
Wie nun: Ist dann Schult – oder noch genauer: hätte dann Schult gar ein utopischer Realist zu sein? Ich will die Antwort im Raum stehen lassen und sagen: Seit Jahr-

...Ihr Gerd Winkler.

hunderten ist die Kunst zu einem guten Teil Erörterung, Interpretation, Einführung. Die Einführer wollen stets beweisen, daß a) sie klüger als die anderen sind und, daß b) jedes Element des Kunstwerks seine Berechtigung habe. Womit gesagt sein will: Der Künstler hatte gar keine andere Wahl. Auf HA Schult übertragen würde das heißen: Die Sachen, die Sie hier sehen, müssen so und nicht anders sein.

Der Künstler hat natürlich keine andere Wahl, wenn — wie bei Picasso — die Kunst stärker als er ist, wenn sie mit ihm macht, was sie will. Im umgekehrten Falle hat er aber immer die Wahl!

Am vergangenen Samstag (also am 20. April) sah und hörte ich innerhalb der Tagesschau eine Kunstnachricht, die ich sofort auf einen leeren Karteikastenzettel eintrug. Die für mich so unerhörte Nachricht kam aus Japan und bezog sich auf die dort ausgestellte Mona Lisa. Jeder Besucher — so hieß es — dürfe die Mona Lisa nur 10 Sekunden lang betrachten, dann habe er sofort die Stätte der Begegnung zu verlassen. Der Andrang ist nämlich so groß, daß die vielen Japaner, welche die Mona Lisa sehen wollen, nicht an das Ziel ihrer Wünsche kämen, wenn jeder 15 oder 20 Sekunden vor dem Bilde verweilte.

Die Schizophrenie dieses Vorgangs mag zum Lächeln reizen. Man müßte das aber konsequent zu Ende denken. Wie wäre es: wenn HA Schult seine Bilder nur 10 Sekunden lang zur Betrachtung freigäbe!? Dann hätte ich als Einführungsredner Schwerstarbeit zu leisten — wenn nicht einer auf den cleveren Gedanken käme, sich anzustellen, um im letzten Augenblick auf seine 10 Sekunden zu verzichten, — weil er sie seinem Nebenmann für gutes Geld verkaufte!? Dieser hätte dann 20 Sekunden für ein Bild, und wenn er einem dritten weitere 10 Sekunden abkaufte, dann hätte er 30 Sekunden und so weiter! Das müßte sich von hier — also von Schult aus — bis nach Tokio herumsprechen, und dann würde es mit Sicherheit einige Japaner geben, die es auf eine Mona-Lisa-Beschau-Zeit von 3 oder mehr Minuten bringen würden!

Noch, meine Damen und Herren, ist es nicht soweit! Noch können Sie hier ungeniert stundenlang auf die Schult-Bilder und Schult-Objekte schauen: auf den ganzen Schult, der mehr als seine Teile ist. Doch der ganze Schult ist nur dank seiner Teile ein Ganzes. Die Betrachtung eines Kunstwerkes ist in den Wahrnehmungs-Konstanten des Menschen (also: sprachlich, optisch, psychologisch) mehr oder weniger fest fixiert. Infolgedessen hat es für zwei Betrachter nie dieselbe Bedeutung. Wohl aber denselben Sinn!

Auf der hochformatigen Einladungskarte zu dieser Ausstellung hat Inge Baecker weiß auf schwarz ein echtes Schult-Zitat plaziert: Der Apparat, das ist die Kunst. Der Apparat — das sind wir alle, die Rezipienten und die Konsumenten, die Beschauer und die Skeptiker, die Medien und die Sammler, die Galeristen und die Kritiker, die Museen und die Politiker, die Provokation und die Objekte, die Bewunderung und die Ablehnung. Aber: der beste Apparat funktioniert nicht, wenn man ihn falsch handhabt. Manchmal, so finde ich, hat Schult von all dem etwas in sich und an sich. Das heißt: da wird er selber zum Apparat. Und jetzt würde es einem nicht mehr schwerfallen, feierlich zu versichern: Der Schult, das ist die Kunst.

Die letzte Eintragung auf dem Makulaturblatt heißt: Die Kunst ist natürlich keine Religion geworden, doch ein Glaube. Diese Behauptung stammt aus dem jüngsten Buch von Malraux. Ich habe den Satz mit einem Fragezeichen versehen, was wohl — wenn ich mich richtig erinnere — bedeuten soll, daß er bei Schult nichts zu suchen habe.

Ein guter Apparat ist mehr wert als der solideste Glaube — selbst auf die Gefahr hin, daß einige noch immer meinen, daß allein der Glaube selig mache. Ob das zutrifft, liegt nicht an Schult und seiner Ausstellung, sondern an uns!

Das klingt wie ein Schluß, und das ist es auch. Mir bleibt nur noch: Frau Baecker für die Einladung zu danken daß ich hier ein paar Worte sagen durfte und Ihnen dafür, daß Sie so geduldig zugehört haben!

BIO BIBLIO GRAFIE

GEBOREN

Geboren 1939 in Parchim/Mecklenburg.
Aufgewachsen in Ost- und West-Berlin, Düsseldorf und Unna.
1958/59 Mitglied des Unnaer Künstlerkreises.
Beteiligung an dessen Schaufenster-Ausstellung.
1959/61 Studium an der Akademie Düsseldorf.
1960 entsteht sein Konzept einer organischen Kinetik als Antwort auf technologische Mutationen.
Lebt seit 1961 in München und entschließt sich, sein Leben in die Kunst einzubeziehen.
Nennt sich seitdem „Macher".
1961 bis 1967 in mehr als fünfzig Berufen tätig.
Lebt seit 1967 mit Elke Koska*) zusammen.
Prägt 1968 den Begriff Biokinetik.
Seitdem umweltbezogene Aktionen.
Entwickelt 1971 seine biokinetischen Bildobjekte unter dem Arbeitstitel „Unwelt".
Bereitet gegenwärtig, von Köln und New York aus, seine Aktionen „Ruhr-Welt", „Manhattan" und „The End" vor.

*) Aufgewachsen in Dortmund.
1966 Studium an der Schauspielschule Zerboni in München.
Seitdem Selbstdarstellerin.
Beteiligung an der Deutschlandtournee des Living Theatre von Julian Beck und Judith Malina.
1967/68 Mitglied des Aktions-Theaters von Rainer Werner Faßbinder.
1968/69 Spielt die Jeanie der ersten fünfzig Aufführungen des Musicals HAIR in Deutschland.
Erste Schallplatte mit dem Umweltsong „Schwefeldioxyd".
1968 bis 1972 zahlreiche Filme bei George Moorse, Fritz André Kracht und Georg Tressler.
1969 Selbstdarstellung in der Münchner Innenstadt, dokumentiert für das ZDF in dem 45-Minuten-Film „Elke" von Eberhard Hauff.
Produziert und dokumentiert seit 1970 die Aktionen von HA S.

Aktionen

1968	„HA Schults Materialshow" Tiefgarage Ladenstadt, Köln
1969	„König des Konsums" 10 km auf den Straßen Münchens
	„Konsumliteratur" Flughafen Schleißheim
	„Terra Extra" Galerie Nächst St. Stephan, Wien
	„Computersituations" Galerie Klaus Lüpke, Frankfurt
	„Situation Schackstraße" Schackstraße München
1970	„Prozeß-Situation Schackstraße" Amtsgericht München
	„Touristensituation" Umweltakzente Monschau
	„5 kg Agar-Agar" Galerie Ingo Kümmel, Artfair Basel
	„TV-Situation" Aktionsraum 1, München/III. Programm Bayerisches Fernsehen
	„Aktion 20.000 km" Aktionsraum 1, München. Kunstverein München. Kunsthaus Hamburg. Galerie Zwirner, Köln. Kunsthalle Köln. Neue Galerie der Stadt Aachen. Kunstverein Mannheim. Kunstverein Heidelberg. Kunstverein Ingolstadt. Kunsthalle Nürnberg. Haus am Waldsee, Berlin. TV-Studio/III. Programm Bayerisches Fernsehen
1971	„Gastarbeitersituation" Spot / Universität Kiel
	„Die Stadtstraße" Kunsthalle Köln
1973	„Konsum-Mal" Bochumer Kunstwoche 2
1974	„Ereignisraum für Beckett" Württembergischer Kunstverein/ Württembergische Staatstheater, Stuttgart
	„Der Endspielball" ZDF-Sportstudio/Stachus, München
	„Der Müll des Franz Beckenbauer" ZDF-Sportstudio/Städt. Galerie im Lenbachhaus, München
1975	„Bergkamener Landschaft" 3. Bergkamener Bilderbazar
1976	„Venezia vive" Piazza S. Marco, Venedig
	„Ruhr-Fenster" Museum für Volk und Wirtschaft, Düsseldorf
	„Konsumbaum" ZDF-Aspekte/Städt. Galerie Wolfsburg
1977	„CRASH!" New York, Staten Island/ Herkules, documenta 6, Kassel
1978	„Ruhr-Welt" Bergkamen, Bochum, Dortmund, Duisburg, Essen, Gelsenkirchen, Mülheim
	„Die Fabrik"
	„Der Garten"
	„Das Medien-Haus"
	„Ruhr-Tour"
	„Das Stück heißt die Arbeit"
	„Der Flug der Worte ins Revier"

Einzelausstellungen

1968	„Bildreste" Galerie Ekto, München
1969	„Raumsituation" Galerie K 235, Köln „Biokinetische Situationen" Städt. Museum Schloß Morsbroich, Leverkusen
1971	„Rauminstallation Aktion 20.000 km" Galerie Zwirner, Köln „Rauminstallation Aktion 20.000 km" Kunstverein Heidelberg „Rauminstallation Aktion 20.000 km" Spot / Universität Kiel „Rauminstallation Aktion 20.000 km" Neue Galerie der Stadt Aachen
1972	„Biokinetische Landschaften" Galerie van de Loo, München „Biokinetische Landschaften" Galerie Rochus Kowallek, Frankfurt „Foto & Grafik" Galerie Klaus Lüpke, Frankfurt
1973	„Biokinetische Konsumlandschaften" Galerie Inge Baecker, Bochum „Biokinetische Kosumlandschaften" Galerie Falazik, Neuenkirchen „Kaputte Idylle" Museum Wiesbaden „Biokinetische Kosumlandschaften" Galerie Inge Baecker, IKI, Düsseldorf „Biokinetische Konsumlandschaften" Galerie Edith Seuss, Buchschlag
1974	„Umwelt" Junior Galerie, Constructa, Hannover „Ruhrgebiets-Environment" Museum Folkwang, Essen „Umwelt" Junior Galerie, Bouwbeurs, Utrecht

„Die Welt in der wir atmen"
Kunsthalle Kiel
„Das Planen und das Machen"
Galerie Inge Baecker, Bochum
„Umwelt"
Galerie im Ministerium für Raumordnung,
Städtebau und Bauwesen, Bonn
„Konsum-Zeit-Montagen"
Galerie Ubu, Karlsruhe
„Biokinetische Konsumlandschaften"
Galerie Inge Baecker, IKI, Düsseldorf

1974/75	„Unwelt" Städt. Galerie im Lenbachhaus, München
1975	„Grafik" Galerie K, Darmstadt „Bilder unserer Welt" Städt. Galerie Ravensburg „Biokinetische Bildobjekte" Galerie Edith Seuss, Buchschlag „L'environnement" Junior Galerie, Bâtimat, Paris
1976	„Bilder unserer Welt" Galerie Lauter, Mannheim
1977	„Le faiseur" Galerie Camomille, Brüssel „L'espace d' événement" Europalia, Brüssel „Ambiente per Napoli" Palazzo Spalletti, Neapel „Ambiente per Roma" Palazzo Odescalchi, Rom
1978	„Die Aktion und ihre Bilder" Museum am Ostwall, Dortmund „Die Blumen der Zivilisation" Städt. Museum Mülheim „Reaktion auf Aktion" Sohle 1, Bergkamen

Ausstellungsbeteiligungen

1968	„sub art"
	U-Bahnhof Giselastraße, München
1970	„Jetzt. Künste in Deutschland heute"
	Kunsthalle Köln
	„Konzepte einer neuen Kunst"
	Städt. Museum Göttingen
	„Briefe von Christo, HA Schult, Kosuth"
	art agency, Oldenburg
	„Der Bildungstrieb der Stoffe"
	Kunsthalle Nürnberg
	„Umweltakzente Monschau"
	Kunstkreis Monschau
1971	„situation concepts"
	Galerie Nächst St. Stephan, Wien
	„situation concepts"
	Galerie im Taxispalais, Innsbruck
1972	„Verkehrskultur"
	Westfälischer Kunstverein, Münster
	„documenta 5"
	Kassel
	„Über das Spiel hinaus"
	Kunstverein München
	„Welt aus Sprache"
	Akademie der Künste, Berlin
	„Landschaft heute"
	Staatsgalerie Stuttgart
1972/73	„Kritische Grafik"
	USA, Argentinien, Bolivien, Chile, Ecuador, Kolumbien, Peru, Uruguay, Venezuela, Australien, Neuseeland, Indien, Ägypten, Algerien, Jordanien, Libanon, Marokko, Syrien, Tunesien, Türkei, Zypern, Bulgarien, Jugoslawien, Polen, Rumänien, Ungarn.
1973	„Landschaften aus vier Jahrhunderten"
	Kunsthalle Bielefeld
	„Landschaften"
	Haus der Kunst, München
	„Reale und Irreale Räume"
	Galerie Falazik, Neuenkirchen
	„Künstler und Umwelt"
	IKI, Düsseldorf
1974	„The World Uprising III"
	The Data Center of Contemporary Art, Tokio
	„Schaufenster"
	Württembergischer Kunstverein, Stuttgart
	„Projekt '74"
	Kunsthalle Köln
	„Kunst-Kauf-Kritik"
	Kunsthalle Kiel
	„Deutsche Kunst im 20. Jahrhundert"
	Städt. Galerie Wolfsburg
	„Kunst in der Wirtschaft"
	Historisches Museum, Hannover
	„Signifying"
	The Kyoto Municipal Museum of Art, Kyoto
	„Landschaft — Gegenpol oder Fluchtraum?"
	Städt. Museum Schloß Morsbroich, Leverkusen
1974/75	„Landschaft — Gegenpol oder Fluchtraum?"
	Haus am Waldsee, Berlin
1975	„Die Vermählung der Materialien"
	Galerie Inge Baecker, Bochum
	„Rencontres beaux arts/architecture"
	Kunstmuseum Bern
	„2. Wiener Graphikbiennale"
	Wien
	„Künstler der Bundesrepublik Deutschland"
	Ost-Berlin
1975/76	„Der ausgesparte Mensch"
	Kunsthalle Mannheim
1976	„Schuh-Werke"
	Kunsthalle Nürnberg
	„6. Graphik-Biennale"
	Krakau
	„24. Jahresausstellung — Deutscher Künstlerbund" Mannheim
1977	„Fliegen — ein Traum"
	Kunsthalle Recklinghausen
	„documenta 6"
	Kassel
	„Deutsche Druck-Grafik von 1900 bis heute"
	Tallinna Kunstihoones, ESSR
1978	„Partei ergreifen"
	Kunsthalle Recklinghausen
	„Prozesse"
	Bonner Kunstverein

Filme

1968	„sub art" von Ulrich Herzog, 8 mm, 15 Min.
1969	„Situation Schackstraße" von Knut Nievers, 8 mm, 8 Min.
	„Biokinetische Situationen" von Ulrich Herzog, 16 mm, 30 Min.
1970	„Wie verkauft sich das?" von Hans Emmerling, 16 mm, 30 Min.
	„Aktion 20.000 km" von Eberhard Hauff, 16 mm, 54 Min.
1971	„Spielwiesen der Musen" von Wolfgang M. Ebert, 16 mm, 45 Min.
1972	„Der Kopfklopfer" von Gerd Winkler, 16 mm, 28 Min.
1973	„Müllmacher" von Hannes Keil, 16 mm, 12 Min.
1974	„HA Schult in Kiel" von Klaus Goldinger, 16 mm, 8 Min.
	„HA Schult in Bochum" von Robert Hartmann, 16 mm, 6 Min.
	„Der Endspielball" von Gerd Winkler, 16 mm, 6 Min.
	„HA Schult im Lenbachhaus" von Ulrich Schramm, 16 mm, 10 Min.
	„Der Müll des Franz Beckenbauer" von Gerd Winkler, 16 mm, 10 Min.
1975	„Landschaft – Chaos oder Zuflucht?" von Hannes Keil, 16 mm, 30 Min.
	„Die Kunst der Vergänglichkeit oder die Vergänglichkeit der Kunst" von Hannes Keil, 16 mm, 30 Min.
1976	„Venezia vive" von Hannes Keil, 16 mm, 30 Min.
	„Konsumbaum" von Wolfgang M. Ebert, 16 mm, 30 Min.
1977	„HA Schult in New York" von Dieter Gütt und Christian Blackwood, 16 mm, 8 Min.
	„Elke Koska und HA Schult" von Gisela Marx, 16 mm, 45 Min.
1978	„Wenn der Ball die Richtung ändert" von Gerd Winkler und Helmut Fritz, 16 mm, 36 Min.
	„Tauben im Revier" von Helmut Fritz, 16 mm, 21 Min.

Literatur

HA Schult „sub art", Aktionsfaltblatt, München, 1968.
„sub art", Robho, Paris, Nr. 4, 1968.
HA Schult „Man sollte mit.. machen", Aktionsfaltblatt, Edition Elke Koska, München, 1968.
Klaus Hoffmann „Expansion der Künste", Magazin Kunst, Mainz, Nr. 35, 1969.
HA Schult „Situation Schackstraße", Manifest, München, 1969.
Knut Nievers „Kunst auf der Straße", Abendzeitung, München, 27. 6. 1969.
Rolf Wedewer „Biokinetische Situationen", Kat. Städt. Museum Schloß Morsbroich, Leverkusen, 1969.
Wolfgang Längsfeld „Biologische Kunstführung", Süddeutsche Zeitung, München, 8. 9. 1969.
Gottfried P. Ueberfeldt „Kunstkonsum oder Konsumkunst", Magazin Er, München, Nr. 7, 1969.
John A. Thwaites „Zersetzte Kunst", Christ und Welt, Stuttgart, 28. 9. 1969.
Hanno Reuter „Sporenflug", Frankfurter Rundschau, Frankfurt, 20. 9. 1969.
Klaus U. Reink, „Kunst als perfekte Unterhaltung", Handelsblatt, Düsseldorf, 12. 9. 1969.
Dieter Lübeck „Bakterien und Pilze als Kunsterlebnis", Magazin X, Stuttgart, Nr. 12, 1969.
Jürgen Claus „Expansion der Kunst", Reinbeck, 1970.
Rolf-Gunter Dienst „Deutsche Kunst: eine neue Generation". Köln, 1970.
Udo Kultermann „Leben und Kunst", Tübingen, 1970.
„Konzepte einer neuen Kunst", Kat. Städt. Museum, Göttingen, 1970.
HA Schult „Das Kaputte Museum und die Heile Welt", Magazin Planet, München, Nr. 7, 1970.
Eberhard Roters „Der Bildungstrieb der Stoffe", Kat. Kunsthalle Nürnberg, 1970.
Klaus Honnef, Kaspar Vallot „Umweltakzente Monschau, Kat. Kunstkreis Monschau, 1970.
Jürgen Claus „expansion del arte", Mexico, 1970.
Helmut Leppien „Jetzt. Künste in Deutschland heute", Kat. Kunsthalle Köln, 1970.
HA Schult „Aktion 20.000 km", Aktionstexte, Edition Elke Koska, München, 1970.
Gottfried Sello „Die 20.000-Kilometer-Kunst", Die Zeit, Hamburg, 6. 11. 1970.
Wolfgang Christlieb „Hurra – ich bin ein Kunstwerk", Abendzeitung, München, 24./25. 10. 1970.
Wolfgang Längsfeld „Die Schultfrage", Süddeutsche Zeitung, München, 7. 11. 1970.
Holger Schnitgerhans „Auf der Strecke", Der Spiegel, Hamburg, Nr. 45, 1970.
HA Schult „Eine Antwort:", Magazin Kunst, Mainz, Nr. 40, 1970.
Klaus Honnef „Concept Art", Magazin Kunst, Mainz, Nr. 38, 1970.
Michael Badura, Udo Breger, Reinhard Rock „Konzepte einer neuen Kunst", Göttingen, 1970.
Ursula Trost „Aktion Schult-Bewußtsein", Bild der Zeit, Stuttgart, Nr. 1/2, 1971.
Walter Aue „science & fiction", Frankfurt, 1971.
Glaus Groh „if I had a mind", Köln, 1971.
Peter Weiermair, Ricky Comi „situation concepts", Kat. Galerie im

Taxispalais, Innsbruck, 1971.
HA Schult „Die Schultfrage", Köln, 1971.
Heinz Ohff „Der Gegenstand als Kunstobjekt. Das Kunstobjekt als Gegenstand.", Magazin Kunst, Nr. 42, 1971.
Gerd Winkler „Kunst im Kopf und anderswo", Publik, Frankfurt, 30. 6. 1971.
Walter Aue „PCA-Projekte, Concepte, Aktionen", Köln, 1971.
Karin Thomas „Bis heute: Stilgeschichte der Bildenden Kunst im 20. Jahrhundert", Köln, 1971.
Heinz Ohff „Galerie der neuen Künste", Gütersloh, 1971.
HA Schult „Macher sagen nein", Aktionsflugblatt, Edition Elke Koska, München, 1971.
Autorenkollektiv A 1 „Aktionsraum 1 oder 57 Blindenhunde", München, 1971.
James Burns „Jam", Köln/New York, 1971.
HA Schult „Actif au Maroc", München/Casablanca, 1971.
HA Schult „Der Schlüssel steckt", Aktionstexte, Edition Elke Koska, München, 1971.
Werner Schulze-Reimpell „Kölner Straßenspiel", Die Welt, Hamburg, 21. 10. 1971.
Jürgen Weichardt „Neue Landschaft", Magazin Kunst, Mainz, Nr. 45, 1971.
Walter Aue „Zeit/Beispiele", Bad Homburg, 1971.
Walter Aue „Selbst-Kenntnisse", Bad Homburg, 1972.
Klaus Hoffmann „Kunst im Kopf", Köln, 1972.
Heinz Ohff „Kunst ist Utopie", Gütersloh, 1972.
Karin Thomas „Kunst-Praxis heute", Köln, 1972.
Peter Hrncir „Actif au Maroc", Architektur aktuell, Wien, Nr. 28, 1972.
Jörn Kleye „Erholungs- und Freizeitpaket in Marokko", Baumeister, München, Nr. 4, 1972.
Klaus Honnef „Verkehrskultur", Magazin Kunst, Mainz, Nr. 46, 1972.
Klaus Honnef „Verkehrskultur", Recklinghausen, 1972.
Jürgen Morschel „Deutsche Kunst der 60er Jahre. Plastik, Objekte, Aktionen", München, 1972.
Ichiro Haryu „Art Now-The New Age", Tokio, 1972.
HA Schult „Biokinetische Landschaft und Soldat", Flugblatt, Edition Elke Koska, München, 1972.
Harald Szeemann „documenta 5", Gütersloh, 1972.
Giancarlo Marmori „Piú vero del vero", L'Espresso, Rom, Nr. 29, 1972.
Karl Günter Simon „Kunst ist — was denn wohl?", Stern, Hamburg, Nr. 29, 1972.
HA Schult „Die Kunst auf dem Prüfstand: documenta 5", Magazin Kunst, Mainz, Nr. 47, 1972.
Lothar Orzechowski „Die Kunst befragt sich selbst", Kassel, 1972.
HA Schult „Biokinetische Landschaften", Kat. Galerie van de Loo, München, 1972.
Wolfgang Längsfeld „Kaputte Idyllen", Süddeutsche Zeitung, München, 19. 7. 1972.
Gottfried P. Ueberfeldt „Die Herrschaft der Bakterien", Abendzeitung, München, 25. 7. 1972.
Walter Höllerer „Welt aus Sprache", Kat. Akademie der Künste, Berlin, 1972.
Margarethe Jochimsen „Zeit", Magazin Kunst, Mainz, Nr. 49, 1973.
Ichiro Haryu „Ben and HA Schult: those who make action in the streets", SD, Tokio, Nr. 6, 1973.
Karl Günter Simon „Millionendiener", Düsseldorf, 1973.
Hans Dieter Zimmermann „Welt aus Sprache. Erfahrungen und Ergebnisse", Kat. Akademie der Künste, Berlin, 1973.
Jürgen Weichardt „Landschaften", Kat. Haus der Kunst, München, 1973.
Martin Damus „Funktionen der Bildenden Kunst im Spätkapitalismus", Frankfurt, 1973.
HA Schult „Brief an Georg Jappe" (1), Edition Elke Koska, München, 1. 6. 1973.
HA Schult „Brief von Georg Jappe an HA Schult / Brief von HA Schult an Georg Jappe" (2), Edition Elke Koska, München, 7. 6. 1973 / 12. 6. 1973.
Ulrich Schmidt „Kaputte Idylle", Kat. Museum Wiesbaden, 1973.
Gerd Winkler „Kunstwetterlage", Stuttgart, 1973.
Michael Siebrasse „Künstler und Umwelt", Kat. IKI, Düsseldorf, 1973.
Jürgen Weichardt „Kunst und Fernsehen", Magazin Kunst, Mainz, Nr. 52, 1973.
Eberhard Roters „Kaputte Idylle", Kunstforum international, Mainz, Nr. 4/5, 1973.
HA Schult „Umwelt", Kat. Junior Galerie, Constructa '74, Hannover, 1974.
Jens Christian Jensen, Eberhard Roters „Umwelt", Kat. Junior Galerie, Goslar, 1974.
Ingrid Kulenkampff „Artists protest against dying civilisation", The German Tribune, New York, 28. 2. 1974.
Jens Christian Jensen, Karlheinz Nowald „Die Welt in der wir atmen", Kat. Kunsthalle Kiel, 1974.
Klaus U. Reinke „Kohlenpott als Environment", Handelsblatt, Düsseldorf, 5. 3. 1974.
Amine Haase „Ruhrgebiets-Bild von der Müllkippe", Rheinische Post, Düsseldorf, 15. 3. 1974.
Heiner Stachelhaus „Achtung! Der Macher geht um!", NRZ, Essen, 15. 3. 1974.
Gerhard Weber „Um- und Unwelt", artis, Konstanz, Nr. 8, 1974.
Eberhard Höhn „Umwelt in Frage gestellt", Architektur + Wohnwelt, Stuttgart, Nr. 6, 1974.
Evelyn Weiss „Die wiedergefundene Zeit", Kat. Projekt '74, Kunsthalle Köln, 1974.
HA Schult „Die zum Stillstand gebrachte Zeit", Flugblatt, Edition Elke Koska, München, 1974.
HA Schult „Umwelt", Kat.-Zeitung Städt. Galerie im Lenbachhaus, München, 1974.
Yutaka Matsuzawa „The World Uprising III", Kat. The Data Center of Contemporary Art, Tokio, 1974.
Klaus Hoffmann „Deutsche Kunst im 20. Jahrhundert", Kat. Städt. Galerie Wolfsburg, 1974.
Wolfgang Christlieb „So schön war Sodoms Ende nie", Abendzeitung, München, 30. 11. 1974.
Wolfgang Längsfeld „Die Biokinetische Zeitbombe", Süddeutsche Zeitung, München, 30. 11. 1974.
Mathias Schreiber „Kunst zwischen Askese und Exhibitionismus". Köln, 1974.
Rainer Reusch „Kunst sehen — Kunst verstehen", Kat. Aktion „Schuldruck Baden-Württemberg", 1974.
Rolf Wedewer, Thomas Kempas „Landschaft — Gegenpol oder

Fluchtraum?", Kat. Städt. Museum Schloß Morsbroich, Leverkusen/
Haus am Waldsee, Berlin, 1974.
Karl Oskar Blase „Arnold Bode zum 75. Geburtstag", Kat. Kasseler
Kunstverein, 1975.
Helmut G. Schütz „Didaktische Ästhetik", München, 1975.
Urs und Rös Graf „Rencontres beaux arts/architecture", Kat.
Kunstmuseum Bern, 1975.
„2. Wiener Graphikbiennale", Kat., Wien, 1975.
Dieter Honisch „Künstler im Museum", Kat. Museum Folkwang,
Essen, 1975.
Heinz Fuchs „Der ausgesparte Mensch", Kat. Kunsthalle Mannheim,
1975.
Gerd Winkler „Der Machwerker", pardon, Frankfurt, Nr. 1, 1976.
Dietrich Mahlow „Landscape-a new aspect", Institut für Auslands-
beziehungen, Stuttgart, 1976.
Knut Leth-Nissen „Fremtiden-begynder den i morgen?", Kopen-
hagen, 1976.
Christa Schwarz „Didaktische Überlegungen des Macher HA
Schult", Zulassungsarbeit zur 1. Dienstprüfung für das Lehramt an
Grund- und Hauptschulen, Stuttgart, 1976.
Hans-Jürgen Müller „Kunst kommt nicht von Können", Stuttgart,
1976.
HA Schult „Venezia vive", Aktionsflugblatt, Edition Elke Koska,
München, 1976.
G. A. Cibotto „Biennale: (a sua insaputa) vernice in notturno",
Il Gazzettino, Venedig, 11. 3. 1976.
Peter Brügge „Die Saat unserer Zeit", Der Spiegel, Hamburg,
Nr. 12, 1976.
„Venetie leeft", Kunstecho's, Gent, Nr. 10, 1976.
Giandomenico Romanelli „La Biennale", D'Ars, Mailand, Nr. 80,
1976.
HA Schult „Eine Nacht in Venedig", Kunstreport, Berlin, Nr. 2, 1976.
„6. Graphik-Biennale", Kat., Krakau, 1976.
Curt Heigl „Schuh-Werke", Kat. Kunsthalle Nürnberg, 1976.
Christel Heybrock „Die Rache des Todes, des Schlamms und der
Fäulnis", Mannheimer Morgen, Mannheim, 3. 6. 1976.
Thomas Grochowiak, „Fliegen — ein Traum", Kat. Kunsthalle
Recklinghausen, 1977.
Karin Thomas, Gerd de Vries „DuMont's Künstlerlexikon", Köln,
1977.
Margarethe Jochimsen „Kunst als soziale Strategie", Kat. Bonner
Kunstverein, 1977.
HA Schult „CRASH!", Aktionsflugblatt, Edition Elke Koska, München,
1977.
HA Schult „Un monumento agli Stati Uniti d'America", flash art,
Mailand, Nr. 76/77, 1977.
Manfred Schneckenburger „documenta 6", Kat., Kassel, 1977.
Gerd Gliewe „Ein Gespräch mit HA Schult über seine Aktion
CRASH!", TZ, München, 20. 6. 1977.
Helmut Lesch, Peter M. Bode „Müllmänner lachten", Abendzeitung,
München, 25./26. 6. 1977.
Lothar Orzechowski „Malerei: ein Absturz", Hessische Allgemeine,
Kassel, 27. 6. 1977.
Günter Engelhard „Mensch, ich sehe die ganze Welt", Die Welt-
woche, Zürich, 30. 6. 1977.
Gerhard Müller „Zwischen Abstraktion und Realismus", ADN,
Ost-Berlin, 1. 7. 1977.
Jo Ann Lewis „Art: SoHo-by-the-Fulda", Washington Post, Washing-
ton, 10. 7. 1977.
Friedrich Bayerthal „En dialogue avec le temps: le faiseur HA
Schult", Colóquio, Lissabon, Nr. 33, 1977.
Jean-Luc Daval „Skira Annuel 77", Genf, 1977.
HA Schult „Für die Stadt", du, Zürich, Juni 1977.
Heinz Althöfer „Fragment und Ruine", Kunstforum international,
Mainz, Nr. 19, 1977.
Stephan von Wiese „Kunst zum Verschleiß", Dokumentation des
Düsseldorfer Symposions, Restaurierungszentrum Düsseldorf, 1977.
Renate Trnek „Die Ware Landschaft", Salzburg, 1977.
„Kunstjahrbuch 75/76", Mainz 1977.
Georg F. Schwarzbauer „Performance", Kunstforum international,
Mainz, Nr. 24, 1977.
HA Schult „Venezia vive", Zeitung, Edition Elke Koska, München,
1977.
Colin Naylor, Genesis P-Orridge „Contemporary Artists", London/
New York, 1977.
Andre Drossart „Avec Crash, HA Schult realise un événement
unique et live!" Zeitung, Galerie Camomille, Brüssel, 1977.
Jean Pigeon „HA Schult: Cassandre, Sultone et Don Quichotte",
La Libre Belgique, Brüssel, 12. 10. 1977.
Daniele Gillemon „HA Schult: Performances", Le Soir, Brüssel,
19. 10. 1977.
Roger Avau „Un dépotoir", Spectacles, Brüssel, Nr. 8, 1977.
Rona Dobson „German Art Spans History", The Bulletin, Brüssel,
Nr. 7, 1977.
Z. Willems „kunstenaar ob de bres HA Schult, voor onze wereld",
knack magazine, Brüssel, Nr. 41, 1977.
Roger Avau „Un événement unique et live", Relax, Brüssel, Nr. 101,
1977.
Hans M. Schmidt „Welt der Pilze", Kat. Hessisches Landesmuseum,
Darmstadt, 1977.
Jens Christian Jensen „Deutsche Druck-Graphik von 1900 bis heute",
Kat. Kunsthalle Kiel/Tallinna Kunstihoones, 1977.
Gisela Schröter „Prophete de la Unwelt", Magazine + — 0, Brüssel,
Nr. 19, 1977.
Thomas Grochowiak „Partei ergreifen", Kat. Kunsthalle Reckling-
hausen, 1978.
Herbert Distel „The Museum of Drawers", Kat. Kunsthaus Zürich,
1978.
„Kunstjahrbuch 77/78", Mainz, 1978.
Peter M. Bode „München schlittert in ein Vakuum", Abendzeitung,
München, 5. 6. 1978.
HA Schult „Eine archäologische Reise in die Gegenwart", Kunst-
report, Berlin, Nr. 1/2, 1978.
Dietrich Springorum „Im Wettlauf mit der Wirklichkeit: HA Schult
vor Ort", Kultur Information Ruhr, Essen, Nr. 7, 1978.
Jean-Luc Daval „Skira Annuel 78", Genf, 1978.
Rolf Wedewer „Landschaftsmalerei zwischen Traum und Wirklich-
keit", Köln, 1978.
Site „De-architecture", New York, 1978.
Georg F. Schwarzbauer „Ruhr-Tour '78", Kunstforum international,
Mainz, Nr. 27, 1978 .
Margarethe Jochimsen „Prozesse", Kat. Bonner Kunstverein, 1978.

WENN DIE KUNST
DIE GEFAHR ZEIGT
IST DIE KUNST

DIE GEFAHR..

HA Schult 1970